中央财经大学保险学院·中国精算研究院标志性成果

2023中国保险公司竞争力与投资价值评价研究报告

寇业富　主编

中国财经出版传媒集团
中国财政经济出版社
·北京·

图书在版编目（CIP）数据

2023 中国保险公司竞争力与投资价值评价研究报告 / 寇业富主编. --北京：中国财政经济出版社，2023.11
ISBN 978-7-5223-2550-7

Ⅰ. ①2… Ⅱ. ①寇… Ⅲ. ①保险公司-竞争力-研究报告-中国-2023②保险公司-投资评价-研究报告-中国-2023 Ⅳ. ①F842.31

中国国家版本馆 CIP 数据核字（2023）第 212764 号

责任编辑：苏小珺　　　　责任校对：胡永立
封面设计：录文通　　　　责任印制：党　辉

2023 中国保险公司竞争力与投资价值评价研究报告
2023 ZHONGGUO BAOXIAN GONGSI JINGZHENGLI YU TOUZI JIAZHI PINGJIA YANJIU BAOGAO

中国财政经济出版社 出版

URL：http：//www.cfeph.cn
E-mail：cfeph@cfeph.cn

社址：北京市海淀区阜成路甲 28 号　邮政编码：100142
营销中心电话：010-88191522
天猫网店：中国财政经济出版社旗舰店
网址：https：//zgczjjcbs.tmall.com
北京虎彩文化传播有限公司印刷　各地新华书店经销
成品尺寸：210mm×285mm　16 开　14.75 印张　260 000 字
2023 年 11 月第 1 版　2023 年 11 月北京第 1 次印刷
定价：120.00 元
ISBN 978-7-5223-2550-7
（图书出现印装问题，本社负责调换，电话：010-88190548）
本社质量投诉电话：010-88190744
打击盗版举报热线：010-88191661　QQ：2242791300

本报告受到
中央财经大学中国精算研究院
中央财经大学保险学院
等单位的大力支持和帮助

序言 Preface

中国精算研究院成立于2003年，是保险精算领域中唯一一家教育部人文社会科学重点研究基地（以下简称重点研究基地）。中国精算研究院在教育部和中央财经大学领导的关怀、指导下，锐意进取，勇于创新，在教学、科研和社会服务等各个方面已经奠定了扎实的基础并取得长足进步，在国内外享有盛誉。

根据教育部《普通高等学校人文社会科学重点研究基地管理办法》的要求，重点研究基地应该聚集和培养优秀学术人才，围绕国家发展战略，针对学科前沿和社会经济发展中的重大理论与实践问题，组织高水平研究的新型科研团队，在产出创新成果、形成学术交流开放平台、带动高校哲学社会科学发展创新等方面发挥着重要作用。

随着中国保险市场经营主体和业务规模的快速发展，提高保险业的竞争质量、实现规模效益的长期可持续发展成为保险业界、学界和政府监管部门的关注焦点。同时，为了更好地发挥重点研究基地的作用，中央财经大学中国精算研究院于2010年8月成立了“保险公司竞争力评价研究”课题组。

经过课题组多年勤奋、严谨的工作，已经出版了2011—2022年的《中国保险公司竞争力评价研究报告》等多部著作和相关科研论文。

为了更好地促进保险产业健康发展，应对保险市场失灵，保护投资人和被投资人的权益，维护消费者利益，课题组在参考国际投资价值分析评价理论和方法的基础上，利用丰富的资料和数据，定性与定量相结合，对保险公司的投资价值进行全方位的分析评价。自2021年开始，研究报告中增加“中国保险公司的投资价值评价分析”的有关内容，研究报告名称也修改为“中国保险公司竞争力与投资价值评价研究报告”。

不忘初心，方得始终。在这里我愿意重申课题组成立之初所坚持和提倡的研究原则：公开、客观、科学。

所谓“公开”，就是指标体系、数据来源、评价方法等全部公开或者来源于公开渠道。在这里我们不得不提到，原中国保险监督管理委员会于2010年6月12日正式颁布实施的《保险公司信息披露管理办法》，以及原中国银行保险监督管理委员会于2018年4月重新修订并颁布的《保险公司信息披露管理办法》为我们的研究提供了主要和关键的数据支持。

所谓“客观”，是指评价的结果要客观，也是指评价的过程和目标要客观。即在评价过程中，尽量避免或者减少人为主观因素的干扰。

所谓“科学”，是指评价方法的科学。在有可能使用定量分析的地方，尽量使用定量分析。当然，我们并不是说定性分析就不科学。

值得欣慰的是，“中国保险公司竞争力评价研究”课题组在寇业富博士的领导下，始终一致地秉持了这一原则。当然，这些原则，并不阻碍课题组在研究指标和方法上的不断改进，也不排除对保险业其他研究领域的继续拓展研究，提高中国精算研究院这一重点研究基地的学术价值和社会地位。

本报告是我们关于保险公司竞争力评价研究等方面的第13个年度工作成果。随着中国的改革开放和国务院正式发布《关于加快发展现代保险服务业的若干意见》（国发〔2014〕29号），无论是规模数量还是发展质量，中国保险业的发展都进入了一个新的阶段，为中国保险公司竞争力的评价研究提出了更高的要求。

“保险公司竞争力与投资价值评价研究”是一个敏感的话题。我们从一开始就抱着谦虚谨慎、兢兢业业的态度对待这项工作。值得欣慰的是，多年来，在学校和中国精算研究院的大力支持下，在课题组成员的团结奋斗下，我们始终坚持“公开、客观、科学”的原则进行相关工作。

本报告主要包括五章内容：

第一章介绍了中国保险市场的发展概况。分别从中国保险业发展的宏观经济环境、我国保险业的发展情况、人身险保险市场发展、财产险保险市场发展等几个方面对中国保险业的发展情况做了介绍。

第二章首先给出了保险公司竞争力的定义；其次，在分析国内外相关研究的基础上，选择主成分分析方法进行竞争力研究，并对主成分分析方法的内容、步骤等做了介绍；最后，对保险公司竞争力的评价体系的原则、内容等做了简单介绍。

第三章给出了中国人身险公司竞争力的评价排名与得分。本章共分四节。第一节主要阐明了人身险公司竞争力评价的指标内容、定义和计算方法，并对研究对象的选择进行了说明；第二节对71家人身险公司综合竞争力进行评价与分析；第三节得到人身险公司5个一级指标竞争力的评价排名与得分，并通过分析一级指标排名前十公司的排名与得分，以及各二级指标排名前十公司的得分，对整个保险市场进行了分析；第四节运用现代多元统计分析方法，对人身险公司综合竞争力的评价结果进行了稳健性分析。我们从公司和指标两个角度对课题组的评价结果进行了检验，证明我们的评价结果是稳健的。

第四章给出了中国财产险公司竞争力的评价排名与得分。本章共分四节。第一节对财产险公司竞争力评价的指标内容、定义、计算方法和研究对象等进行了说明；第二节得出了73家财产险公司综合竞争力的评价与分析；第三节得到5个一级指标的评价排名与得分，并对结果做了分析，并通过一级指标排名前十公司的排名与得分，以及各二级指标排名前十公司的得分，对整个保险市场进行了分析；第四节运用现代多元统计分析方法，对财产险公司综合竞争力的评价结果进行了稳健性分析。我们从公司和指标两个角度对课题组的评价结果进行了检验，证明我们的评价结果是稳健的。

第五章给出了中国保险公司投资价值评价的排名与得分。本章共分四节。第一节“保险公司投资价值概念与评价方法”，主要对保险公司投资价值的概念、国内外相关研究内容与评价方法，以及我们选定的中国保险公司投资价值评价方法，包括相关模型、熵值法、模糊数学方法和其他统计分析方法等现代应用数学方法进行介绍。第二节“保险公司投资价值评价体系构建”，主要包括对保险公司投资价值影响因素的分析，上市保险公司（集团）的选择、对标公司的选择，以及上市保险公司（集团）与对标公司的市场价值与投资价值的关系的比较分析等，为第三节、第四节的分析打下比较坚实的基础。第三节“中国人身险公司投资价值评价分析”，主要包括待评价对象的选择、投资价值评价指标的建立、人身保险公司投资价值的初始评价分析，并依据待评价公司与对标公司的相似关系，得到待评价公司的投资价值绝对值。在此基础上，为了更好地反映各公司的投资效能，在不考虑公司股权质押、公司成立年限的情况下，我们引入了指标投资效能比（投资价值净资产比），为人身险公司的潜在投资者提供更为有价值的信息。第四节“中国财产险公司投资价值评价分析”，主要包括待评价对象的选择、投资价值评价指标的建立、人身保险公司投资价值的初始评价分析，并依据待评价公司与对标公司的相似关系，得到待评价公司的投资价值绝对值。在此基础上，为了更好地反映各公司的投资效能，在不考虑公司股权质押、公司成立年限的情况下，我们引入了指标投资效能比（投资价值净资产比），为财产保险公司的潜在投资者提供更为有价值的信息。

本报告主要有以下特色和创新：

（1）在报告的第三章第四节和第四章第四节，对人身险公司综合竞争力和财产险公司综合竞争力的评价结果进行了稳健性检验。

在类似研究报告中，还没有发现对评价结果进行稳健性检验的。

通过稳健性检验，可以对我们的评价结果进行量化的可信性与稳健性度量，增加了评价结果的科学性、客观性。这是“中国保险公司竞争力与投资价值评价研究”课题组的一个创新性应用研究成果，提高了评价结果的科学性、可信性和逻辑的完备性。

（2）对保险公司的综合竞争力和各一级指标的评价结果进行了多种角度和方式的分析，提供了比较科学、全面的保险公司和保险行业的分析研究。

（3）与时俱进，依据中国保险市场的需求变化和监管精神，维护广大消费者利益，增加了中国保险公司投资价值评价分析的有关内容，为中国保险市场的潜在投资者提供有价值的信息，促进中国保险投资市场的健康稳定发展。

中央财经大学中国精算研究院是国家保险精算领域唯一的人文社科重点研究基地，一直对中国保险行业的发展密切关注。此专题部分的分析是中国精算研究院新的研究领域之一，我们欢迎国内外政府管理部门和业界、学界的专家学者与我们交流沟通！

《2023中国保险公司竞争力与投资价值评价研究报告》的著作权人寇业富享有因该著作出版和传播等而产生的相关权利和义务。

这里特别说明：

（1）本报告尽量采用可获得的披露数据进行分析，并根据实质重于形式的原则，对发现个别公司披露数据存在错误或异样的年报信息进行调整或者在涉及该指标时进行批注说明。

（2）本报告采用的数据皆来源于已公开的资料或课题组成员的个人分析，但我们不保证上述信息的完整与准确性，中国精算研究院不因使用本报告而产生的一切后果承担责任，只以此作为学术研究以及学界和业界的信息交流与参考。同时，本报告为课题组成员的个人观点，并不代表中国精算研究院的观点。

当然，对于中国保险公司竞争力与投资价值的分析评价工作，我们自己也认为有不尽如人意的地方。但是我们相信，在教育部和中央财经大学的大力支持下，在业界、学界等专家、学者的关怀帮助下，在我们自己的努力下，《中国保险公司竞争力与投资价值评价研究报告》会越来越好，会为保险业的发展和保险公司竞争力的提高发挥重要的作用，谢谢！

“中国保险公司竞争力与投资价值评价研究”课题组组长
中央财经大学中国精算研究院　保险数据文献中心主任
寇业富
2023 年 8 月 16 日

目 录 Contents

第一章
2022 年中国保险市场分析

中国自 1805 年成立第一家保险公司以来，已经有了 200 多年的历史。自 1949 年中华人民共和国成立以来，中国保险也经历了初步发展（1949—1958 年）、停办（1958—1979 年）、恢复发展（1979 年至今）三个大的阶段。中国保险业自 1979 年恢复以来，获得了快速发展。尤其是近年来，党中央、国务院十分重视保险业发展，在多份重要文件中提出要大力发展保险业，出台了一系列促进保险业改革发展的政策措施，我国保险业实现了长足发展。

2023 年，原中国银行保险监督管理委员会（以下简称原银保监会）正式改革为国家金融监督管理总局（以下简称国家金监总局），统一负责除证券业之外的金融业监管，具有中国特色的“双峰监管”时代有望开启。

2019—2022 年，中国银保监会在党中央集中统一领导下，进一步扩大了对外开放，以开放促改革，激发了市场活力，推动形成了保险业全面开放的新格局。总体来看，中国保险市场发展稳中向好，产品保障功能凸显，资金运用收益稳步增长，保险科技广泛应用，行业风险防控能力持续增强。

第一节　2022 年中国保险市场整体回顾

2022 年，中国保险全行业共实现保费收入 46,957 亿元（除特别说明外，本书中的保费收入指原保险保费收入），比 2021 年的 4.49 万亿元增长了 4.58%（本书中的增长或下降除特别说明外，都表示同比变化情况）。其中，财产险公司保费收入增长了 8.92%，人身险公司保费收入增长了 3.06%；保险业赔付支出 15,485 亿元，同比下降 0.79%；保险业总资产 271,467 亿元，较 2022 年初增长 9.08%。具体来看，市场运行呈现以下特点。

一是总体业务发展稳中向好，风险保障水平有所提高。2022 年，中国保险全行业提供保险金额 13,678.7 万亿元，同比增长 12.62%。其中，财产险公司提供保险金额达12,457.41万亿元，增长率为14.71%；人身险公司提供保险金额1,221.24万亿元，增长率为-5.03%。财产险业务实现保费收入14,867亿元，同比增长8.71%，其中，与国计民生密切相关的责任保险和农业保险业务继续保持较快增长，分别实现保费收入1,148亿元和1,219亿元，实现保费收入增长率分别为12.78%和24.9%。人身险业务中，寿险业务实现保费收入32,091亿元，同比增长2.78%；健康险业务实现保费收入7,073亿元，同比增长0.06%；意外险业务实现保费收入499亿元，同比减少14.41%。

二是资金运用配置更趋优化，投资收益稳步增长。2022年，中国保险公司资金运用余额为250,509亿元，较2022年初增长7.85%。其中，银行存款28,348亿元，占资金运用余额的比例约为11.32%；债券规模约102,530亿元，占比约为40.93%；股票和证券投资基金约31,829亿元，占比约为12.71%。

三是保险科技应用日益广泛，创新业务快速发展。保险科技投入力度加大，大数据、人工智能、区块链、移动互联网、物联网等前沿技术广泛运用于产品创新、保险营销和公司内部管理等方面。依托于互联网保险对部分标准化传统保险的快速替代及场景创新型产品带来的增量市场，互联网保险创新业务保持高速增长。

四是立足国家战略，服务经济社会发展能力增强。2022年，中国保险行业积极助力经济社会发展的重点领域和薄弱环节，推动科技创新，维护社会稳定，不断提升保险服务实体经济的效率和水平。

一、市场概况

本部分简述了1980—2022年中国保险业发展概况，主要针对保费收入、保险密度、保险深度等数据进行梳理和讨论。

（一）1980—2022年保费收入

根据最新可得的国际比较数据，2022年，中国保险业保费收入达到46,957亿元；总资产达到271,467亿元；保险密度3,326元/人，同比增长4.62%；保险深度为3.88%，同比下降1.27%；赔款和给付15,485亿元，同比下降0.79%。中国保险业的国际地位大幅提升，世界排名从2010年的第六位上升至2022年的第二位。

表1-1显示了1980—2022年中国保费收入概况。1979年，中国保险业恢复发展；1980年，保费收入约为4.6亿元；1990年，保费收入为178亿元；2000年，保费收入1,595亿元；2010年，保费收入14,528亿元；2022年，保费收入达到46,957亿元，分别是1980年、1990年、2000年、2010年的10,208倍、264倍、29倍和3倍。

表 1 – 1　　1980—2022 年中国保费收入概况　　单位：亿元

年份	总保费	人身险		财产险	
		保费	占比（%）	保费	占比（%）
1980	5	—	0	5	100.00
1981	8	—	0	8	100.00
1982	10	3	30.00	7	70.00
1983	13	0	0	13	100.00
1984	20	1	5.00	19	95.00
1985	33	4	12.12	29	87.88
1986	46	11	23.91	35	76.09
1987	71	13	18.31	58	81.69
1988	109	38	34.86	71	65.14
1989	142	46	46.48	76	53.52
1990	178	60	33.71	118	66.29
1991	236	83	35.17	153	64.83
1992	368	143	38.86	225	61.14
1993	500	—	—	—	—
1994	600	264	44.00	336	56.00
1995	683	262	38.36	421	61.64
1996	788	343	43.53	445	56.47
1997	1,087	607	55.84	480	44.16
1998	1,247	747	59.90	500	40.10
1999	1,393	872	62.60	521	37.40
2000	1,595	997	62.51	598	37.49
2001	2,109	1,424	67.52	685	32.48
2002	3,053	2,275	74.52	778	25.48
2003	3,880	3,011	77.60	869	22.40
2004	4,318	3,228	74.78	1,089	25.22
2005	4,927	3,697	75.04	1,230	24.96
2006	5,641	4,132	73.25	1,509	26.75
2007	7,036	5,038	71.60	1,998	28.40
2008	9,784	7,447	76.11	2,337	23.89
2009	11,137	8,261	74.18	2,876	25.82
2010	14,528	10,632	73.18	3,896	26.82

续表

年份	总保费	人身险		财产险	
		保费	占比（%）	保费	占比（%）
2011	14,339	9,721	67.79	4,618	32.21
2012	15,688	10,157	64.74	5,531	35.26
2013	17,222	11,010	63.93	6,212	36.07
2014	20,235	13,031	64.40	7,203	35.60
2015	24,283	16,288	67.08	7,995	32.92
2016	30,959	22,235	71.82	8,724	28.18
2017	36,581	26,746	73.11	9,835	26.89
2018	38,017	27,247	71.67	10,770	28.33
2019	42,645	30,996	72.68	11,649	27.32
2020	45,257	33,329	73.64	11,929	26.36
2021	44,900	31,224	69.54	13,676	30.4
2022	46,957	32,091	68.34	14,867	31.66

从财产险和人身险的结构看，在20世纪80年代初期，财产险占绝大份额，随后比重逐渐下降。1997年，人身险比重第一次超过财产险。此后，人身险比重逐渐上升，2008年最高，达到75%，最近几年人身险和财产险市场格局逐渐稳定，基本维持在7∶3左右。

由图1－1可以看出，中国的保费收入自2000年出现第一次快速上升，2006年之后又出现一次快速上升，这两次上升均与新型人身保险产品（包括分红保险、投资连结保险、万能保险等）的引入和推动有关。

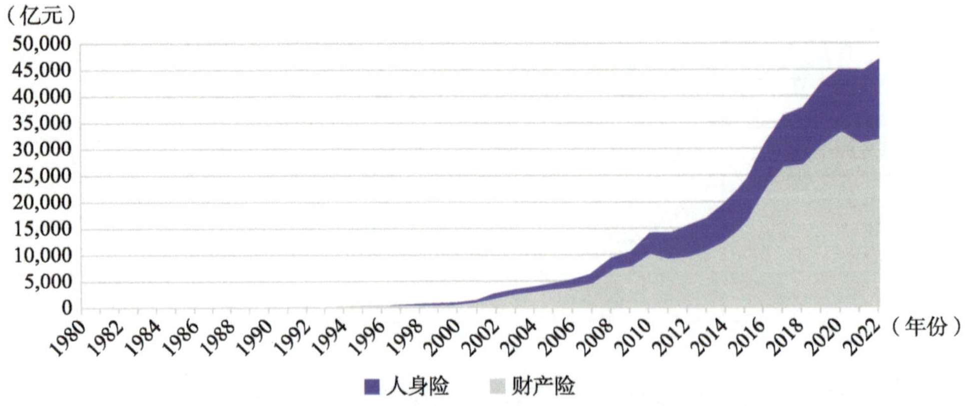

图1－1 1980—2022年中国保费收入

表1－2对1980—2022年中国和世界名义保费增长率进行了对比。图1－2直

观地显示了两者的对比情况。

由图1-2可以看出以下三个特点：第一，中国保费收入增长呈周期波动，过去40年间，大约存在5个周期；第二，随着技术的提升，中国保费收入增长率的平均值呈现逐渐下降的趋势；第三，在绝大多数年份，中国保费收入名义增长率高于世界保费收入的平均名义增长率，而且超出的幅度还很大。

表1-2　1980—2022年中国和世界名义保费增长率

年份	中国保费（亿元）	名义增长率（%）	世界保费（亿美元）	名义增长率（%）
1980	5	—	5,015	—
1981	8	60	5,198	3.65
1982	10	25	5,405	3.99
1983	13	30	5,702	5.49
1984	20	53.85	6,158	8.00
1985	33	65	7,122	15.64
1986	46	39.39	9,459	32.82
1987	71	54.35	11,327	19.75
1988	109	53.52	13,241	16.90
1989	142	30.28	13,726	3.66
1990	178	25.35	15,253	11.12
1991	236	32.58	16,441	7.79
1992	368	55.93	18,110	10.15
1993	500	35.87	19,668	8.61
1994	600	20	21,204	7.81
1995	683	13.83	23,213	9.48
1996	788	15.37	23,052	-0.70
1997	1,087	37.94	23,304	1.09
1998	1,247	14.72	23,851	2.35
1999	1,393	11.71	25,746	7.95
2000	1,595	14.5	27,222	5.73
2001	2,109	32.23	27,064	-0.58
2002	3,053	44.76	29,509	9.03
2003	3,880	27.09	33,025	11.92
2004	4,318	11.29	36,346	10.06
2005	4,927	14.1	38,095	4.81

续表

年份	中国保费（亿元）	名义增长率（%）	世界保费（亿美元）	名义增长率（%）
2006	5,641	14.49	40,920	7.42
2007	7,036	24.73	45,584	11.40
2008	9,784	39.06	46,487	1.98
2009	11,137	13.83	45,590	-1.93
2010	14,528	30.45	47,807	4.86
2011	14,339	-1.3	51,069	6.82
2012	15,688	9.41	51,799	1.43
2013	17,222	9.78	51,994	0.38
2014	20,235	17.5	54,411	4.65
2015	24,283	20	53,408	-1.84
2016	30,959	27.49	54,895	2.78
2017	36,581	18.16	57,898	5.47
2018	38,017	3.93	61,490	6.20
2019	42,645	12.17	62,926	2.34
2020	45,257	6.13	62,870	-0.09
2021	44,900	-0.79	68,606	9.12
2022	46,957	4.58	67,822	-1.14

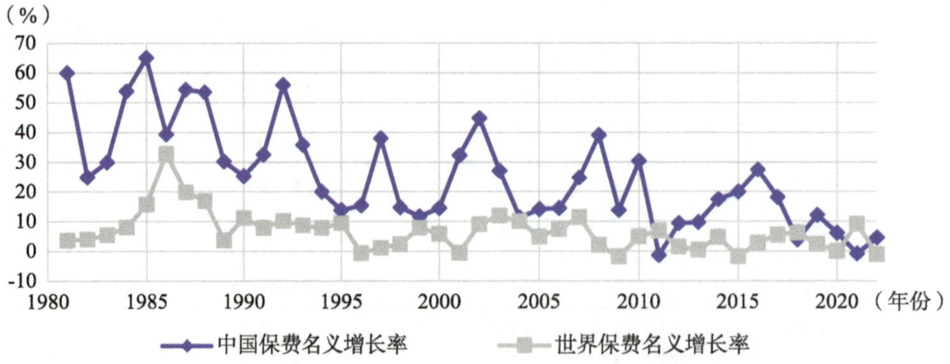

图 1-2 1980—2022 年中国和世界保费名义增长率的比较

由于过去 40 年间，与全球保险业相比，中国保险业的增长速度更快（见表 1-2），因此中国保费收入占世界份额逐年提高。

中国保险业的快速增长是建立在中国 GDP 快速增长基础上的，并且中国 GDP 与世界 GDP 相比保持了一个更快的增长速度（见表 1-3），图 1-3 直观地展示了这一变化趋势。

表 1-3　　1980—2022 年中国 GDP 与世界 GDP 的发展比较①

年份	中国 GDP（亿美元）	世界 GDP（亿美元）	中国 GDP 占世界 GDP 的比值（%）
1980	2,990.41	113,371.33	2.64
1981	2,820.64	117,284.14	2.40
1982	2,787.73	116,101.72	2.40
1983	3,031.84	118,404.81	2.56
1984	2,596.96	123,116.33	2.11
1985	2,835.00	128,971.79	2.20
1986	2,780.77	152,525.15	1.82
1987	3,262.74	173,729.59	1.88
1988	4,068.28	193,940.23	2.10
1989	3,629.09	202,666.64	1.79
1990	3,604.99	228,617.12	1.58
1991	4,039.36	238,344.54	1.69
1992	4,739.87	254,840.25	1.86
1993	6,165.97	259,059.02	2.38
1994	5,758.50	278,995.68	2.06
1995	7,374.89	310,514.99	2.38
1996	8,653.91	317,457.25	2.73
1997	9,627.89	316,296.95	3.04
1998	10,290.68	315,528.54	3.26
1999	10,938.39	327,520.12	3.34
2000	12,114.93	338,455.83	3.58
2001	13,394.77	336,310.13	3.98
2002	14,705.32	349,251.17	4.21
2003	16,603.48	391,616.45	4.24
2004	19,554.18	441,336.16	4.43

① 依据中国国民经济和社会发展统计公报，在 1991 年及以前，中国只公布国民生产总值（GNP），不公布国内生产总值（GDP）；自 1992 年至今，中国国民经济和社会发展统计公报只公布国内生产总值（GDP），不公布国民生产总值（GNP）。表 1-3 中 1980 年到 1991 年的 GDP 数据均为推算数据，并且项目组认为并没有一个公认的、科学的、权威的方法来实现从 GNP 到 GDP 的推算，因此，项目组并不保证上述数据的准确性和科学性，如有引用请谨慎为之。如引用，项目组不为引用引起的各种质疑或分歧等承担责任。以下相关数据，如表 1-5 中的相关引用计算等，均参照本备注说明。

续表

年份	中国 GDP（亿美元）	世界 GDP（亿美元）	中国 GDP 占世界 GDP 的比值（%）
2005	23, 216. 94	477, 935. 88	4. 86
2006	28, 109. 71	517, 910. 96	5. 43
2007	36, 980. 71	583, 610. 97	6. 34
2008	46, 792. 91	641, 351. 93	7. 30
2009	51, 048. 42	608, 179. 20	8. 39
2010	62, 539. 91	666, 197. 82	9. 39
2011	77, 514. 80	738, 817. 40	10. 49
2012	86, 445. 27	755, 259. 49	11. 45
2013	97, 947. 31	776, 351. 52	12. 62
2014	103, 733. 58	797, 565. 17	13. 01
2015	106, 082. 64	752, 150. 63	14. 10
2016	107, 402. 70	764, 864. 55	14. 04
2017	127, 769. 65	814, 420. 49	15. 69
2018	133, 892. 79	865, 022. 24	15. 48
2019	141, 614. 54	877, 281. 02	16. 14
2020	154, 984. 40	852, 151. 51	18. 19
2021	180, 329. 04	968, 823. 98	18. 61
2022	174, 095. 43	1, 005, 620. 11	17. 31

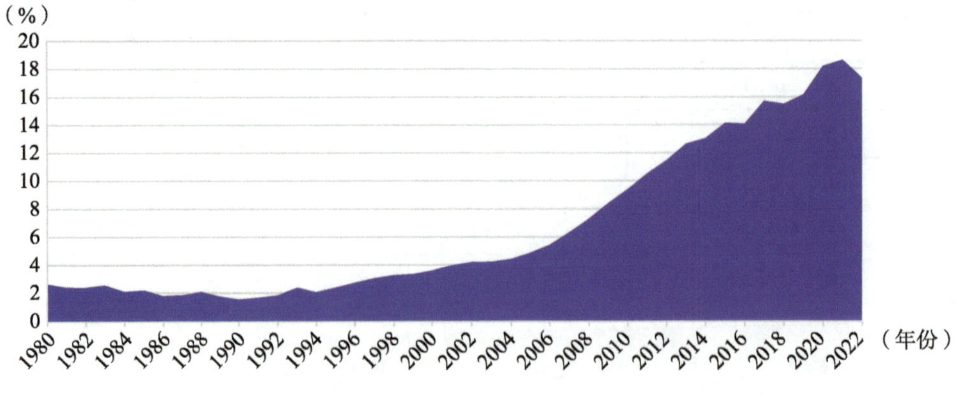

图 1－3　1980—2022 年中国 GDP 与世界 GDP 的比值分析

（二）1980—2022 年保险密度

表 1－4 对比了 1980—2022 年中国和世界保险密度，图 1－4 直观地展示了两者的增长情况。

由图 1－4 可以看出，世界保险密度在 1984 年和 2011 年出现了两次较快的增长，中国保险密度在过去 40 年间一直保持增长势头，2006 年之后增长更为明显。2008 年国际金融危机抑制了世界保险密度的增长，2009 年世界保险密度甚至比 2008 年有所下降。即便如此，中国保险密度仍然在这一时期保持了快速增长的态势，这对于中国这样一个人口大国而言是十分不易的。根据 2022 年数据，中国保险密度相当于世界平均水平的 55.99%。

表 1-4　1980—2022 年中国和世界保险密度

年份	中国保险密度（元/人）	世界平均保险密度（美元/人）	中国保险密度增长率（%）	世界平均保险密度增长率（%）
1980	0.47	111.00	—	—
1981	0.78	113.00	65.96	1.80
1982	1.01	116.00	29.49	2.65
1983	1.28	121.00	26.73	4.31
1984	1.92	128.00	50.00	5.79
1985	3.13	145.00	63.02	13.28
1986	4.26	189.00	36.24	30.34
1987	6.51	223.00	52.56	17.99
1988	9.86	255.00	51.74	14.35
1989	12.65	260.00	28.29	1.96
1990	15.61	284.00	23.39	9.23
1991	20.70	301.00	32.56	5.99
1992	32.26	326.00	55.88	8.31
1993	44.30	349.00	37.31	7.06
1994	52.57	371.00	18.67	6.30
1995	56.39	400.00	7.28	7.82
1996	63.40	392.00	12.44	-2.00
1997	87.36	391.00	37.78	-0.26
1998	100.67	395.00	15.24	1.02
1999	110.76	422.00	10.02	6.84
2000	125.91	440.00	13.68	4.27
2001	165.27	430.00	31.26	-2.27
2002	237.69	463.00	43.81	7.67
2003	300.28	511.00	26.33	10.37
2004	332.19	555.00	10.63	8.61

续表

年份	中国保险密度（元/人）	世界平均保险密度（美元/人）	中国保险密度增长率（%）	世界平均保险密度增长率（%）
2005	376.83	574.00	13.44	3.42
2006	429.18	607.00	13.89	5.75
2007	532.49	667.00	24.07	9.88
2008	736.74	672.00	38.36	0.75
2009	834.57	650.00	13.28	-3.27
2010	1,083.44	672.00	29.82	3.38
2011	1,064.26	712.00	-1.77	5.95
2012	1,143.83	714.00	7.48	0.28
2013	1,265.67	707.00	10.65	-0.98
2014	1,479.35	728.00	16.88	2.97
2015	1,766.49	708.00	19.41	-2.75
2016	2,239.02	722.00	26.75	1.98
2017	2,631.58	753.00	17.53	4.29
2018	2,724.46	784.00	3.53	4.12
2019	3,045.95	792.00	11.80	1.02
2020	3,205.70	809.00	5.24	2.15
2021	3,179.08	874.00	-0.83	8.03
2022	3,326.16	853.00	4.63	-2.40

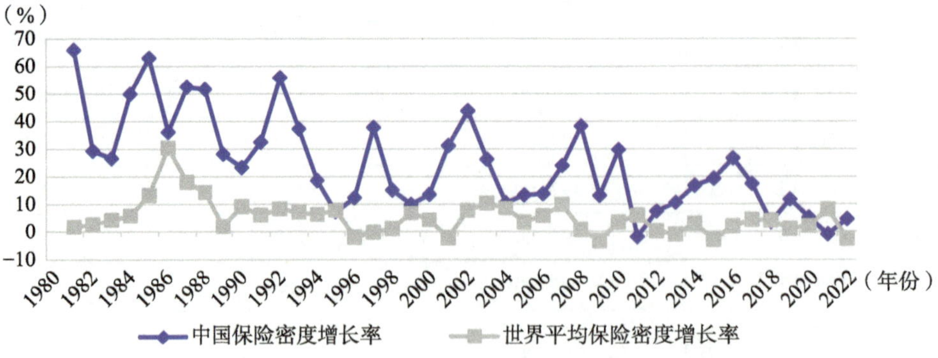

图 1-4　1980—2022 年中国和世界保险密度增长率比较

（三）1980—2022 年保险深度

表 1-5 对比了 1980—2022 年中国和世界保险深度，图 1-5 直观地展示了两者的增长情况。

由图1－5可以看出，世界平均保险深度在20世纪80年代后呈现较为明显的上升趋势，1993—2012年基本保持7%—8%的水平，2012年到2017年降至6%左右，之后的2018年到2020年都处于上升状态。中国保险深度整体呈现上升趋势，但自从2003年以来随着中国GDP的高速增长，保险深度进入一个相对平稳的时期，2010年到2012年明显下降，2013年开始恢复上升趋势，2021年到2022年稍有回落。根据2022年统计数据，中国保险深度相当于世界平均水平的57.06%左右。

表1－5　　1980—2022年中国和世界保险深度　　单位：%

年份	中国保险深度	世界平均保险深度
1980	0.11	4.40
1981	0.16	4.60
1982	0.19	4.90
1983	0.22	5.00
1984	0.27	5.20
1985	0.36	5.70
1986	0.44	6.50
1987	0.58	6.70
1988	0.72	6.80
1989	0.83	6.50
1990	0.95	6.30
1991	1.09	6.60
1992	1.39	7.10
1993	1.47	7.40
1994	1.30	7.50
1995	1.11	7.40
1996	1.08	7.20
1997	1.35	7.30
1998	1.47	7.40
1999	1.54	7.80
2000	1.59	8.00
2001	1.90	8.00
2002	2.51	8.40
2003	2.82	8.30
2004	2.67	8.10
2005	2.63	7.90
2006	2.57	7.80

续表

年份	中国保险深度	世界平均保险深度
2007	2.60	7.60
2008	3.06	7.10
2009	3.20	7.30
2010	3.53	7.00
2011	2.94	6.80
2012	2.88	6.80
2013	2.90	6.60
2014	3.14	6.70
2015	3.53	7.00
2016	4.15	7.10
2017	4.40	7.00
2018	4.14	7.00
2019	4.32	7.00
2020	4.45	7.40
2021	3.93	7.00
2022	3.88	6.80

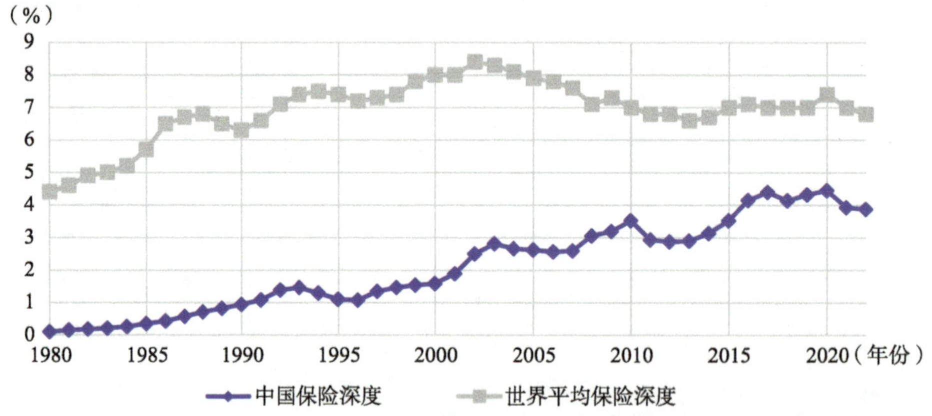

图1-5 1980—2022年中国保险深度与世界平均保险深度的比较

二、发展评价

（一）市场主体

1980年以来，我国保费规模从4.6亿元增长至2022年的46,957亿元，年均增长24.58%。2022年年末，保险业总资产约达271,467亿元，净资产约达27,011亿元。多层次保险市场体系初步形成，市场主体从1家增加至244家（不含互助保险机构 4 家），其中，财产险市场主体有 88 家，人身险市场主体有 95 家，再保险市场主体有 14 家，集团和控股市场主体有 14 家，保险资产管理市场主体有 33 家。

截至 2022 年年末，中国保险业市场主体主要包括：（1）1 家出口信用保险公司；（2）14 家保险集团和控股公司；（3）88 家财产险公司，其中，互联网公司 4 家、相互保险 4 家、自保公司 3 家；（4）95 家人身险公司，其中，养老险公司 10 家、健康险公司 7 家；（5）33 家保险资产管理公司；（6）14 家再保险公司，其中，中资再保险公司 7 家，外资再保险公司 7 家。

2022 年，中国共有 1 家保险机构开业，是国民养老保险股份有限公司。

截至 2021 年年末，中国专业保险中介集团共有 5 家，保险专业中介机构一共有 2,605 家。其中，保险代理公司 1,735 家，保险经纪公司 493 家，保险公估公司 377 家。全国保险专业中介机构注册资本 702.76 亿元，资产总额 939.59 亿元，其中，保险代理机构的资产总额是 412.38 亿元，保险经纪机构的资产总额 493.21 亿元，保险公估机构资产总额是 34.00 亿元。

截至 2021 年年末，全国共有保险兼业代理机构约 2.1 万家，代理网点 22 万家。其中，银行类保险兼业代理法人机构约 1,903 家，网点 18 万余家；开展相互代理的保险公司法人机构 55 家，网点 4 万余家；其他兼业代理机构约 1.9 万家。

（二）2022 年中国保险业经营情况

2022 年，我国保险业实现保费收入约 46,957 亿元，同比增长 4.58%。人身险公司未计入合同核算的保户投资款和独立账户本年新增保费达 5,845 亿元，同比降低 18.53%（见表 1－6）。

表 1－6　2021 年和 2022 年保险业经营情况对比　单位：亿元、万件

项目	2022 年	2021 年	增长率（%）
保费收入	46,957	44,900	4.58
1. 财产险	12,712	11,671	8.92
2. 人身险	34,245	33,229	3.06
（1）寿险	24,519	23,572	4.02
（2）健康险	8,653	8,447	2.44
（3）人身意外伤害险	1,073	1,210	-11.30
保户投资款新增交费	5,624	6,479	-13.20
投连险独立账户新增交费	221	695	-68.20
保险金额	136,786,537	121,461,992	12.62

续表

项目	2022 年	2021 年	增长率（%）
保单件数	5,538,322	4,889,556	13.27
原保险赔付支出	15,485	15,609	-0.79
1. 财产险	7,757	7,688	0.90
2. 人身险	7,728	7,921	-2.43
（1）寿险	3,791	3,540	7.10
（2）健康险	3,600	4,029	-10.66
（3）人身意外伤害险	337	352	-4.19
业务及管理费	5,239	5,225	0.27
银行存款	250,509	26,179	856.91
资金运用余额	28,348	232,280	-87.80
资产总额	271,467	248,874	9.08

（1）从财产险和人身险公司来看，2022 年，财产险公司保费收入规模达14,867 亿元，同比增长 8.71%；人身险公司保费收入规模达 32,091 亿元，同比下降 2.78%。从业务类型来看，财产险业务规模达 12,712 亿元，同比增长 8.92%；寿险业务 24,519 亿元，同比增长 4.02%；健康险业务 8,653 亿元，同比增长2.44%；意外险业务 1,073 亿元，同比下降 11.32%。其中，财产险公司保险金额12,457.41 万亿元，同比增长 14.71%；人身险公司保险金额 1,221.24 万亿元，同比下降 5.03%。

（2）中国保险业减少保单件数 64.87 亿件，同比增长 13.27%。其中，财产险公司签单件数 544.78 亿件，同比增长 13.64%；人身险公司新增保单件数 9.05 亿件，同比下降 5.14%。

（3）赔款和给付支出达 15,485 亿元，同比下降 0.79%。其中，财产险业务赔款 7,757 亿元，同比增长 0.44%；寿险业务给付 3,791 亿元，同比增长 7.09%；健康险业务赔款和给付支出达 3,600 亿元，同比下降 10.65%；意外险业务赔款337 亿元，同比下降 4.26%。

（4）资金运用余额为 250,509 亿元，较年初增长 7.85%。其中，债券资金运用金额约为 102,530 万亿元，占比约达 40.93%；银行存款资金运用金额约为28,348 万亿元，占比约达 11.32%；股票和证券投资基金资金运用金额约为 31,829 万亿元，占比约为 12.71%。

（5）2022 年，中国保险业总资产 271,467 亿元，较年初增长 9.08%；净资产

27,011 亿元，较年初下降 7.83%。

（6）险种结构。表 1－6 为 2022 年中国保险市场的险种结构及同比变化，图 1－6 直观地展示了这一情况。

图 1－6　2021—2022 年中国保险市场的险种结构

（7）地区结构。表 1－7 显示 2022 年中国保费收入的地区间分布。从各省（自治区、直辖市）及计划单列市的份额结构看，2022 年保费收入排名位居前列的是广东、江苏、山东，份额占比均超过 6%。其中，广东占比达 9.30%，江苏占比达 9.20%，山东占比达 6.19%。

表 1－7　　2022 年中国地区间保费收入及变化情况

省（自治区、直辖市）及计划单列市	2022 年		2021 年		市场占有率变化（%）
	保费收入（亿元）	占比（%）	保费收入（亿元）	占比（%）	
广　东	4,367	9.30	4,153	9.25	0.05
江　苏	4,318	9.20	4,051	9.02	0.17
山　东	2,908	6.19	2,816	6.27	－0.08
北　京	2,758	5.87	2,527	5.63	0.25
浙　江	2,713	5.78	2,485	5.53	0.24
河　南	2,370	5.05	2,360	5.26	－0.21
四　川	2,298	4.89	2,205	4.91	－0.02
上　海	2,095	4.46	1,971	4.39	0.07
河　北	2,043	4.35	1,995	4.44	－0.09
湖　北	1,952	4.16	1,878	4.18	－0.02
湖　南	1,614	3.44	1,509	3.36	0.08
深　圳	1,528	3.25	1,427	3.18	0.08
安　徽	1,418	3.02	1,380	3.07	－0.05

续表

省（自治区、直辖市）及计划单列市	2022年		2021年		市场占有率变化（%）
	保费收入（亿元）	占比（%）	保费收入（亿元）	占比（%）	
福　建	1,104	2.35	1,052	2.34	0.01
陕　西	1,102	2.35	1,052	2.34	0.00
山　西	1,013	2.16	998	2.22	-0.06
辽　宁	1,001	2.13	980	2.18	-0.05
黑龙江	982	2.09	995	2.22	-0.12
重　庆	981	2.09	966	2.15	-0.06
江　西	972	2.07	910	2.03	0.05
广　西	810	1.72	781	1.74	-0.01
云　南	725	1.54	690	1.54	0.01
新　疆	681	1.45	686	1.53	-0.08
吉　林	678	1.44	691	1.54	-0.10
天　津	670	1.43	660	1.47	-0.04
内蒙古	667	1.42	646	1.44	-0.02
贵　州	504	1.07	496	1.11	-0.03
青　岛	502	1.07	462	1.03	0.04
甘　肃	491	1.05	490	1.09	-0.05
宁　波	416	0.89	375	0.84	0.05
大　连	401	0.85	378	0.84	0.01
厦　门	270	0.58	243	0.54	0.04
宁　夏	216	0.46	211	0.47	-0.01
海　南	201	0.43	198	0.44	-0.01
青　海	106	0.23	107	0.24	-0.01
集团、总公司本级	42	0.09	37	0.08	0.01
西　藏	39	0.08	40	0.09	-0.01
全国合计	46,957	100	44,900	100	0

表1-8和图1-7直观地展示了2022年中国东部、中部、西部和东北部四大区域的保费收入和变化情况。从东、中、西、东北四大区域的份额结构看，2022年东部、中部、西部、东北部的保费收入份额占比分别为55.14%、19.89%、18.36%和6.52%，明显呈现依次递减。与2021年相比，2022年东部略有上升，中部、西部和东北部略有下降。

表 1-8　　2022 年中国各地区保费收入及同比变化

年份	2022		2021	
地区	保费（亿元）	占比（%）	保费（亿元）	占比（%）
东部	25,893	55.14	24,414	54.38
中部	9,339	19.89	9,034	20.12
西部	8,621	18.36	8,369	18.64
东北部	3,062	6.52	3,045	6.78
集团、总公司本级	42	0.09	37	0.08
全国	44,900	100	45,257	100

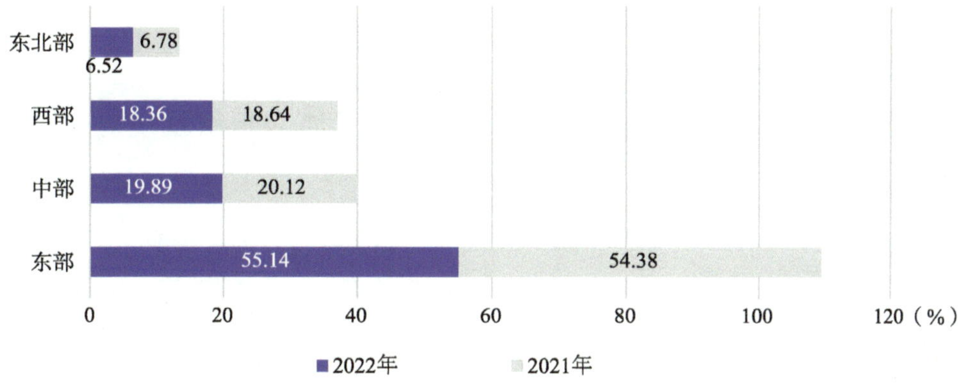

图 1-7　2021—2022 年中国各地区保费收入占比

（8）资本结构①。2022 年，中资保险机构实现保费收入约为 3.70 万亿元，市场份额 90.9%；外资保险公司实现保费收入约为 0.37 万亿元，市场份额 9.1%。

第二节　2022 年中国财产险市场回顾

2022 年，财产险公司实现保费收入 14,867 亿元，同比增长 8.92%；保险业累计提供风险保额 13,678.7 万亿元；2022 年，财产险行业整体发展情况如下：

（1）财产险（不含财产险公司经营的意外险和短期健康险）保费收入 12,712 亿元，同比增长 1,041 亿元，增长 8.92%，增幅同比上升 11.08 个百分点。其中，

① 数据来源于各保险公司的年度信息披露报告并进行计算得到，由于部分公司没有披露相关报告，不能保障数据的准确性，仅供参考。

健康险保费收入 1,580 亿元，同比增长 14.66%；农业保险保费收入 1,219 亿元，同比增长 24.95%；责任保险保费收入 1,148 亿元，同比增长 12.67%；工程保险保费收入 145 亿元，同比增长 1%。

（2）机动车辆保险保费收入 8,210 亿元，同比增长 5.63%。

（3）企业财产保险保费收入 553 亿元，同比增长 6.47%；家庭财产保险保费收入 164 亿元，同比增长 67.22%；保证保险保费收入 552 亿元，同比增长 5.86%。

（4）财产险累计赔款支出 9,078 亿元，同比增长 2.60%。

一、基本分析

（一）保费收入

1. 全国财产险市场保费规模及增长

图 1-8 为 2002—2022 年全国保险市场与财产险市场保费规模对比。2022 年，财产险公司实现保费收入 14,867 亿元，增长 8.70%。

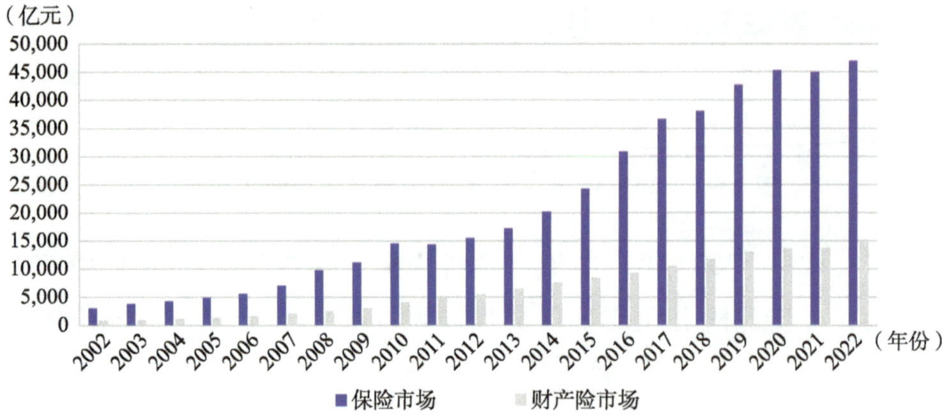

图 1-8　2002—2022 年全国保险市场与财产险市场保费规模对比

图 1-9 为 2002—2022 年全国保险市场与财产险市场保费规模增速对比。2022 年，国内财产保险市场保费收入实现正增长。从横向比较来看，2022 年财产险市场的保费收入增速为 8.70%，略高于同期全国保险市场保费收入增速；从纵向比较来看，2022 年财产险市场的保费收入增速远高于 2021 年。

2. 地区间财产险市场保费规模及增长

2021 年，我国各省（自治区、直辖市）及计划单列市财产险保费规模及增长情况如表 1-9 所示。

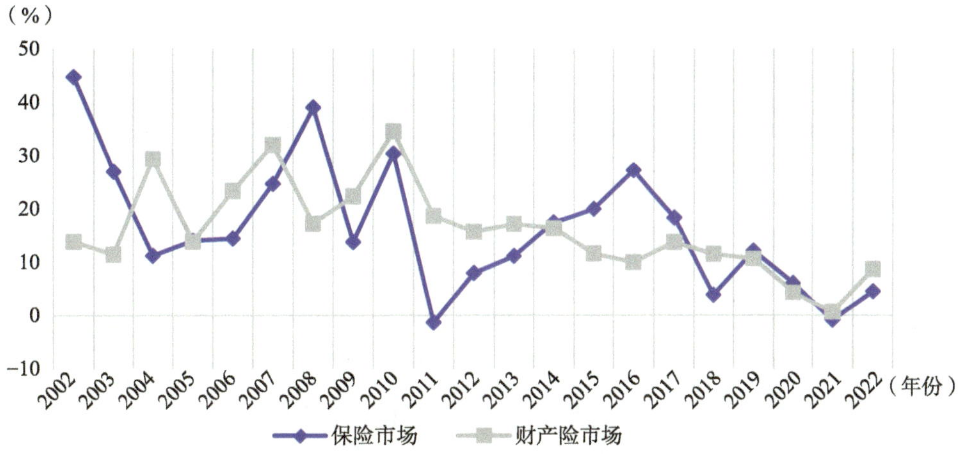

图1－9　2002—2021年全国保险市场与财产险市场保费规模增速

表1－9　2021年各地区财产险保费规模及增长情况

省（自治区、直辖市）及计划单列市	保费收入（亿元）	保费占比（%）	占比排名	保费增速（%）	增速排名
广　东	1, 148	9. 03	1	12. 59	2
江　苏	1, 124	8. 85	2	12. 20	3
浙　江	819	6. 45	3	9. 97	10
山　东	721	5. 67	4	7. 87	22
四　川	598	4. 70	5	7. 30	24
河　北	591	4. 65	6	8. 41	17
河　南	579	4. 56	7	5. 37	33
上　海	555	4. 36	8	5. 85	32
安　徽	487	3. 83	9	11. 48	5
北　京	479	3. 77	10	8. 04	21
湖　南	430	3. 38	11	9. 93	11
湖　北	423	3. 33	12	11. 43	6
深　圳	418	3. 29	13	10. 93	7
辽　宁	311	2. 45	14	7. 66	23
江　西	304	2. 39	15	14. 87	1
福　建	280	2. 20	16	9. 02	13
云　南	277	2. 18	17	5. 87	31
陕　西	273	2. 15	18	7. 10	26
广　西	261	2. 06	19	8. 39	19
山　西	249	1. 96	20	8. 10	20
新　疆	232	1. 83	21	1. 41	35

续表

省（自治区、直辖市）及计划单列市	保费收入（亿元）	保费占比（%）	占比排名	保费增速（%）	增速排名
贵　州	230	1.81	22	7.11	25
重　庆	227	1.78	23	6.03	30
内蒙古	223	1.75	24	8.59	15
黑龙江	218	1.72	25	10.04	9
宁　波	191	1.50	26	8.52	16
吉　林	187	1.47	27	9.71	12
天　津	157	1.24	28	1.91	34
青　岛	154	1.21	29	7.07	27
甘　肃	140	1.10	30	6.56	29
大　连	93	0.73	31	11.66	4
海　南	79	0.62	32	7.04	28
厦　门	79	0.62	33	10.65	8
宁　夏	71	0.56	34	8.40	18
青　海	45	0.35	35	-0.04	38
集团、总公司本级	31	0.24	36	1.11	37
西　藏	28	0.22	37	1.24	36
全国合计	12,712	100	—	8.92	14

从保费规模来看，广东、江苏、浙江和山东位列前四名，保费规模均超过700亿元，四川、河北、河南、上海保费规模超过500亿元，上述八个地区保费超过6,134亿元；宁夏、青海和西藏保费规模位列后三位，合计仅为143亿元。就保费规模的横向比较而言，各地规模差距较大，规模较小的西藏保费规模仅为规模最大的广东保费规模的2.42%，保费规模位列后三位的宁夏、青海和西藏的总保费仅为位列前三名的广东、江苏和浙江的4.63%。

从保费规模占全国财产险市场的比重来看，规模前三位的广东、江苏、浙江占全国财产险市场的比重分别达到了9.03%、8.85%和6.45%，规模后三位的宁夏、青海和西藏占全国财产保险市场的比重分别为0.56%、0.35%和0.22%。

（二）赔款支出

2022年，财产险公司赔款支出累计达到9,078亿元。表1－10展示了2022年财产险公司保费收入和赔款支出情况；图1－10展示了2022年各月财产险业务赔款与保费收入占比情况。

表 1-10　　2022 年财产险公司保费收入和赔款支出情况

月份	保费收入（亿元）	保费占比（%）	赔付支出（亿元）	赔付占比（%）	赔付率（%）
1	1,774	11.93	834	9.19	47.01
2	878	5.91	480	5.29	54.67
3	1,574	10.59	759	8.36	48.22
4	1,171	7.88	574	6.32	49.02
5	1,075	7.23	693	7.63	64.47
6	1,562	10.51	741	8.16	47.44
7	1,128	7.59	754	8.31	66.84
8	1,117	7.51	786	8.66	70.37
9	1,254	8.43	794	8.75	63.32
10	999	6.72	727	8.01	72.77
11	1,069	7.19	884	9.74	82.69
12	1,266	8.52	1,052	11.59	83.10

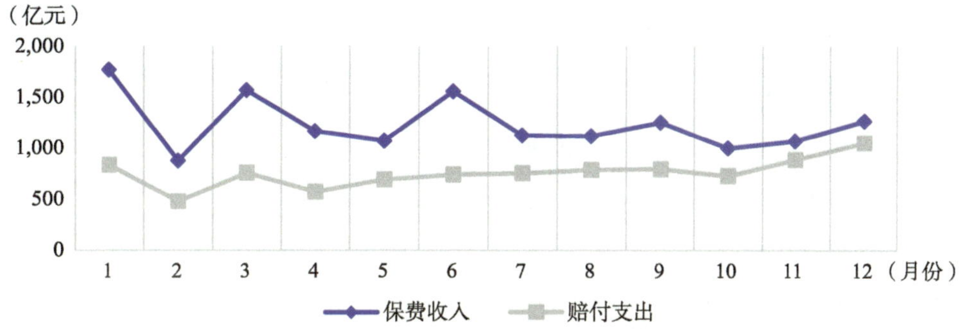

图 1-10　2022 年财产险业务月度保费收入与赔付支出

二、竞争态势

（一）经营主体数量

2022 年，共有 88 家财产险公司（本书中 88 家财产险公司的简称使用的是原中国银保监会网站公布的名称），如图 1-11 所示。

（二）市场份额

目前，国内财产险市场上的保险公司市场份额大多小于 1%，中小型财产险公司数目众多。纵观整个国内财产险市场的市场份额，基本形成了“一超两强”为主导的市场格局。“一超”指中国人民财产保险股份有限公司（以下简称人保财

图 1－11　2002—2022 年财产险公司数量

险)，“两强” 指中国平安财产保险股份有限公司（以下简称平安财险）和中国太平洋财产保险股份有限公司（以下简称太保财险)。2022 年国内财产险公司市场份额排名前十的公司如表 1－11 所示。

表 1－11　　2022 年国内财产险公司市场份额排名前十的公司

序号	公司名称	保费收入（亿元）	同比增长（%）	市场份额（%）
1	人保股份	4,875	8.72	32.79
2	平安财险	2,981	10.41	20.05
3	太平洋财险	1,704	12.55	11.46
4	国寿财险	983	7.43	6.61
5	中华联合	603	8.45	4.06
6	大地财险	461	6.71	3.10
7	阳光财险	404	－0.25	2.72
8	太平财险	287	3.99	1.93
9	众安财险	236	15.69	1.59
10	华安财险	167	6.37	1.12

市场份额列第 11—20 名的保险公司分别是：天安财险、英大财险、国任财险、永安财险、国元农业保险、紫金财险、泰康在线、华泰财险、大家财险、永诚财险。

市场份额列第 21—30 名的分别是：鼎和财险、安盛太平、安华农业保险、中银保险、国泰财险、京东安联财险、亚太财险、安诚财险、阳光农业保险、中原农业保险。

（三）市场集中度

市场集中度（concentration ratio，CR）是衡量整个行业市场结构集中程度的测量指标，用来衡量企业的数目和相对规模的差异，是反映市场垄断程度的重要量化指标。此处对于国内财产险行业市场集中度的分析是以前三家财产险公司的市场份额之和（CR3）为标准衡量国内财产险市场集中度。

从表 1－12 中的数据可以看出，2004—2011 年国内财产险市场集中度持续上升，2012 年开始市场集中度又有所下降，但是下降幅度较小。2022 年，中国财产险市场集中度（64.30%）较 2021 年略有下降，下降了 0.39 个百分点。总体来看，近年来市场集中度超过 60%，这说明国内财产险市场仍然趋向于垄断，整体竞争程度不够。具体来看，近年来约 60% 的市场份额仍然由三大财产险公司贡献，而且人保财险一直稳居首位，平安财险的市场份额从 2009 年起超越太保财险，排名次席。

表 1－12　　2004—2021 年国内财产险市场集中度

年份	市场份额前三（由大到小）	集中度（CR3，%）
2004	人保、太保、平安	79.9
2005	人保、太保、平安	72.6
2006	人保、太保、平安	67.3
2007	人保、太保、平安	64.0
2008	人保、太保、平安	63.9
2009	人保、平安、太保	64.2
2010	人保、平安、太保	66.5
2011	人保、平安、太保	66.6
2012	人保、平安、太保	65.4
2013	人保、平安、太保	64.8
2014	人保、平安、太保	64.7
2015	人保、平安、太保	64.0
2016	人保、平安、太保	65.6
2017	人保、平安、太保	63.5
2018	人保、平安、太保	64.1
2019	人保、平安、太保	64.1
2020	人保、平安、太保	65.46
2021	人保、平安、太保	64.69
2022	人保、平安、太保	64.30

三、发展层次

（一）保险密度

保险密度是指按照当地人口计算的人均保费，它与保费收入总量从不同角度反映了保险的规模程度，同时也体现了一个国家或地区保险的普及程度。财产险市场的保险密度说明该地财产险产品的普及程度，是衡量财产险市场发展情况的一项重要指标。

2022 年，国内财产险市场的保险密度达到了 1,052 元/人，较 2021 年增长 8.75%。从近 18 年的保险密度来看，国内保险市场的保险密度增长迅速，从 2002 年的 63 元/人增长到 1,052 元/人，增长了 16.7 倍（见表 1－13 和图 1－12）。

表 1－13　　2002—2022 年国内财产险市场保险密度

年份	产险保费收入（亿元）	人口数量（万人）	产险保险密度（元/人）
2002	778	128,453	60.57
2003	869	129,227	67.25
2004	1,089	129,988	83.78
2005	1,230	130,756	94.07
2006	1,509	131,448	114.80
2007	1,998	132,129	151.22
2008	2,337	132,802	175.98
2009	2,876	133,450	215.51
2010	3,896	134,091	290.55
2011	4,618	134,735	342.75
2012	5,531	135,404	408.48
2013	6,212	136,072	456.52
2014	7,203	136,782	526.60
2015	7,995	137,462	581.62
2016	8,724	138,271	630.93
2017	9,835	139,008	707.51
2018	10,770	139,538	771.83
2019	11,649	140,005	832.04
2020	11,929	141,178	844.93
2021	13,676	141,260	968.14
2022	14,867	141,212	1,052.81

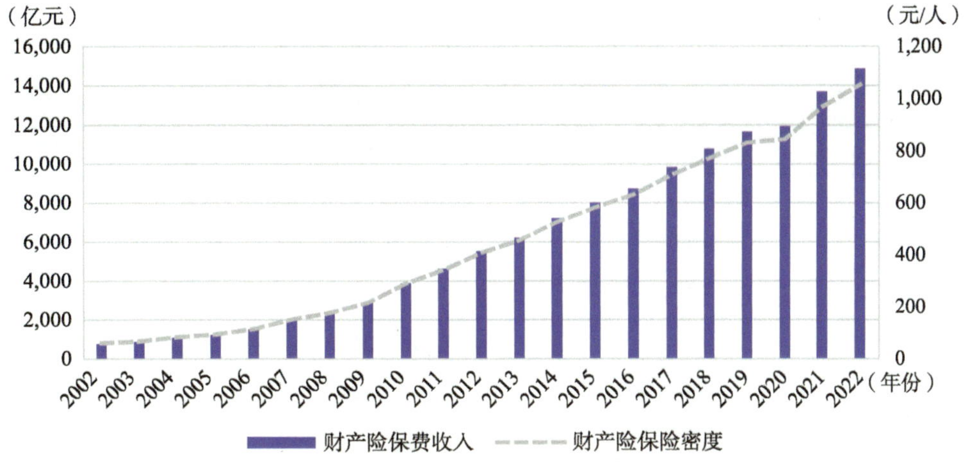

图1－12　2002—2022年国内财产险市场保险密度

（二）保险深度

保险深度是指保费收入占该地区生产总值（GDP）之比，它反映该地区保险业在国民经济中所处的地位。财产险市场的保险深度即财产险保费占该地区生产总值之比，能说明财产险市场在国民经济中的重要程度。

2022年，国内财产险市场保险深度达到了1.23%，从近19年保险深度的变化趋势来看，国内财产险市场的保险深度表现为较为稳定地增长，从2002年的0.64%增长到2022年的1.23%（见表1－14和图1－13），增长了近2倍。

表1－14　2002—2022年国内财产险市场保险深度

年份	财产险保费收入（亿元）	国内生产总值（亿元）	财产险保险深度（%）
2002	778	121,717	0.64
2003	869	137,422	0.63
2004	1,089	161,840	0.67
2005	1,230	187,319	0.66
2006	1,509	219,438	0.69
2007	1,998	270,092	0.74
2008	2,337	319,245	0.73
2009	2,876	348,518	0.83
2010	3,896	412,119	0.95
2011	4,618	487,940	0.95
2012	5,531	538,580	1.03
2013	6,212	592,963	1.05

续表

年份	财产险保费收入（亿元）	国内生产总值（亿元）	财产险保险深度（%）
2014	7,203	643,563	1.12
2015	7,995	688,858	1.16
2016	8,724	746,395	1.17
2017	9,835	832,036	1.18
2018	10,770	919,281	1.17
2019	11,649	986,515	1.18
2020	11,929	1,015，986	1.17
2021	13,676	1,143，670	1.20
2022	14,867	1,210，207	1.23

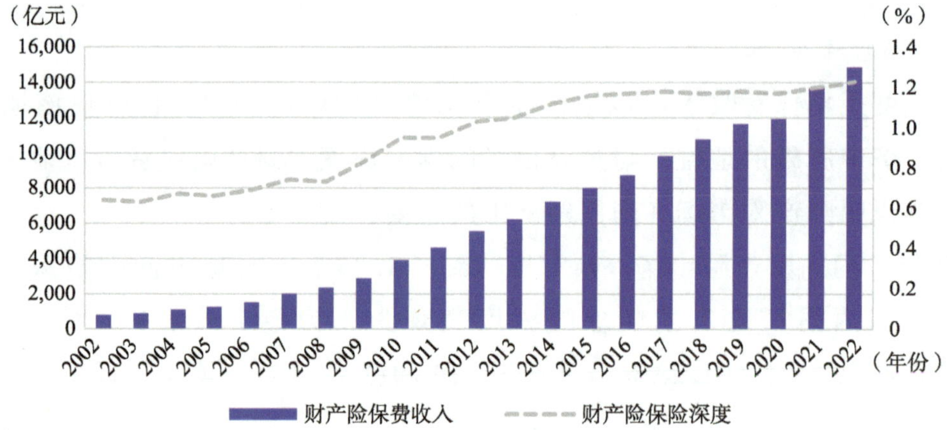

图1－13　2002—2022年国内财产险市场保险深度

第三节　2022年中国人身险市场回顾

2022年，人身险行业保费收入为32,091亿元，同比增长2.78%；寿险公司保险金额24,519亿元，同比增长4.02%。2022年，人身险行业整体发展情况如下：

（1）人身险业务保费收入32,091亿元（含产险公司经营的意外险和短期健康险），同比增长2.78%。其中，寿险业务24,519亿元，同比增长4.02%，占人身险业务的比率为76.4%；健康险业务7,073亿元，同比增长0.06%，占人身险业务的比率为22.04%；意外险业务499亿元，同比降低14.36%，占人身险业务的比率为1.56%。

未计入保险合同核算的保户投资款和独立账户本年新增交费5,845亿元，同比降低 18.53%。

（2）人身险公司保户投资款本年新增交费 5,624 亿元，同比降低 13.19%。人身险公司投连险独立账户新增交费 221 亿元，同比下降 68.24%。

（3）人身险业务赔款与给付支出 6,407 亿元，下降 5.23%。其中，寿险业务给付金额 3,791 亿元，增长 7.10%；健康险业务赔款与给付支出 3,600 亿元，下降 10.66%；人身意外伤害险业务赔款支出 337 亿元，下降 4.19%。

（4）人身险公司保单件数为 90,480 万件，增长率为 -5.18%。

一、基本分析

（一）保费收入

1. 总体保费情况

2022 年，中国人身险市场实现保费收入 32,091 亿元。其中，寿险实现保费收入 24,519 亿元；健康险实现保费收入 7,073 亿元；意外险实现保费收入 499 亿元。图 1 - 14 为 2002—2022 年全国保险市场与人身险市场保费规模对比。

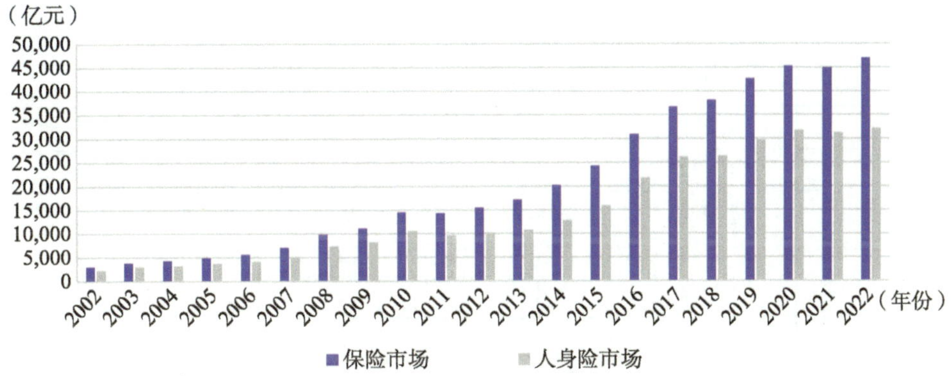

图 1 - 14 2002—2022 年全国保险市场与人身险市场保费规模对比

图 1 - 15 为 2002—2022 年全国保险市场与人身险市场保费增速对比情况。2022 年国内寿险市场保费收入呈现正增长。从横向比较来看，2022 年，寿险市场的保费收入增速为 2.78%，低于同期中国保险市场的保费收入增速。从纵向比较来看，2022 年中国人身险市场的保费收入增速远远高于 2021 年。

2. 保费收入的地区差异

2022 年，我国各省（自治区、直辖市）及计划单列市人身险保费规模及增长情况如表 1 - 15 所示，人身险保费规模居前五位的地区是江苏、广东、北京、山东、浙江。

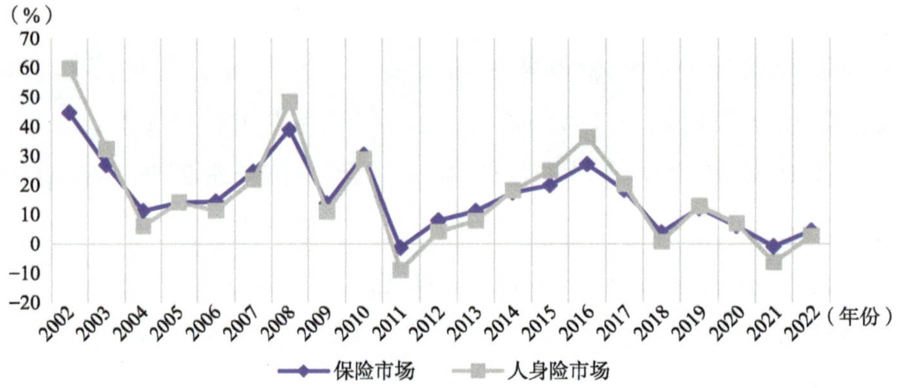

图 1－15　2002—2022 年全国保险市场与人身险市场保费增速对比

表 1－15　2022 年各省（自治区、直辖市）及计划单列市人身险保费规模及增长情况

省（自治区、直辖市）及计划单列市	保费收入（亿元）	保费占比（%）	占比排名	保费增速（%）	增速排名
江　苏	2,466	10.06	1	5.17	12
广　东	2,332	9.51	2	2.14	21
北　京	1,724	7.03	3	15.04	3
山　东	1,504	6.14	4	2.14	20
浙　江	1,400	5.71	5	8.69	6
河　南	1,279	5.21	6	1.13	23
四　川	1,211	4.94	7	3.22	19
上　海	1,132	4.62	8	8.05	8
湖　北	1,096	4.47	9	0.83	25
河　北	1,040	4.24	10	－0.40	32
湖　南	818	3.34	11	9.25	5
深　圳	691	2.82	12	8.19	7
安　徽	646	2.63	13	－1.64	33
陕　西	620	2.53	14	3.67	16
山　西	579	2.36	15	0.14	30
福　建	562	2.29	16	3.91	15
黑龙江	522	2.13	17	－4.87	37
重　庆	520	2.12	18	0.18	29
辽　宁	484	1.97	19	－2.24	35
江　西	475	1.94	20	7.07	10
天　津	385	1.57	21	3.25	18
广　西	363	1.48	22	5.02	13
吉　林	330	1.34	23	－5.59	38
内蒙古	304	1.24	24	0.74	26
新　疆	299	1.22	25	－1.79	34

续表

省（自治区、直辖市）及计划单列市	保费收入（亿元）	保费占比（%）	占比排名	保费增速（%）	增速排名
云　南	271	1.11	26	7.80	9
甘　肃	260	1.06	27	0.89	24
大　连	244	1.00	28	6.14	11
青　岛	239	0.97	29	13.48	4
贵　州	176	0.72	30	-2.69	36
宁　波	171	0.70	31	18.07	1
厦　门	142	0.58	32	16.65	2
宁　夏	102	0.42	33	1.50	22
海　南	83	0.34	34	3.57	17
青　海	42	0.17	35	0.41	27
西　藏	5	0.02	36	0.37	28
集团、总公司本级	0	0	37	0	31
全国合计	24,519	100		4.02	14

2022年，东部地区11省市保费收入达18,815亿元，同比增长6.7%，占比56.5%；中部地区8省市保费收入达8,101亿元，同比增长6.6%，占比24.3%；西部地区12省市及自治区保费收入达6,182亿元，同比增长7.4%，占比18.5%（见表1-16和图1-16）。

表1-16　2022年东、中、西及东北部地区人身险保费收入占比

年份	2022		2021	
地区	保费（亿元）	地区占比（%）	保费（亿元）	地区占比（%）
东部地区	13,872	56.58	13,090	55.53
中部地区	4,893	19.96	4,779	20.27
西部地区	4,174	17.02	4,080	17.31
东北部地区	1,580	6.44	1,622.93	6.89

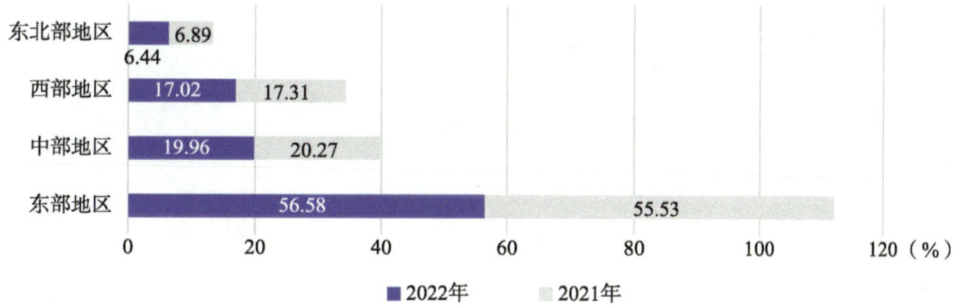

图1-16　2022年东、中、西及东北部地区人身险保费收入分布

（二）赔付支出

2022 年，人身险业务赔款与给付支出 7,728 亿元，下降 2.44%。其中，寿险业务给付金额 3,791 亿元，增长 7.09%；健康险业务赔款与给付支出 3,600 亿元，下降 10.65%；意外险业务赔款支出 337 亿元，下降 4.29%。表 1－17 展示了 2022 年月度人身险保费收入和赔款与给付支出，图 1－17 展示了 2022 年人身险业务月度保费收入与赔款支出情况。

表 1－17　2022 年月度人身险保费收入和赔款与给付支出

月份	保费收入（亿元）	保费收入占比（%）	赔付支出（亿元）	赔付支出占比（%）	赔付率（%）
1	8,387	24.49	1,187	15.36	14.15
2	2,520	7.36	743	9.61	29.48
3	3,658	10.68	799	10.34	21.84
4	2,208	6.45	475	6.15	21.51
5	2,219	6.48	479	6.20	21.59
6	2,923	8.54	582	7.53	19.91
7	1,990	5.81	531	6.87	26.68
8	2,141	6.25	576	7.45	26.90
9	2,618	7.64	617	7.98	23.57
10	1,786	5.22	502	6.50	28.11
11	1,709	4.99	612	7.92	35.81
12	2,086	6.09	625	8.09	29.96

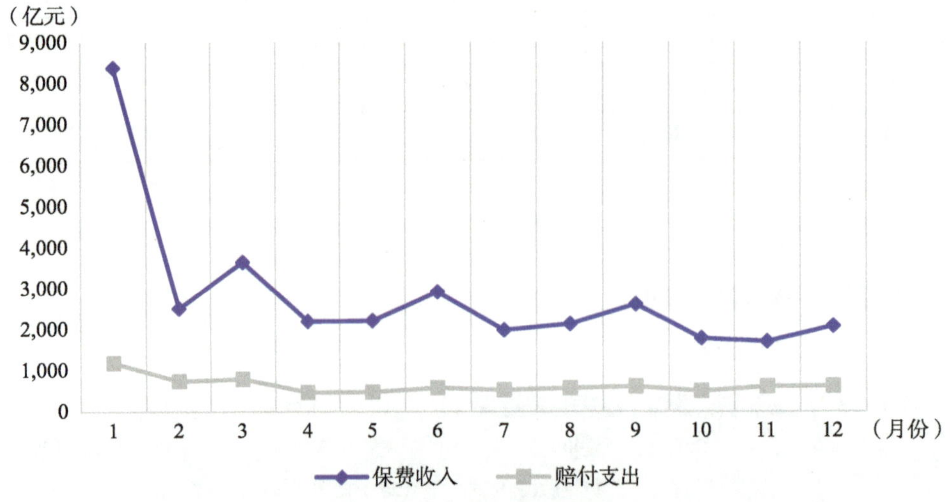

图 1－17　2022 年人身险业务月度保费收入与赔款支出

二、竞争态势

（一）经营主体数量

2002 年年底，人身险公司仅为23 家。到了2006 年年底，全国已发展到48 家，其中中资人身险公司23 家，外资公司25 家；综合性人身险公司41 家，专业健康险公司4 家，专业养老金公司3 家。截至2022 年年底，全国人身险公司达到92 家。2002—2022 年人身险公司数量如图1－18 所示。

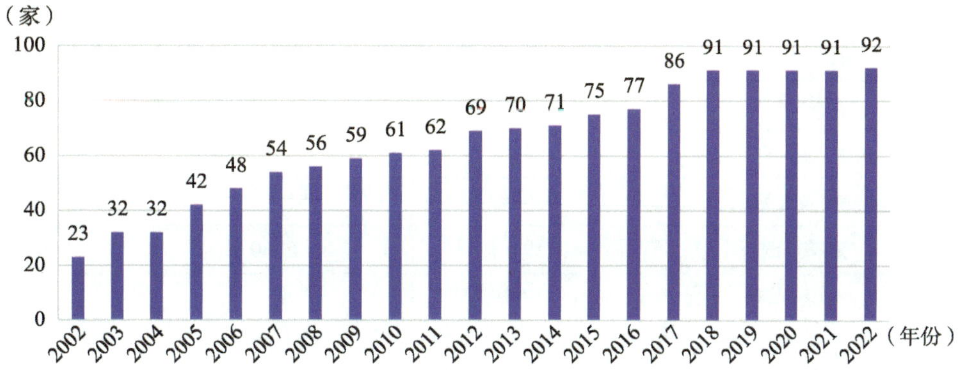

图1－18　2002—2022 年人身险公司数量

（二）市场份额

2022 年，各人身险公司的保费规模及市场份额如表1－18 所示。

表1－18　2022 年人身险公司保费规模及市场份额

序号	公司名称	保费收入（亿元）	同比增长（%）	市场占有率（%）
1	国寿股份	6,152	－0.51	21.25
2	平安人寿	4,393	－3.89	15.18
3	太保寿险	2,253	6.45	7.79
4	泰康人寿	1,708	3.71	5.90
5	新华人寿	1,631	－0.23	5.63
6	太平人寿	1,540	3.27	5.32
7	中邮人寿	914	6.56	3.16
8	人保寿险	908	－4.58	3.14
9	阳光人寿	683	12.28	2.36
10	百年人寿	529	－6.87	1.83
11	友邦人寿	510	12.59	1.76

续表

序号	公司名称	保费收入（亿元）	同比增长（%）	市场占有率（%）
12	建信人寿	500	4.77	1.73
13	工银安盛	491	5.47	1.70
14	信泰人寿	426	-0.77	1.47
15	国华人寿	378	1.03	1.30
16	人保健康	352	12.81	1.22
17	农银人寿	331	13.21	1.14
18	中信保诚人寿	312	16.26	1.08
19	招商信诺	265	21.55	0.92
20	泰康养老	219	16.39	0.76
21	中意人寿	198	6.15	0.69
22	幸福人寿	198	51.06	0.69
23	利安人寿	194	6.60	0.67
24	合众人寿	189	—	0.65
25	平安养老	185	-16.07	0.64
26	交银康联	181	7.10	0.63
27	英大人寿	175	0.44	0.60
28	中银三星	173	20.83	0.60
29	光大永明	171	21.21	0.59
30	中美联泰	163	4.18	0.56
31	平安健康	158	5.69	0.55
32	招商仁和	154	24.46	0.53
33	长城人寿	147	33.79	0.51
34	中宏人寿	146	8.66	0.50
35	中融人寿	122	—	0.42
36	民生人寿	118	-3.14	0.41
37	中英人寿	113	5.41	0.39
38	渤海人寿	100	12.88	0.35
39	中荷人寿	90	6.39	0.31
40	弘康人寿	82	-12.57	0.28
41	东吴人寿	80	25.57	0.28
42	横琴人寿	80	17.47	0.28
43	恒安标准	73	32.52	0.25
44	太平养老	72	16.92	0.25

续表

序号	公司名称	保费收入（亿元）	同比增长（%）	市场占有率（%）
45	华泰人寿	71	9.86	0.25
46	同方全球人寿	71	8.64	0.24
47	信美人寿	67	2.84	0.23
48	中华人寿	65	26.15	0.23
49	吉祥人寿	64	1.69	0.22
50	中德安联	63	11.97	0.22
51	国联人寿	60	73.16	0.21
52	爱心人寿	57	24.93	0.20
53	太保健康	53	-14.49	0.18
54	北京人寿	47	2.53	0.16
55	北大方正人寿	42	12.53	0.14
56	华贵人寿	39	55.93	0.14
57	陆家嘴国泰	39	15.79	0.13
58	复星联合健康	39	4.44	0.13
59	汇丰人寿	37	52.31	0.13
60	长生人寿	32	32.93	0.11
61	中法人寿	31	12,168.53	0.11
62	国富人寿	30	37.22	0.10
63	复星保德信	24	-24.16	0.08
64	瑞华健康	23	70.63	0.08
65	鼎诚人寿	21	35.55	0.07
66	瑞泰人寿	18	46.81	0.06
67	和泰人寿	18	58.92	0.06
68	德华安顾	16	14.85	0.05
69	国宝人寿	14	-46.56	0.05
70	君龙人寿	14	147.52	0.05
71	中韩人寿	14	43.03	0.05
72	海保人寿	8	-6.87	0.03
73	三峡人寿	6	-10.48	0.02
74	国民养老	3	—	0.01
75	恒安标准养老	0	—	0
76	新华养老	0	—	0
77	天安人寿	0	—	0

续表

序号	公司名称	保费收入（亿元）	同比增长（%）	市场占有率（%）
78	富德生命	0	—	0
79	华夏人寿	0	—	0
80	君康人寿	0	—	0
81	昆仑健康	0	—	0
82	和谐健康	0	—	0
83	大家人寿	0	—	0
84	前海人寿	0	—	0
85	华汇人寿	0	—	0
86	珠江人寿	0	—	0
87	大家养老	0	—	0
88	上海人寿	0	—	0
89	人保养老	0	—	0
90	合资公司	0	—	0
91	恒大人寿	0	—	0

2022 年，保费规模超过 100 亿元的有 37 家公司，市场份额合计为 99.5%；保费规模在 10 亿元至 100 亿元之间的有 34 家公司，市场份额合计为 0.05%；保费规模在 1 亿元至 10 亿元之间的有 3 家公司，市场份额合计为 0.06%；保费规模在 1 亿元以下的有 2 家公司，市场份额合计为 0（见表 1－19）。

表 1－19　　2022 年人身险公司保费收入分布情况

保费规模	公司数目（家）		市场份额（%）	
	2022 年	2021 年	2022 年	2021 年
大于 100 亿元	37	45	94.26	95.6
介于 10 亿元与 100 亿元之间	34	34	5.69	4.3
介于 1 亿元与 10 亿元之间	3	3	0.06	0.06
小于 1 亿元	2	2	0	0.01

（三）市场集中度

2022 年，中国人身险保险市场格局发生了变化，中国太保成为市场份额占比第三的人身险公司，泰康人寿第四，新华人寿第五。随着市场主体的增加，人身险市场的竞争格局也在悄然改变，市场从寡头垄断竞争阶段进入垄断竞争时期。2004

年，中国人寿的人身险保费占总保费的 46.87%，其他四家人身险公司中国平安、中国太保、新华保险、泰康人寿的人身险保费分别占比 17.18%、10.80%、5.87%、5.54%，排名前五的公司市场份额合计超过 86%。2022 年，排名前五的公司总市场份额为 55.8%，较 2021 年上升 1.15 个百分点。2004—2021 年国内排名前五的人身险公司市场占有份额如表 1－20 所示。

表 1－20　2004—2021 年国内排名前五的人身险公司市场占有份额　单位：%

公司 年份	中国人寿	中国平安	中国太保	新华保险	泰康人寿	合计
2004	46.9	17.2	10.8	5.9	5.5	86.3
2005	44.1	16.1	9.9	5.8	4.9	80.8
2006	45.3	17.0	9.3	6.6	5.1	83.3
2007	39.7	16.0	10.2	6.6	6.9	79.5
2008	40.3	13.8	9.0	7.6	7.9	78.5
2009	43.1	15.7	8.2	6.2	8.2	81.3
2009	36.2	16.2	8.3	8.2	8.2	77.2
2010	31.7	15.2	8.8	8.9	8.3	72.8
2011	33.3	12.4	9.8	9.9	7.1	72.5
2012	32.4	12.9	9.4	9.8	6.2	70.7
2013	32.2	14.4	9.4	10.2	6.0	72.2
公司 年份	中国人寿	中国平安	中国太保	新华保险	人保寿险	合计
2014	26.1	13.7	7.8	8.7	6.2	62.5
2015	23.0	13.1	7.1	6.9	5.6	54.6
公司 年份	中国人寿	中国平安	中国太保	大家人寿	新华保险	合计
2016	19.9	12.7	6.3	5.3	5.2	49.3
公司 年份	中国人寿	中国平安	大家人寿	中国太保	泰康人寿	合计
2017	19.7	14.2	7.3	6.7	4.4	52.2
公司 年份	中国人寿	中国平安	中国太保	华夏人寿	新华人寿	合计
2018	20.4	17.0	7.7	6.0	4.7	55.8
公司 年份	中国人寿	中国平安	中国太保	华夏人寿	太平人寿	合计
2019	19.2	16.7	7.2	6.2	4.7	53.9

续表

年份＼公司	中国人寿	中国平安	中国太保	新华人寿	华夏人寿	合计
2020	19.4	15.0	6.6	5.0	4.6	50.6
年份＼公司	中国人寿	中国平安	华夏人寿	中国太保	新华人寿	合计
2021	19.85	14.64	8.16	6.71	5.24	54.6
年份＼公司	中国人寿	中国平安	中国太保	泰康人寿	新华人寿	合计
2022	21.25	15.18	7.79	5.90	5.63	55.8

三、发展层次

（一）保险密度

2022 年，国内人身险市场的保险密度达到了 2,425 元/人。从近年的保险密度来看，国内保险市场的保险密度增长迅速，从 2002 年的 175 元/人增长到 2022 年的 2,425 元/人，增长 13.86 倍（见表 1－21 和图 1－19）。

表 1－21　　2002—2022 年国内人身险市场保险密度

年份	人身险保费收入（亿元）	人口数量（万人）	人身险保险密度（元/人）
2002	2,275	128,453	177
2003	3,011	129,227	233
2004	3,228	129,988	248
2005	3,697	130,756	283
2006	4,132	131,448	314
2007	5,038	132,129	381
2008	7,447	132,802	561
2009	8,261	133,450	619
2010	10,632	134,091	793
2011	9,721	134,735	721
2012	10,157	135,404	750
2013	11,010	136,072	809
2014	13,031	136,782	953
2015	16,288	137,462	1,185
2016	22,235	138,271	1,608

续表

年份	人身险保费收入（亿元）	人口数量（万人）	人身险保险密度（元/人）
2017	26,746	139,008	1,924
2018	27,247	139,538	1,953
2019	30,996	140,005	2,214
2020	33,329	141,178	2,361
2021	33,229	141,260	2,352
2022	34,245	141,212	2,425

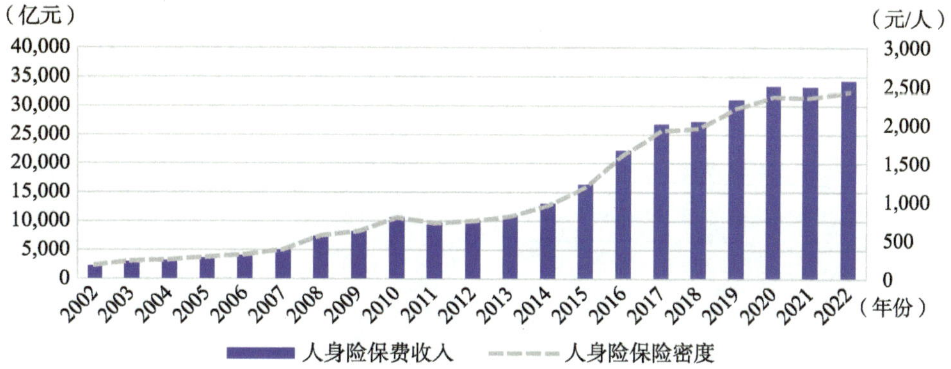

图1－19　2002—2022年国内人身险市场保费收入及保险密度

（二）保险深度

2022年，国内人身险保险深度降至2.83%。从近10年保险深度的变化趋势来看，国内人身险市场的保险深度波动性较大，从2002年的1.87%逐年增长到2010年的2.58%，自2011年又逐年下降，2020年上涨到的3.28%，2022年又有所下降，降到2.83%（见表1－22和图1－20）。

表1－22　2002—2022年国内人身险市场保险深度

年份	人身险保费收入（亿元）	国内生产总值（亿元）	人身险保险深度（%）
2002	2,275	121,717	1.87
2003	3,011	137,422	2.19
2004	3,228	161,840	1.99
2005	3,697	187,319	1.97
2006	4,132	219,438	1.88
2007	5,038	270,092	1.87
2008	7,447	319,245	2.33

续表

年份	人身险保费收入（亿元）	国内生产总值（亿元）	人身险保险深度（%）
2009	8, 261	348, 518	2. 37
2010	10, 632	412, 119	2. 58
2011	9, 721	487, 940	1. 99
2012	10, 157	538, 580	1. 89
2013	11, 010	592, 963	1. 86
2014	13, 031	643, 563	2. 02
2015	16, 288	688, 858	2. 36
2016	22, 235	746, 395	2. 98
2017	26, 746	832, 036	3. 21
2018	27, 247	919, 281	2. 96
2019	30, 996	986, 515	3. 14
2020	33, 329	1, 015, 986	3. 28
2021	33, 229	1, 143, 670	2. 91
2022	34, 245	1, 210, 207	2. 83

图 1－20　2002—2022 年国内人身险保费收入及保险深度

第四节　2023 年中国保险业发展展望

一、发展环境

近年来，我国经济迅速发展，国内生产总值以极快的速度增长（见表 1－23），从2000年至2022年，22年的时间，我国国内生产总值就已经增长了11.41倍，而2021年我国人均国内生产总值已经达到80,976元。从图1－21中看出，近10年来我国国内生产总值增长率稳中有降，2020年增速达到22年间的新低，2021年又有所回升，中国经济运行尚在合理区间。总的来看，2021年国民经济仍运行在合理区间，经济结构进一步优化，转型升级进一步加快，新兴动力进一步积聚，人民生活进一步改善。但是与此同时，国际环境仍然错综复杂，国内结构调整转型升级正处在爬坡过坎的关键阶段，全面深化改革任务艰巨。

表1－23　　2000—2022年我国国内生产总值和人均国内生产总值

年份	国内生产总值（亿元）	人均国内生产总值（元）	国内生产总值增幅（%）	人均国内生产总值增幅（%）
2000	100,280	7,942	8.49	9.86
2001	110,863	8,717	8.34	9.75
2002	121,717	9,506	9.13	9.06
2003	137,422	10,666	10.04	12.20
2004	161,840	12,487	10.11	17.07
2005	187,319	14,368	11.39	15.06
2006	219,438	16,738	12.72	16.49
2007	270,092	20,494	14.23	22.44
2008	319,245	24,100	9.65	17.59
2009	348,518	26,180	9.40	8.63
2010	412,119	30,808	10.64	17.68
2011	487,940	36,302	9.55	17.83
2012	538,580	39,874	7.86	9.84
2013	592,963	43,684	7.77	9.56
2014	643,563	47,173	7.43	7.99
2015	688,858	50,237	7.04	6.50
2016	746,395	54,139	6.85	7.77
2017	832,036	60,014	6.95	10.85
2018	919,281	66,006	6.75	9.98
2019	986,515	70,581	6.00	6.93
2020	1,015,986	71,965	2.30	1.96
2021	1,143,670	80,976	12.57	12.52
2022	1,210,207	85,701	5.82	5.84

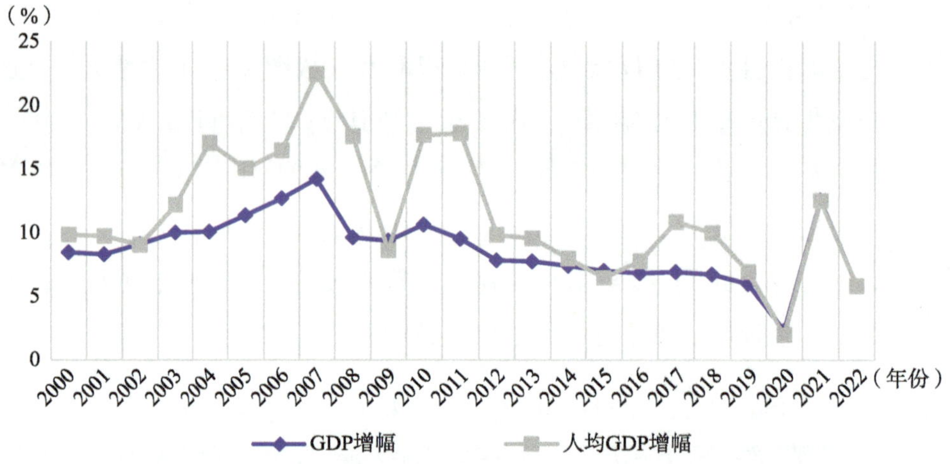

图1-21 近10年中国GDP增速与人均的GDP增速

党的十九大在政治上、理论上、实践上取得了一系列重大成果，其中一个重要论断，就是中国特色社会主义进入新时代，我国社会主要矛盾已经转化为人民日益增长的美好生活需要和不平衡不充分的发展之间的矛盾。同样地，我国保险业也已经进入新时代，面临的主要矛盾已经演进为不平衡不充分的保险供给与人民群众日益迸发、不断升级的保险需求之间的矛盾。2017年召开的全国金融工作会议和中央经济工作会议对金融工作作出了全面部署。可以说，新时代我国保险业的历史方位同国家、民族历史方位紧密相连，使命和任务无比清晰，那就是在实现中华民族伟大复兴中国梦中贡献行业全部力量，切实履行职责，把握机遇、迎接挑战，努力建设现代保险服务业。

2022年，保险行业保费收入增速呈现低位复苏发展态势。具体来看，人身险保费收入方面，受新冠疫情影响，年内人身险不仅人力规模持续缩减，重疾险产品销售也表现不佳，叠加“开门红”活动启动较晚、2021年“开门红”活动营销艰难等因素，行业人身险保费收入持续承压。人身险保费收入同比增速明显放缓。人身险行业代理人规模持续缩减，产品结构不断向储蓄类型倾斜，但随着销售队伍减量的同时逐渐增质，加之银保渠道频频发力，人身险行业新业务价值已出现明显边际改善趋势。财产险保费收入方面，自2020年9月原银保监会推动实施车险改革方案以来，2022年车险保费恢复常态增长，车险综合改革目标基本达成，车险市场平稳运行，费率走势总体平稳。受当年机动车辆保有量增长的拉动，2022年车险保费增长了5.63%。万能险及投资连结险方面，受监管机构对保险公司的保险产品不断规范治理的影响，中短存续期的万能险类产品基本停售，整体业务规模持续下滑。

从行业竞争来看，2022 年保险行业企业持续深化转型升级。人身险行业淘汰了粗放经营的行业模式，行业不断细化，各类产品制度要求、各项细化管理措施不断完善；财产险行业综合推动车险业务改革。在此种经营环境下，2022 年保险公司竞争格局变化不大，三大人身险公司市场集中度基本保持稳定，财产险公司市场集中度仍较高，三大财产险公司合计保费收入占比在 66% 左右。此外，值得注意的是，在互联网保险业务方面，2021 年互联网业务新规的修订实施及配套细则的落实，对互联网保险和人身险行业格局均产生了重大影响。险企公开披露数据显示，符合互联网人身险业务开展要求的人身险公司仅有 22 家，并且多家险企近期相继宣布停止开展互联网保险业务。面对互联网保险业务当前的冲击，很多中小保险公司短期内将受限于服务能力及经营范围等问题，面临一定的发展困境。从长期看，门槛升高、监管趋严、监管规范不断完善，将使业务布局完善、定价能力较强的险企均有较大的竞争和业务发展优势，同时可以促进中小险企不断规范和完善自身发展能力。

从保险资金运用方面看，2022 年多个放宽政策新规的出台，是监管部门更加注重风险监管的体现，另外，保险资金运用自主空间得到进一步增加，机构经营主体责任得到强化，同时针对分类监管、差异化监管等方面的规定也对险企内部管理提出更高要求。

保险公司偿付能力方面，自“偿二代”偿付能力监管体系实施以来，我国保险公司业务结构不断优化，风险管理水平持续提升，从各家保险公司披露的季度偿付能力充足率数据看，保险行业整体偿付能力保持充足水平，个别人身险公司偿付能力低于监管要求。

整体看，未来一段时间，人身险行业保险保障功能将不断加强，同时针对各营销渠道监管细则的下发也使行业竞争更加透明；财产险业务经过 2022 年的车险改革实施后，未来将更加平稳发展；保险资金运用将持续重风控、调结构，保障保险资金的安全并切实服务实体经济发展；“偿二代”对保险公司资本的约束性较强，预计未来一段时间内保险公司偿付能力充足率将保持稳定。在经济增速放缓、去杠杆防风险的背景下，保险业监管也将持续细化且更加注重风险管理。

二、发展展望

2022 年，得益于新冠疫情防控政策的有效实施，以及出口高增的拉动，中国经济持续稳步复苏。2022 年 12 月，中央政治局会议提出“稳字当头、稳中求进”的经济工作总体要求，并强调要着力扩大国内需求，充分发挥消费的基础作用和投资的关键作用。2022 年 11 月 25 日，中国人民银行决定于 2022 年 12 月 5 日降低金融机构存款准备金率 0. 25 个百分点，为跨年资金需求提供流动性支持。

对保险行业而言，新冠疫情提升了社会保险意识，也加速了行业的数字化转型。部分险种短期增长受挫并未改变行业长期向好的发展前景。鉴于经济基本面依然良好，保险行业供给侧结构性改革进入深水区，将由粗放式发展向专业化发展转型，保险的风险保障职能将日益凸显。“十四五”规划明确了“共同富裕、碳中和、建设数字中国”等新时代社会经济发展方向，这也将为下一阶段保险行业高质量发展带来新的机遇。

（一）“双碳”目标将带动绿色保险发展

与全球趋势一致，低碳化发展也将是主导未来中国能源结构和经济结构转型的核心内容。自 2020 年 9 月习近平主席在联合国大会上首次提出将在“2030 年前实现碳达峰、2060 年前实现碳中和”的目标以来，各部委、各地政府都已经相继出台了实现碳中和目标的规划方案，各行业将“双碳”目标从社会责任升级为影响企业运营、实现可持续发展的战略内容。

在助力实现“双碳”目标的转型进程中，保险业能够发挥独特优势。保险作为涉及风险识别、风险量化与管理、风险投资等多维度的金融工具，能够从绿色运营、绿色保险、绿色投资等多维度全方面支持各行业绿色发展。

在资产端，保险资金作为多层次资本市场的核心参与者和重要投资者，具有体量大、周期长的特点，通过对符合绿色低碳发展理念的新兴行业，以及传统行业低碳转型的投资，提供长期稳定的资金来源。市场预期、绿色发展所涉及的年均新增投资规模达万亿元以上，险资也将为绿色融资提供多渠道的资金支持，并在风险量化与管理方面发挥独特优势。

在负债端，保险业可以充分发挥风险管理和风险补偿功能，为经济全面低碳转型提供风险保障。减少碳排放主要包括产业结构向低碳转型、节能减排、气候风险和环境治理三大方面。从保险可保领域来看，低碳转型主要涉及绿色能源和绿色技术；节能减排主要涉及绿色交通和绿色建筑；气候风险和环境治理主要涉及巨灾风险和环境风险治理。在提升生态碳汇方面，主要碳汇来源包括森林碳汇、草原碳汇和其他碳汇。数据显示，2022 年，中国人保绿色保险产品共提供风险保额 68 万亿元；中国人寿绿色保险各主要险种保费规模、保险金额稳步增长，保额超 4, 178 亿元；中国平安绿色保险原保费收入超 251 亿元，保额超 176 万亿元；中国太保绿色保险提供保额超 8 万亿元。产品方面，聚焦服务清洁能源、降低污染消耗、应对气候变化、生态环境保护、绿色交通运输等领域，绿色保险产品创新不断。

值得注意的是，目前中国正处于推动能源转型的初期阶段，随着清洁能源相关技术与碳捕捉技术的进步，能源结构与产业结构转型将促使绿色保险的应用场景更加丰富，也将推动相关保险方案的创新和发展。

绿色发展将给保险行业带来新机遇，推动保险业务的进一步创新和多元化发展。以交通领域的低碳转型为例，随着国家政策不断深化，新能源汽车的产销量和保有量呈现井喷式增长。2022年，我国新能源汽车持续爆发式增长，产销分别完成705.8万辆和688.7万辆，同比分别增长96.9%和93.4%，连续8年保持全球第一。新能源汽车渗透率上升至27%左右，未来5—10年将持续快速发展。围绕新能源汽车这一增量市场提供风险保障和解决方案，助力发展新能源汽车产业的国家战略，保险业将收获转型红利，实现新一轮发展。能源和工业领域的低碳转型，同样需要保险行业提供风险识别、风险保障和服务支持。

在应对气候变化方面，保险业也可以提供重要价值。近年来，各类极端天气、重大气候灾害事件频发，经济社会面临的物理风险和转型风险也日渐凸显。气候变化风险将对社会经济可持续发展，甚至是企业的经营运作与战略制定产生重要影响。巨灾保险、综合民生保险通过为建筑、农田、车辆、人提供保障，防范因气候变化和自然灾害等环境因素可能引起的系统性风险，健全巨灾风险防控机制，增强应急处置能力，提升自然灾害防御水平，助力构建韧性社会。

（二）个人养老金市场迎来重大发展机遇

个人养老金制度补齐养老保障体系的短板。一是弥补第一支柱基本养老保险制度的不足。与基本养老保险缴费具有准税收性质不同，根据递延工资理论，第三支柱的个人养老金账户缴费额体现为劳动报酬，具有直接的激励作用，有助于促进劳动生产率提高，促进养老保险制度可持续发展。二是弥补企业年金制度的不足，现行制度不能覆盖自由职业者，养老金可携带性也有待提高。

2022年11月4日，人力资源和社会保障部、财政部等五部委联合发布《个人养老金实施办法》（人社部发〔2022〕70号），各项政策的完善促进了我国多层次、多支柱养老保险体系的发展，并与国际通行做法接轨。

本次个人养老制度建设重点关注以下六个方面：（1）参与范围。在中国境内参加城镇职工基本养老保险或者城乡居民基本养老保险的劳动者可以参加个人养老金制度。（2）参与方式。个人养老金实行个人账户制度，缴费完全由参加人个人承担，实行完全积累。个人养老金资金账户可以由参加人在符合规定的商业银行指定或开立，也可以通过其他符合规定的金融产品销售机构指定。（3）政策优惠及限制。国家制定税收优惠政策，鼓励符合条件的人员参加个人养老金制度并依规领取个人养老金。（4）缴费水平。参加者每年缴纳个人养老金的上限为12,000元，人力资源和社会保障部、财政部根据经济社会发展水平和多层次、多支柱养老保险体系发展情况等因素适时调整缴费上限。（5）投资方式。个人养老金资金账户资金用于购买符合规定的银行理财、储蓄存款、商业养老保险、公募基金等运作安全、成熟稳定、标的规范、侧重长期保值的满足不同投资者偏好的金融产品，参加者可自主选择。（6）推进实施。个人养老金结合实际分步实施，即选择部分城市先试行1年，再逐步推开。

个人养老金制度设计的初衷是推动我国从“储蓄养老”向“投资养老”转型。作为一种新的补充型养老保障制度，我国个人养老金制度有待继续完善。

第一，与劳动力市场平滑对接，减少养老金制度对于劳动力自由流动带来的摩擦阻力。可以考虑设立全国性的个人账户养老金登记机构，为个人养老金提供集中开户登记、第三方存管登记和领取结算服务，每名参加者仅限一个账号，可购买多个金融机构的养老金产品，实现“N对1”的养老金产品和账户体系。个人账户透明化运作，建立个人账户查询制度。

第二，与资本市场深度对接。探索做实第一支柱基本养老保险个人账户，合并到第三支柱养老保险账户。我国第一支柱基本养老保险个人账户长期存在着“空账”问题，可发行30年期的特别国债加以做实，保守估计，在采取做实账户和账户合并举措之后，可以在短期内快速积累12万亿元以上的资产，更好地发挥个人账户投资推动长期资本形成、资本市场发展和经济发展的功能。强化养老金产品和多层次资本市场的关联度，在促进资本市场发展的同时，提高养老金投资长期回报率，这是个人养老金制度可持续发展的关键。

第三，丰富养老金产品，增强养老金产品的吸引力。银行业提供养老目标理财产品。基金业提供养老目标基金。保险业可提供两方面的产品，一是针对处于缴费期的消费者，提供变额年金产品；二是针对处于领取期的消费者，提供年金化领取方案，保险产品的优势是可以分散长寿风险。由于养老金市场是混业经营，这也给养老金产品监管带来了挑战。

（三）商业健康保险探索新业态

实施共同富裕战略背景下，城市定制商业医疗险进入规范发展期。2022年，惠民保已累计上市408款产品（同一城市在不同年度的产品算为不同的产品），覆盖 29 个省、直辖市范围内共计 150 个城市，累计覆盖 2.8 亿人次，累计保费收入约 307 亿元，较好地填补了传统商保产品和社会基本医保之间在覆盖人群、产品责任上存在的断层。从普惠性评价和体制机制创新评价两个维度进行分析，现有城市定制商业医疗险呈现出三个特征：第一，随着政府或医保行政部门推动力度加大，普惠性加强。第二，参保率存在“天花板现象”。如果各级政府不介入，只靠医保行政部门或其他行政部门推动，参保率一般无法突破 40%。第三，完全市场型模式和非医保部门指导模式的普惠性明显不足。2022 年，针对城市定制商业医疗险前期出现的问题，相关部门将进一步完善监管措施，区分政策性和商业性险种，明确准入条件，探索适合国情的医疗保障治理之路。

跨界融合进一步强化，“健康保险 + 健康管理”“保险 + 科技”“保险 + 特药”等创新不断深化。类似大湾区、海南乐城等市场变化带来的机遇，为健康险产品创新提供了新的思路和技术支撑。

（四）全面乡村振兴进一步推动农业保险发展

农业在国民经济中居于基础地位，国家始终非常重视农业保险的作用和发展。2019 年，中央深改委审议通过《关于加快农业保险高质量发展的指导意见》，首次把农业保险提升到国家战略层面予以推进，提高农业保险服务能力，优化农业保险运行机制，推动农业保险高质量发展，更好地满足“三农”领域日益增长的风险保障需求。农业保险作为“三农”重要保障和灾害风险分散机制，风险减震器和社会稳定器的作用将得到进一步发挥。

自 2007 年中央政策性农业保险试点启动以来，中国农业保险规模迅速壮大，过去十年农险保费收入年均增速高达 20%。原中国银保监会数据显示，2022 年，中国农业保险保费收入 1,219 亿元，为农业生产提供风险保障 45,651 亿元。

但在农业保险深度、保险密度、承保覆盖面、风险保障水平等方面，仍然有很大提升空间。2022 年，中国农业保险深度和保险密度分别约为 1.38% 和 135.44 元/人，同年美国农业保险深度为 11.99%，是我国的 8.69 倍，保险密度是我国的 900 多倍。预计在政策的推动下，“十四五”时期农业保险将继续保持年均两位数的增长，为保障粮食生产安全、提高农业生产抗风险能力、推进农业现代化发展、促进乡村振兴等方面提供坚实保障。

新技术的应用和普及正在带来一场农业保险领域的变革。以卫星遥感技术为代表的科技手段，通过更加精准、及时的数据监测，以及在农业保险领域的应用和普及，改变了传统农业保险粗放经营的状态，在农业保险链条中的作用越来越举足轻重，也必将带动农业保险持续转型升级。乡村振兴和农业现代化离不开科技的“加速器”，这个过程需要政府部门、科技公司、保险行业通力合作，建立标准化平台，实现多元化数据共享，释放科技潜能，保障科技手段在农业保险中持续发挥更大作用，推动农业保险行业高质量发展，更好地满足“三农”领域不断增长的风险保障需求，进一步助力乡村振兴的发展。

农业保险之外，保险行业可以从更广阔的范围参与助力乡村振兴战略。巨灾保险方面，保险业可以扩大农村巨灾覆盖范围，提升农村地区大灾风险抵御能力。预计中国数字经济将纵深发展，这将促进“从田地到餐桌”数字化、集约化产业链的加速成形，从而带动包括食品质量责任险、产品责任险、货物运输险、财产险、农险等多险种需求的全面提升，为保险业带来更广阔的发展机遇。另外，乡村振兴也需要大量的资金投入，特别是在乡村生态和宜居乡村建设方面，保险资金可以将投资与风险管理职能相结合，在防控风险的基础上，增加农村地区基础设施资产和资管产品的投资，使保险资产配置更加多元化，护航乡村振兴战略。

第二章
中国保险公司竞争力评价理论与方法

第一节　保险公司竞争力定义

中国在保险公司竞争力的实证研究方面还处于初级阶段，国际上目前对保险公司竞争力还没有一个比较明确的、较为被广泛接受的定义。竞争力是参与者双方或多方角逐或者比较而体现出来的综合能力，它是一个相对指标，通过竞争表现出来。MBA 百科把企业竞争力定义为：在竞争性市场条件下，通过培育自身资源和能力，获取外部可获得资源，并综合加以利用，在为顾客创造价值的基础上，实现自身价值的综合性能力。

姚壬元（2004）将保险公司竞争力定义为：保险公司在市场机制的作用下，合理、充分地运用自身拥有的资源，提供适应市场经济要求和保险业发展规律的产品和服务，使之在市场竞争中相对于其竞争对手所表现出的长久和持续发展的能力。姚壬元认为，保险公司的竞争力是一个包括资源、能力、环境三要素在内的综合系统，每个要素又分解为不同的能力和指标体系，通过对指标赋予权重，实现对保险公司竞争力的评价。指标权重的准确性在很大程度上影响了保险公司竞争力评价结果的科学性和正确性。

王成辉和江生忠（2006）指出，保险竞争力是一个保险行为主体与其他保险行为主体竞争保险资源的能力，它既指某一保险产品的竞争力，也指某一保险公司的竞争力，还指保险行业竞争力和保险业的国际竞争力。他们认为，国内对保险公司的竞争力并没有形成定论，大多数研究是从定性分析的角度进行的。

由《21 世纪经济报道》、21 世纪研究院金融研究中心联合美国加州大学组成的课题组（2009）认为，保险公司的竞争力是指在同一市场环境下，同业竞争者实现其经营目标的综合实力。保险公司的经营目标是满足保险经营的各利益参与者（所有者、投资者、管理者和客户）的利益，并且为保险公司自身创造持续、安全和稳健的价值。

王小平（2005）指出，人寿保险公司的核心竞争力，就是人身险公司长期形成的、建立在先进的经营要素（如客户关系、产品开发、销售体系、员工队伍等）基础上的相互融通、相互依存、相互促进、整体运作的能力。借助这一能力，人身险公司能够按国内寿险行业的一流标准销售保单、提供服务，保费收入和盈利能力领先其他人身险公司。

冯占军和李秀芳（2012）主要基于中国保险年鉴的相关数据，提出了保险企业竞争力“三段式”评价分析模型。魏伟（2012）认为，保险公司的核心竞争力是指其能够经受国内外激烈竞争考验，具有显著竞争优势、扩展应用潜力和竞争对手难以模仿的整合各种资源的能力。其中，创新能力是保险公司的重要核心竞争力，包括科研和开发能力、技术和开发成果转化为产品和提高业务规模和业务质量的能力、组织协调公司内各种资源进行有效经营的能力，以及公司为应对制度环境、市场变化和不可预测因素的应变能力。

周毅（2013）在讨论我国中小型财产险公司核心竞争力的提升策略时指出，保险公司的核心竞争力主要包括五个方面：组织学习能力、险种研发能力、市场开拓能力、风险管理能力和企业文化的影响能力。其中，险种研发与风险控制能力、公司品牌意识与服务水平是制约中小型财产险公司提升核心竞争力的主要因素。

瞿娟娟（2014）认为，保险公司竞争力是保险企业参与市场竞争时，在适应内外部环境的前提下，通过有效地协调、整合企业的各种资源和能力，进而形成的使企业能够获得持续竞争优势、长久稳定发展的综合能力。

孔婷婷（2015）认为，保险企业核心竞争力包括市场开拓、信息吸收、协调整合、开发创新和组织学习能力，保险企业核心竞争力不是单一的某种能力，而是面对市场、面对环境所表现出的一种综合能力。施淑蓉（2015）认为，人身险公司的核心竞争力既表现为公司的经营状况与投入产出效率等显性实力，也体现为支撑起整个人身险公司运行的潜在能力。

李德立和于佳睿（2017）利用价值链分析法评价我国人身险公司核心竞争力时认为，保险公司的核心竞争力来源于企业内部，是外在力量与内部控制相结合的产物。它包括了公司对内部资源的整合与协调能力，以及对外部环境变化的适应能力。陈炯远（2017）认为，保险企业的核心竞争力是在企业的经营过程中形成的，短期不易被模仿且内置于企业中，是能够为企业带来较高价值的要素的总和，具有价值性、延展性、整合性和突出性，兼具资源依赖性、动态性和异质性，是整体性的正向力量。

李宁（2019）从三个角度对企业竞争力的内涵进行界定。从外部表现的角度来看，企业竞争力是其在市场竞争中的一种表现力，也是指企业在与其他企业进行物质交换时表现出的比较优势；从竞争对手的角度来看，企业生产经营过程中，通过有效的资源配置、累积市场份额和降低相对成本等途径比竞争对手更具有竞争优势。从企业内部存在的核心能力出发，企业竞争力是企业发挥自身产品优势、优化生产方式，并且与市场环境有效地进行交互的前提下，达到更好的生产经营效果的能力。

刘永党（2020）认为，核心竞争力就是企业在长期经营过程中与其他企业竞争时展示出的各种能力的集合，主要包括市场占有能力、创新能力、经营管理能力、风险控制能力和盈利能力等，是支持企业在经营过程中获得胜利的以上这些能力的综合。

李柯（2021）认为，竞争力源于对企业持续竞争优势的研究，不仅涉及企业外部环境如政治、经济、法律、文化等方面，还关系到企业内部环境如经营管理、要素结构、盈利能力等不同层面，是一种动态变化的发展性能力。能力是企业在内部生产经营和外部市场竞争中不断积累、创新、发展、提升而形成的能动性、适应性，是企业竞争力的外在表现；绩效是企业竞争力的结果呈现，通常以企业经济效益、社会效益等形式展现出来，是衡量企业竞争力的结果性标准。

综合以上结果并结合我们的经验和理解，我们对保险公司竞争力给出如下定义：

保险公司竞争力是在市场经济环境中，保险公司根据行业和自身特点综合运用人力、物力、财力等各种资源，获得相对于竞争对手所表现出来的生存能力、创新能力和持续发展能力的总和，是保险企业综合能力的体现。竞争力是一个相对的概念，强调的是保险行业内竞争者之间的比较。

原中国银行保险监督管理委员会于 2018 年 4 月颁布《保险公司信息披露管理办法》，绝大部分保险公司都按照此文件的规定对公司信息进行了披露。我们主要根据保险公司据此披露的信息，以及保险年鉴、国家金融监督管理总局官网、中国保险行业协会官网、各保险机构官网等方面的有关公开信息，将生存能力、创新能力和持续发展能力细化为五个可度量的部分，即盈利能力、资本管理能力、经营能力、风险管理能力和业务发展潜力，然后通过这五个方面来评价保险公司竞争力。

第二节　保险公司竞争力研究方法综述

石新武（2004）在其博士后的研究报告《开放条件下的保险竞争力》中把保险公司的竞争力指标分为三级，一级指标为权重20%的直接指标和权重80%的间接指标，直接指标为市场份额，间接指标包括规模实力（10%）、运营能力（20%）、成长能力（15%）、偿付能力（10%）、盈利能力（15%）和经营安全（10%）六项二级指标，每个二级指标下有一到三项三级指标。

姬便便（2005）应用标杆测定法对我国财产险公司的竞争力进行研究，把财产险公司竞争力的构成要素分为外部市场要素、内部市场要素和外部政策环境，根据这三个要素分别构造评价指标，得出影响我国财产险公司竞争力的主要因素。

冯占军和李秀芳（2012）认为，企业的竞争力主要体现在对市场地位、市场要素、盈利水平的竞争，以及综合性的发展竞争等方面，在《2012中国保险企业竞争力研究》一书中用竞争力绩效评价指标、竞争力状况评价指标和竞争力成因分析指标对中国保险企业的竞争力进行评价。

鲁维丽和谢晓迎等在《2017亚洲保险公司竞争力评价研究报告》中，主要基于保险公司财务实力来评估保险公司的竞争力，财务实力通过市场规模、资本金充足性、赔付准备金充足性、盈利能力、流动性和稳定性测试六部分数据来衡量。不过，该报告尽管参考了A. M. Best、Weiss和Fitch三大评级机构对保险公司的评级模型，在此基础上衍生出评估体系中所使用财务比率的主要类别和估算方法，但是对各国保险公司采用相同的评价方法、权重设定等，没有考虑不同的经济制度、财务制度和发展阶段等。

由于保险公司竞争力指标是保险企业在整个社会经济现象中多面性、复杂性和交叉性的客观反映，不能人为地主观去掉或保留哪些指标，所以必须运用科学的、严格的定性和定量相结合的分析理论。国内文献中关于筛选、综合、优化保险公司竞争力指标体系的分析方法主要分为以下几种。

一、主成分分析方法和因子分析方法

这两种方法都通过简化数据结构达到降低维数的目的，把多个存在相关关系的指标化成少数几个互不相关的新的综合性指标。或者对原众多指标，按一定“原则”寻求原始指标的某种线性组合而形成新的综合指标（主成分变量）；或者试图

把原始指标分解为公因子和特殊因子的线性组合（有时可忽略特殊因子）。这些新产生的主成分和公因子最大程度上反映了原始指标的信息（涵盖量达85%以上），之间互不相关，去除了重叠信息，个数又较少，而且层次较高，综合性较强，使形成的新指标体系达到最优。

在综合评价中，优化指标体系多用该类方法，即主成分分析法和因子分析法。这两种方法既有联系，又有本质区别，应用范围也不尽相同。主成分分析法和因子分析法简化数据结构的机制不同。主成分分析法是对具有复杂相关关系的原始指标 $X=(x_1,\cdots,x_p)$，寻求投影向量 a，选择具有方差最大或较大的新的线性组合变量，而舍去方差较小的变量，重新组合成个数较少、互不相关，但又最大程度上反映原始指标信息的主成分向量 $Y=(y_1,\cdots,y_m)(m<p)$，于是由原始评价指标 $x_1,\cdots,x_p$ 简化并优化为综合性指标 $y_1,\cdots,y_m$。因子分析方法实质不是对数据进行数学变换，而是对于具有复杂相关关系的原始指标（变量）$X=(x_1,\cdots,x_p)$，通过寻找原始变量的共同方面来简化存在于原始变量之间的复杂关系，把各个测量本质相同的变量归入一个因子（公因子），这些公因子对原始变量起着重要的支配作用，公因子之间不相关，往往不可测，个数比原始变量个数要少（比如 m 个，$m<p$），是所有变量共同具有的公共因素。用 p 个原始变量 $x_1,\cdots,x_p$ 和每一原始变量独自具有的特殊因子 e 两部分来描述或解释（通常只考虑公因子，忽略特殊因子），进而达到简化数据结构的目的，即把原始评价指标化为 m 个公因子（综合指标），形成优化的指标体系。因子分析法最大优势在于各综合因子的权重不是主观赋值，而是根据各自的方差贡献率大小来确定的，方差越大的变量越重要，从而具有较大的权重；相反，方差越小的变量所对应的权重也就越小。这就避免了人为确定权重的随意性，使评价结果唯一，而且较为客观、合理。

叶欣（2007）通过运用主成分分析法构建评价模型，对上海主要中外资保险公司的竞争力进行排名和比较分析。王成辉和江生忠（2006）在建立我国保险业竞争力指标体系的基础上，应用因子分析方法，结合我国保险市场的实际数据，对竞争力进行了实证分析，并分别对我国的财产险和人身险公司进行了竞争力比较和排名。胡永红（2007）利用因子分析方法对我国人寿保险公司竞争力进行了研究。张晶（2011）运用因子分析方法对我国保险市场中的28家保险企业的竞争能力进行了排序。吴成浩（2012）在现有关于上市公司，特别是保险类上市公司竞争力指标体系的研究基础上，选取证监会分类的4家国内保险类上市公司2011年的财务数据，利用因子分析来构建竞争力评价指标体系。王光毅（2013）利用综合指标选择方法，综合利用聚类分析、相关性分析、主成分分析等多元统计分析方法，并根据保险年鉴数据，选取代表性公司，对保险公司竞争力评价指标进行选择和精简，最终构造出由3个综合指标、6个分项指标组成的评价指标体系。刘祥祥（2013）利用因子分析方法，使用2010年的数据，选取9个指标对我国保险市场上各财产保险公司的竞争力进行实证分析，来衡量不同财产保险企业的竞争力。胡宏兵（2013）运用因子分析法和聚类分析法，对我国保险业核心竞争力进行了实证分析，文中构建了17项指标来综合分析我国保险公司的核心竞争力，包括保费收入水平、资产总额、资本充足率和资产负债率等。张永杰（2015）基于2013年和2014年我国寿险业数据，运用因子分析法对我国寿险企业的核心竞争力进行了实证分析，文中从市场运营管理、资金管理、风险管控和人力资源管理五个维度选取了17项评价指标。仝明望（2015）以已赚保费为标准，从《中国保险年鉴2014》中依次选取了24家保险公司的数据作为样本，从中选取了10项指标来构造指标评价体系，对其进行因子分析，从原有的10个指标中提取了3个公因子，并将其命名为公司规模因子、收益能力因子和发展能力因子。陈炯远（2017）构建了评价我国中型财产险公司核心竞争力的指标体系，运用因子分析法和熵值法按照构建的指标体系进行实证分析，同时与我国三家大型财产险公司进行比较分析，评价我国中型财产险公司的核心竞争力情况。李宁（2019）选取了平安财险2007年至2017年的数据指标，用因子分析测算出其历年竞争力水平，并且基于跨境经营视角对其竞争力的变化进行解释分析。刘永党（2020）构建了包含保费收入、保费收入增长率、市场占有率、赔付率、退保率和有效保单件数在内的寿险公司核心竞争力评价指标体系，从44家河南省寿险公司中选取了30家样本公司，从2015—2019年的《中国保险年鉴》中选择合适的数据，运用SPSS软件进行因子分析，并从规模因子、经营能力因子、风险控制因子和综合实力四个方面分析了河南省寿险公司的核心竞争力。

在经济领域，如果综合评价基于的是反映客观社会经济现象数量特征的客观性指标体系，一般用主成分分析方法；如果综合评价基于的指标体系是反映人们的心理感受、主观愿望、满意程度等方面的主观性指标形成的指标体系，则用因子分析方法。

二、其他方法

（一）数据包络分析法

数据包络分析（data envelopment analysis，DEA）是美国著名运筹学家A. Charnes等人以相对效率概念为基础发展起来的一种效率评价方法，它是研究同类型生产决策单元相对有效性的有力工具。它主要采用数学规划方法，利用观察到的有效样本数据，对决策单元（DMU）进行生产有效性评价。DEA 模型可同时计算决策单元的多项投入和多项产出的相对效率。每一个决策单元的各项投入和产出权重都是由模型根据最优原则计算出来的，而不是由决策者主观给定的，可避免主观随意性。不过，DEA 模型的理论假设是：投入越少，产出越大，那么效率就越高。但实践中，有些产出是越少越好，如污染环境的物质。

对于数据包络分析法用于产出效率的分析，虽然投入产出指标的权重是通过模型计算出来的，但由于模型中没有对各权重的取值范围加以限制，因此有时会出现不切实际的权重分配，从而导致权重取值的任意性。此外，数据包络分析法只能从效率的角度评价分析竞争力。但我们知道，竞争力的评价分析必须从效能和效率两个角度进行，否则其评价分析就不是完整和系统的。

恽敏（2003）使用数据包络分析方法，综合考虑投入和产出以及它们之间的关系，考察目前保险公司的核心竞争力，并且对如何提高核心竞争力提出相关建议；姚树洁、冯根福和韩钟伟（2005）基于 1999—2002 年我国 22 家主要保险公司的数据资料，用两阶段法分析影响保险公司效率的重要因素；孙林和李光金（2005）基于 DEA 法对我国保险公司竞争力进行了分析；赵珹和尹成远（2009）运用 DEA 法的“超效率”模型，基于 2000—2007 年我国 18 家主要财产险公司的数据资料，测度其技术效率、纯技术效率、规模效率，并对影响其效率的因素进行分析，给出相关的政策建议；李杭蔚和刘强（2010）利用熵权和 TOPSIS 法相结合，对 4 家上市保险公司进行了实证分析；张春海（2011）利用 DEA 三阶段分析方法，对 2009 年我国财产险业的 46 家公司的经营效率进行分析；李保华（2012）针对产品投资绩效，采用 DEA 分析法，从寿险产品的角度探讨了中国 26 家寿险公司的投资绩效，将寿险业投资绩效进行技术效率与规模效率的分解，得出中国寿险公司投资绩效存在规模效应，投资技术较低，难以应对市场波动等结论；施淑蓉（2015）将寿险公司核心竞争力分为显在和潜在两部分，分别运用超效率 DEA 分析和因子分析对它们进行评分，从而得到了寿险公司核心竞争力综合得分，并对外资、合资、中资寿险公司的核心竞争力进行了排名。

（二）模糊综合评价法

有的学者认为，企业核心竞争力的评价具有模糊性：一是核心竞争力等级的分类具有模糊性，通常把核心竞争力强度分为优、良、中和差四个等级，但很难界定各等级的标准；二是企业核心竞争力的影响因素具有模糊性，如产品美誉度等。因此，简金平（2004）采用模糊物元综合评价法来评价保险公司的综合竞争力；闫春和赵明清（2007）利用2003年7家财产险公司的营业数据，运用模糊聚类分析法对财产险公司偿付能力进行分类分析和研究；张洪涛、甄贞和马驰（2014）基于成对比较矩阵方法对保险企业的核心竞争力进行评价。

（三）层次分析法

用层次分析法对保险公司进行的综合性评价，可以按照得分情况对保险公司进行排序。具体操作过程是：（1）去除指标量纲的影响；（2）将指标按重要程度排序；（3）列出判别矩阵和权重向量；（4）对矩阵进行一致性检验；（5）计算最终分值。将指标值与权重之积进行加权相加，就可以计算出保险公司竞争力的最终分值。钱璐和郑少智（2005）在对我国保险公司竞争力的评价方法上采用层次分析法（简称AHP法），主要对二级指标的权重大小进行设置。

（四）均值—方差法

有的学者按照每个指标对研究对象独立作用的大小（或者叫方差贡献的大小），通过进行统计检验和数学变换等，筛选掉作用小的不重要指标，保留作用大的重要指标，最后形成由原指标体系中的部分重要指标组成的优化的指标体系。

由《21世纪经济报道》、21世纪研究院金融研究中心联合美国加州大学组成的课题组（2010）在《2010亚洲保险公司竞争力排名研究报告》中运用均值—方差法进行相关研究，将保险公司的财务实力划分为六个主要部分衡量，即市场规模、资本充足性、赔款准备金充足率、盈利能力、流动性和稳定性测试，每一部分包含若干个因素，并人为规定每个因素在该部分中所占重要性比例（如50%），再分别评分。通过计算所有因素的平均值和标准差，得到公司的总体评价。为了获得比较合理的比率范围，首先将每一指标得分标准化，标准化后的变量分布变为新的分布；其次，再根据指标特性调整其Z（得分），并将其得分进行计算，得到保险公司的竞争力得分。

秦川杰（2014）利用盈利能力、偿付能力和承保能力等方面的10个指标构建了综合竞争力评价体系，运用变异系数法（均值—方差法）对我国12家中资财产险公司和8家外资财产险公司进行了核心竞争力分析。在变异系数法中，通过判断变异系数的大小，对评价指标赋予不同的权重，克服了主观赋权而造成的评价结果失真的影响，且操作简便、有较好的实用性。

（五）熵权法

熵权法主要用来确定指标权重值的大小，其中的“熵”是用来衡量研究总体无序程度大小的。当指标提供的信息量比较大时，该指标的信息熵就会比较小，所以它在综合评价中所起的作用就大，在进行评价时所赋权重就应该高。

李杭蔚和刘强（2010）从盈利能力、流动能力、规模优势、发展能力、经营能力和人力资源六个方面构建了一个比较全面而系统的保险业竞争力指标体系，利用熵权法与 TOPSIS 法相结合，对 4 家上市保险公司进行了实证分析，并深入比较了各保险公司竞争力的优势与不足。谢琛（2016）利用熵权法对 4 家财产险公司财务报表中得到的评价指标赋予权重，进行综合评分，从而得出财产险公司的竞争力评价。

（六）回归分析法

石红莲和董蕊（2018）利用 1990—2016 年的时间序列数据，构建 VAR 模型，对影响我国保险服务贸易国际竞争力的相关因素展开了实证探究，保险业总资产、保险从业人数、城镇居民人均可支配收入、保险费率、货物贸易出口额和外商直接投资等，在一定程度上都会影响保险服务贸易竞争力。

代建军和陈晓霞（2018）引入面板数据模型，选取 2015—2017 年内蒙古重乡重镇保险市场数据，建立旗县中心镇、国家级重点镇、国家级贫困及省级贫困旗县覆盖镇等几个截面，对重乡重镇保险市场竞争力进行实证分析，探索影响乡镇保险市场竞争力的相关因素。

总之，在保险公司竞争力研究的相关文献中，常用的、公认度较高的评价分析方法主要有主成分分析方法和因子分析方法；使用过但研究成果较少的方法有模糊综合评价法、数据包络分析法（DEA）；其他在个别文献中出现的方法包括均值—方差法、多元回归分析法、灰色关联分析法等。由于主成分分析方法的原理比较容易理解，建模步骤明确，局限性和主观性较小，且能够使用 SPSS 等统计软件直接进行计算，因而我们选用主成分分析方法进行保险公司竞争力的评价研究。

第三节　保险公司竞争力评价指标体系构建与原则

根据保险公司竞争力的定义和保险公司负债经营的特征，我们首先通过构建盈利能力、资本管理能力、经营能力、风险管理能力和业务发展能力五个一级指标反映保险公司竞争力的不同方面；其次，在每个一级指标下面构建若干个二级指标；最后，通过对所有二级指标的综合分析得到保险公司综合竞争力的评价。同时，通过对一级指标下二级指标的分析，得到保险公司一级指标竞争力的评价。

由于人身险公司和财产险公司在经营模式、发展思路、监管要求等方面都有所区别，因此在构建二级指标时，这两类公司的指标有所不同。

一、保险公司竞争力评价指标构建的原则

保险公司竞争力是反映公司生存能力、创新能力和持续发展能力的一个综合性指标。因此，在构建指标时，必须能够反映保险公司的经营特点，并能够全面体现竞争力的定义。

1. 可得性原则

可得性原则既指具体指标的可量化和可计算性，又指具体数据的可得性。

在进行保险公司竞争力评价时，各种指标的建立和定义不可避免。此时，既要考虑各种指标的具体量化和计算方法，又要考虑各种数据的可得性。近年来，我国的信息化建设取得了飞速发展，原中国保监会于2010年6月12日起颁布施行了《保险公司信息披露管理办法》；2018年5月，原中国银保监会对《保险公司信息披露管理办法》进行了修改，做了补充完善。此外，保险行业协会、各公司的官网等为相关研究提供了比较权威和系统的数据，但面对各种具体研究时，我们在数据方面仍然感到捉襟见肘。

2. 客观性原则

在构建指标时，既要客观反映人身险公司和财产险公司在经营模式、发展思路、监管要求等方面的区别，又要体现出保险业的发展特点，并真实反映保险公司竞争力的各个不同方面。

3. 均衡性原则

课题组把二级指标分为三类：规模性指标、结构性指标和比率性指标。

规模性指标是指保费收入、资产规模等反映公司经营规模的指标。

结构性指标是指反映公司当年的经营思路和发展水平的指标，它是由公司当年的经营业绩指标计算得到的，与公司往年的表现和其他公司无关，如综合费用率、综合赔付率、退保率等。

比率性指标是反映公司经营业绩年度变化情况的指标，如保费收入增长率、净利润增长率等。

毋庸讳言，以上各类指标对于不同类别公司竞争力的评价影响是不同的。规模性指标的设立对于成立时间较长的大型保险公司的竞争力评价结果比较有利；比率性指标对于成立时间较短、发展比较迅速的保险公司竞争力的评价结果有利。因此，在设立指标时，需要考虑各类指标间的均衡性问题，特别是运用主成分分析方法、因子分析方法等进行保险公司竞争力评价时，均衡性原则尤其重要。

值得欣慰的是，中央财经大学“中国保险公司竞争力与投资评价研究”课题组注意到了相关问题。我们除了在指标设立时考虑到了均衡性原则外，还运用现代多元统计分析方法，从公司和指标两个角度，对我们的评价结果进行了 Wilcoxon 符号检验，做稳健性分析。这也是我们课题组的一个创新性研究。

二、保险公司竞争力评价指标的构建

盈利能力是指企业获取利润的能力。利润是投资者取得投资收益、债权人收取本息的最终来源，是管理者经营业绩和管理效能的集中体现，也是职工集体福利不断完善的重要保障，因此，企业盈利能力分析十分重要。盈利能力包括总资产增长率、总资产收益率、净资产增长率等二级指标。

资本管理能力即资本的筹集、分配和运用能力，主要表现在偿付能力充足率上。偿付能力一直是保险业监管的重心，保险公司偿付能力是指保险公司偿还债务的能力。2008 年 7 月 10 日，原中国保监会正式发布了《保险公司偿付能力管理规定》，其中第三条指出：“保险公司应当具有与其风险和业务规模相适应的资本，确保偿付能力充足率不低于 100%。”资本管理能力主要包括偿付能力充足率、认可资产负债率等二级指标。

保险公司经营能力是一个系统的概念，它指公司根据本身的内外部条件制定经营战略与计划的决策能力，以及进行各种活动的组织管理能力的总和。保险公司经营能力的强弱表明了资产的利用程度及使用效率，这在很大程度上决定了保险公司的经营效益，以及由此产生的对债务偿付的保障程度。经营能力主要包括资本利用率、综合赔付率、综合费用率等二级指标。

保险公司风险管理是对风险识别、衡量和控制的技术方法，也可以指经济主体用以降低风险负面影响的动态连续过程，其目的是直接、有效地推动组织目标的实现。保险公司风险管理的总体目标是实现企业价值最大化，企业价值最大化将通过风险成本最小化实现。在经济全球化、金融一体化迅猛发展的今天，保险公司所面临的风险越来越大，因此，加强对保险公司风险管理能力的监管是十分必要的。风险管理能力包括流动性比率、融资比例等二级指标。

保险公司业务发展潜力关系到公司的发展前景，如保险公司未来的业务发展规模、市场份额占有状况、公司的发展潜力等，因此，该项指标是衡量保险公司未来可持续发展能力的一个重要指标，应该重视对保险公司业务发展潜力的监管。影响保险公司业务发展的因素很多，主要包括原保费收入增长比率、发展系数等二级指标。

三、保险公司竞争力评价结果的科学性

1. 数据信息的公开性原则

数据信息的公开、客观和准确是一切公司评价的基础。为了保证《中国保险公司竞争力评价研究报告》结果的科学性和可验证性，我们进行保险公司评价的数据都来源于公开渠道：既有各保险公司的年度信息披露报告、保险公司网站信息，又有国家金融监督管理总局网站、中国保险行业协会网站以及中国保险年鉴等。这样在讨论评价结果时，就有一个可以共同讨论的数据基础。

同时，为了保证数据的可信性、合规性，我们在第二章专门分析了我国保险公司的信息披露质量，这也为完善我们的评价工作提供了一个很好的数据支撑和准备。

2. 评价方法的稳定性原则

即使用同样的数据，评价方法不同，其结果往往也不同，有时候甚至千差万别。

为了保证评价结果的对标较性，评价方法的稳定性至关重要。这里的稳定性有两方面的含义：一是评价方法一旦确定后，就尽量保持不变或者不做大的调整，保持评价结果的继承性和对标较性，使被评价对象对自己的评价结果有较为直观的认识和比较，这也有助于增加评价结果的说服力；二是评价方法能够适用于具体评价的对象、行业或区域，不同类别的公司、行业或者区域，可能选用不同的评价方法或者设置不同的参数。具体问题具体分析，没有一成不变地适用于所有类别的公司、行业或者区域的评价方法。

3. 评价结果的稳健性原则

稳健性最早来源于财务管理，往往指公司的财务应对各种风险的能力；在这里，稳健性主要考察的是评价方法和指标解释能力的强壮性，也就是当改变某些参数时，评价方法和指标是否仍然对评价结果保持比较一致、稳定的解释，即如果改变参数设定以后，结果发生了显著性改变，则说明不是稳健性的，需要寻找问题所在。

当然，不同的评价方法，参数的设定也有所不同。对于非参数统计方法，人们往往通过改变指标或者改变部分参选对象来评价结果的稳健性。《2022 中国保险公司竞争力评价研究报告》通过运用模糊聚类分析方法，对一些特殊的保险公司、评价指标进行剔除，并对剔除前后的结果运用非参数检验的方法，分析评价结果的稳健性。

在国内外各种对经营单位进行评价的研究报告中，运用稳健性方法检验评价结果有效性的做法还不多见，这也是我们评价工作的一个鲜明特色和创新之处。

第四节　主成分分析方法与模糊聚类分析方法介绍

一、主成分分析方法

在各个领域的科学研究中，往往需要对反映事物的多个变量进行大量观测，收集大量数据以便进行分析寻找规律。多变量大样本无疑会为科学研究提供丰富的信息，但也在一定程度上增加了数据采集的工作量，更重要的是在大多数情况下，许多变量之间可能存在相关性而增加了问题分析的复杂性，同时给分析带来不便。如果分别分析每个指标，分析又可能是孤立的，而不是综合的。盲目减少指标会损失很多信息，容易产生错误的结论。因此，需要找到一个合理的方法，在减少分析指标的同时，尽量减少原指标包含信息的损失，对所收集的资料作全面的分析。由于各变量间存在一定的相关关系，因此有可能用较少的综合指标分别综合存在于各变量中的各类信息。主成分分析就是把多个指标化为少数几个综合指标的统计分析方法，它通过几个综合因子（主成分）来代表原来众多的变量，使这些主成分尽可能多地反映原来变量的信息，而且彼此之间互不相关。

主成分分析的步骤如下：

设有 p 项指标的 n 个样本构成矩阵 X：

$$X=\begin{bmatrix} x_{11} & x_{12} & \cdots & x_{1p} \\ x_{21} & x_{22} & \cdots & x_{2p} \\ \vdots & \vdots & & \vdots \\ x_{n1} & x_{n2} & \cdots & x_{np} \end{bmatrix}$$

（1）进行原始数据的标准化：

$$Z_{ij}=\frac{X_{ij}-\overline{X}_j}{S_j},\ i=1,\ 2,\ \cdots,\ n;\ j=1,\ 2,\ \cdots,\ p$$

其中，$\overline{X}_j=\frac{1}{n}\sum_{i=1}^{n}X_{ij}$ 为第 j 个变量的均值；$S_j^2=\frac{1}{n-1}\sum_{i=1}^{n}(X_{ij}-\overline{X}_j)^2$ 为第 j 个变量的样本方差。

（2）计算样本的相关系数矩阵 R：

$R=(r_{ij})_{p\times p}$

其中，$r_{ij}=\frac{1}{n-1}\sum_{k=1}^{n}Z_{ki}Z_{kj}$, $i,\ j=1,\ 2,\ \cdots,\ p$

（3）求矩阵 R 的特征值 $\lambda_1\geqslant\lambda_2\geqslant\cdots\geqslant\lambda_p$ 和特征向量 $U=(u_{ij})_{p\times p}$：

特征值 λ_i 是特征方程 $|R-\lambda E|=0$ 的根，它的大小反映了各个主成分在描述所评价对象上所起作用的大小，λ_i 对应的特征向量 U_{*j} 由方程 $(R-\lambda_i E)U_{*j}=0$ 给出。

第 i 个主成分可以表示为：$F_i=\sum_{j=1}^{p}U_{ij}Z_{*j}$, $i=1,\ 2,\ \cdots,\ p$

（4）选取主成分数目的判定准则：

第 i 个主成分的方差贡献率表示该主成分能解释的原始变量的信息量，$\alpha_i=\frac{\lambda_i}{\sum_{i=1}^{p}\lambda_i}$，对于一般的主成分分析，通常约定累计方差贡献率 $q\geqslant 85\%$，对于约定的累计方差贡献率 q_0，如果有如下关系成立：$\frac{\sum_{i=1}^{k-1}\lambda_i}{\sum_{i=1}^{p}\lambda_i}<q_0\leqslant\frac{\sum_{i=1}^{k}\lambda_i}{\sum_{i=1}^{p}\lambda_i}$，则取前 k 个主成分进行分析评价。

（5）利用主成分得分进行评价分析：

利用所得到的前 k 个主成分 F_i 作为变量，相应的方差贡献率 λ_i 作为权重，得到主成分加权平均后的得分 $G=\frac{\sum_{i=1}^{k}\lambda_i F_i}{\sum_{i=1}^{k}\lambda_i}$，根据分数的高低可以对各个样本进行排名。

二、模糊聚类分析方法

聚类分析是按照一定的要求和规律将事物进行分类的一种数学方法，它原来是数量统计中多元分析的一个分支（许海洋、汪国安和王万森，2005）。从应用数学的角度来看，在某种程度上对公司的财务和经营状况评价，本质上是一个排名和分类工作，即在多大程度上与最优标准（或理想状况）处于同一个层次（寇业富和李晓林，2009）。因此，模糊聚类分析方法从另一种角度来说是对保险公司的业务结构和质量进行分析。

模糊聚类分析的步骤如下（寇业富和李晓林，2009）：

（1）确立指标体系并对指标数据进行预处理。

在选择指标时，为了保证分析结果的科学性和适用性，应该将反映保单和公司经营状况的全部重要特性囊括进来。

在实际应用中，即使选用了一个较好的算法进行分析研究，但是由于各数据的性质和数量级不同，会出现有的指标数据，主要是大数量级的指标会“吃掉”小数量级的指标，影响分析的有效性。为弥补这一不足，需要进行数据的预处理。

其中，对于指标的数量级和量纲单位的不同，可以选用极差化法：

即对于数据矩阵的第 j 列，计算：

$$M_j = \max_{1 \leqslant i \leqslant n} x_{ij}, m_j = \min_{1 \leqslant i \leqslant n} x_{ij}, j = 1, \cdots, m$$

然后，对原数据作变换：

$$x'_{ij} = \frac{x_{ij} - m_j}{M_j - m_j}, i = 1, \cdots, n, j = 1, \cdots, m$$

通过这种方法可以将所有指标的量纲单位消除，变为无量纲量，从而可以消除数额、时间、百分率等单位的不同。

（2）聚类分析。

设 $Z = \{x_1, x_2, \cdots, x_n\}$ 是 n 个对象集合，每个对象的特征数据表示为 $x_i = (x_{i1}, x_{i2}, \cdots, x_{im}), i = 1, 2, \cdots, n$，利用标定方法，可以得到 2 个对象 x_i 和 x_j 的模相似程序 r_{ij}，于是就得到模糊相似矩阵 R。

$$R = \begin{bmatrix} r_{11} & r_{12} & \cdots & r_{1n} \\ r_{21} & r_{22} & \cdots & r_{2n} \\ \vdots & \vdots & & \vdots \\ r_{n1} & r_{n2} & \cdots & r_{nn} \end{bmatrix}_{n \times n}$$

其中，$r_{ii} = 1$，$r_{ij} = r_{ji}$，$j = 1, 2, \cdots, n$。

定理设 R 是模糊相似矩阵，则存在一个最小自然数 $k \leqslant n$，使 $t(R) = R^k$，并且对一切大于 k 的自然数 q，均有 $R^q = R^k$。

该定理说明了从一个 Fuzzy 相似矩阵 R 通过求 R 的传递闭包，可构造一个 Fuzzy 等价矩阵，并且运算有限次，即不超过 n 次。为了提高运算速度，可以用平方法 $R \to R^2 \to R^4 \to \cdots R^{2K} \to \cdots$，经过有限次运算后，一定有一个自然数（$2^k n$），使 $R^{2^k}=R^{2^{k+1}}$，于是 $t(R)=R^{2^k}$。利用截关于对 R^{2^k}进行等价分类，从而得到诸对象的评价结果。

对于众多公司来讲，由于其规模、发展定位和思路不同，因此，对其进行业务结构的相似性分析和聚类研究将具有实际意义。

第三章
中国人身险公司竞争力评价分析

保险公司竞争力评价研究都是基于公开、客观和科学的原则，即研究方法、评价指标、数据来源等坚持公开、客观和科学的原则。

我们坚持评价过程和目标要客观、有效，避免或者尽量减少人为主观因素的干扰；考虑到结果的敏感性，在有可能使用定量分析的地方，使用定量分析；尽量避免或者减少涉及权重选择等主观性问题的评价方法。

一、信息来源说明

保险公司竞争力评价研究的数据主要来源于各个保险公司的年度信息披露报告，少部分指标来源于历年的《中国保险年鉴》和国家金融监督管理总局、保险学会、保险行业协会和各公司自己的网站，即全部数据都是来源于公开渠道。

保险公司的 2022 年年度信息披露报告主要包括以下五方面内容：公司简介；年度财务报告及其附注；风险管理状况；产品信息；偿付能力信息。本研究主要从以上报表获取数据。

二、研究对象

根据国家金融监督管理总局网站，截止到 2022 年 12 月 31 日，中国人身险公司共有 93 家，其中中资公司 64 家，外资公司 29 家。其中，国寿养老、长江养老、人保养老仅经营养老保障管理、企业年金、职业年金等业务，暂不经营负债型的人寿保险业务，不适用偿付能力的监管要求；国民养老、恒安标准养老距离 2022 年年底，成立营业不到 2 年。这 5 家养老保险公司不进行评价。

截止到 2023 年 5 月 31 日，这 93 家公司中，未发布 2022 年年度信息披露报告或者年度信息披露报告内容不完整，或者部分指标数据异常的，共有 17 家公司，分别是国寿存续、恒大人寿（中新大东方）、富德生命人寿、中融人寿、天安人寿、合众人寿、华夏人寿、君康人寿、昆仑健康、和谐健康、大家人寿、前海人寿、华汇人寿、珠江人寿、大家养老、上海人寿、新华养老。

公司的部分指标数据异常，并不意味着公司经营绩效的“优”或“劣”。由于采用主成分分析、因子分析方法进行竞争力运算，为了避免少数公司的部分指标异常对其他公司的评价结果引起重大、异常的影响，从而使评价结果不合常理，我们通过剔除部分公司的方式避免这种情况，这是我们进行的必要前期数据处理。

上述 22 家公司，如果有任何问题、建议或者意见，请与中国保险公司竞争力与投资价值评价研究课题组联系。

最后，课题组共对 71 家人身险公司进行竞争力评价。

三、特别说明

（1）本研究都是采用公开发布的披露数据进行分析，我们根据实质重于形式的原则，对发现个别公司披露数据存在错误或异样的年报信息进行调整，或者在涉及该指标时进行批注说明。

（2）本研究分析采用的数据皆来源于已公开的资料或课题组成员的个人分析，但我们不保证上述信息的完整与准确性，中国精算研究院不因使用本报告而产生的一切后果承担责任，只以此作为学术研究以及学界和业界的信息交流与参考。同时，本研究分析为课题组成员的个人观点，并不代表中国精算研究院的观点。有关问题的来源、讨论或争议，请使用电话或电子邮件的方式与我方联系。

（3）评价指标中，有的指标取值是越大越好，可以称为正向指标；有的指标取值是越小越好，可以称为逆向指标；有的指标取值以位于中间的某个值为好。

对于逆向指标，我们在本报告中都已经逆向化处理，即逆向化后的指标数据的取值也是越高越好；对于取值以位于中间的某个值为好的指标，我们往往通过构建系数的方式，对其进行处理，经过系数化后的指标取值也是越大越好。

第一节 人身险公司竞争力指标体系构建

一、评价指标体系说明

目前，国内外还没有一个比较明确、被广泛接受的“保险公司竞争力”的定义。我们综合国内外相关研究，结合自己的经验和理解，给出保险公司竞争力的定义：保险公司竞争力是保险公司根据行业和自身特点，在市场经济环境中，综合运用其人力、物力、财力等各种资源，获得相对于竞争对手所表现出来的更强的生存能力、创新能力和持续发展能力的总和，是公司综合能力的体现。同时，竞争力也是一个相对的概念，强调的是保险行业内竞争者之间的比较。

我们进行的保险公司竞争力评价研究是以保险公司为出发点和落脚点。根据保险公司负债经营的特征和当前国家金融监督管理总局的监管重点，我们构建了保险公司的盈利能力、资本管理能力、经营能力、风险管理能力和发展潜力5个一级指标，来反映保险公司竞争力的不同方面。我们首先在每个一级指标下建立个数不等的二级指标，共有58个二级指标；其次，通过对二级指标定量分析得到保险公司一级指标的评价结果；最后，对全部二级指标进行定量分析，得到保险公司竞争力的综合评价结果。

二、指标体系构建

Ⅰ. 盈利能力指标

盈利能力共有10个二级指标，包括8个比率分析指标和2个规模性指标。

Ⅰ-1. 总资产收益率：

总资产收益率＝净利润÷［（期初总资产＋期末总资产）÷2］×100%

Ⅰ-2. 净资产收益率：

净资产收益率＝净利润÷平均净资产×100%

Ⅰ-3. 投资收益率：

投资收益率＝投资收益总额÷平均投资资产×100%

Ⅰ-4. 净投资收益率：

净投资收益率＝（利润表中的投资收益＋其他业务收入）÷平均投资资产

Ⅰ-5. 承保利润率：

承保利润率＝承保利润÷［（期初保险业务收入＋期末保险业务收入）÷2］

Ⅰ-6. 投资资产占总资产比率：

投资资产占总资产比率＝平均投资资产÷平均总资产×100%

Ⅰ-7. 净利润

Ⅰ-8. 净利润增长率：

净利润增长率＝（当年净利润－上一年净利润）÷上一年净利润

Ⅰ-9. 人均净利润：

人均净利润＝净利润总额÷公司职工人数

Ⅰ-10. 综合收益率：

综合收益率＝（利息收入＋投资收益＋交易类公允价值变动＋可供出售类公允价值变动－交易费用及税金＋其他综合收益）÷两年平均投资资产

Ⅱ. 资本管理能力指标

资本管理能力共有12个二级指标，包括11个比率和结构分析指标、1个规模性指标。

Ⅱ-1. 资本管理系数：

偿付能力充足率（x）=实际资本÷最低资本

$$
\text{资本管理系数}=\begin{cases}\dfrac{x-100\%+50\%}{50\%}, & 50\% \leqslant x \leqslant 100\% \\ 1, & 100\% < x \leqslant 300\% \\ \dfrac{300\%+2,000\%-x}{2,000\%}, & 300\% < x \leqslant 300\%+2,000\% \\ 0, & \text{其他}\end{cases}
$$

Ⅱ-2. 认可资产负债率：

认可资产负债率=认可负债÷认可资产×100%

Ⅱ-3. 资产认可率：

资产认可率=认可资产÷总资产×100%

Ⅱ-4. 资本利用率：

资本利用率=保险业务收入÷所有者权益×100%

Ⅱ-5. 资金成本率：

资金成本率=承保利润÷年初保险合同准备金（寿险）-一年定期存款利率（取3%）

Ⅱ-6. 准备金保费比率：

准备金保费比率=两年的（未到期责任准备金+未决赔款准备金+保险保障基金+寿险责任准备金+长期健康险责任准备金+保费准备金-应收分保未到期责任准备金-应收分保未决赔款准备金-应收分保寿险责任准备金-应收分保长期健康险责任准备金）均值÷两年的原保费收入的均值

Ⅱ-7. 认可资产增长率：

认可资产增长率=（期末认可资产-期初认可资产）÷期初认可资产×100%

Ⅱ-8. 所有者权益

Ⅱ-9. 资产杠杆系数：

杠杆比率（x）=总资产÷净资产

$$
\text{资本杠杆系数}=\begin{cases}1, & 3 \leqslant x \leqslant 10 \\ \dfrac{30-x}{20}, & 10 \leqslant x \leqslant 30 \\ \dfrac{x-1}{2}, & 1 \leqslant x \leqslant 3 \\ 0, & \text{其他}\end{cases}
$$

Ⅱ-10. 资本运用率：

资本运用率 = （资本金 + 公积金） ÷ ［资本金 + 公积金 + 未分配利润 + 各项准备金 + 保户储金及投资款 + 资本补充债（应付债券）及其他资金］

Ⅱ-11. 资本回报率：

资本回报率 = （综合收益 - 保险业务营业税金及附加 - 业务及管理费 - 手续费及佣金 - 报告期退保金额） ÷ （资本金 + 公积金）

Ⅱ-12. 风险调整资本利润率：

风险调整资本利润率 = 净利润 ÷ 最低资本

Ⅱ-13. 风险调整资本回报率：

风险调整资本回报率 = （综合收益 - 保险业务营业税金及附加 - 业务及管理费 - 手续费及佣金 - 报告期退保金额） ÷ 最低资本

Ⅱ-14. 资本管理绩效增长率：

资本管理绩效增长率 = 本年的（净利润 ÷ 最低资本） ÷ 去年的（净利润 ÷ 最低资本）

Ⅲ. 经营能力指标

经营能力由 12 个二级指标构成，包括 11 个比率和结构分析指标、1 个规模性指标。

Ⅲ-1. 可运用资金收益率：

可运用资金收益率 = （投资收益 + 公允价值变动损益 + 汇兑损益） ÷ 可运用资金

Ⅲ-2. 净资产周转率：

净资产周转率 = ［报告期营业收入合计 ÷ （期初股东权益 + 期末股东权益） ÷ 2］ × 100%

Ⅲ-3. 总资产周转率：

总资产周转率 = ［报告期营业收入合计 ÷ （期初总资产 + 期末总资产） ÷ 2］ × 100%

Ⅲ-4. 综合费用率：

综合费用率 = （业务及管理费 + 手续费及佣金 + 分保费用 + 保险业务营业税金及附加 - 摊回分保费用） ÷ 已赚保费 × 100%

Ⅲ-5. 综合赔付率：

综合赔付率 = （赔付支出 - 摊回赔付支出 + 提取未决赔款准备金 - 摊回未决赔款准备金） ÷ 已赚保费

Ⅲ-6. 综合费用率增长率：

综合费用率增长率 = （当年的综合费用率 - 上一年的综合费用率） ÷ 上一年的综合费用率 × 100%

Ⅲ-7. 险种集中度系数：

险种集中度系数 $= \sum_{i=1}^{5}$（前 i 种产品的各自保费收入）^{2} ÷（前五种产品保费总收入）^{2}

Ⅲ-8. 退保率：

退保率 = 报告期退保金额 ÷（期初寿险责任准备金 + 期初长期健康险责任准备金 + 报告期原保费收入）

Ⅲ-9. 报告期营业收入

Ⅲ-10. 保险业务收入增长率：

保险业务收入增长率 = 当年的保险业务收入 ÷ 上一年的保险业务收入 -1

Ⅲ-11. 净利润赔付支出覆盖率：

净利润赔付支出覆盖率 = 净利润 ÷（赔付支出 - 摊回赔付支出 + 提取未决赔款准备金 - 摊回未决赔款准备金）

Ⅲ-12. 保费收入费用增长比：

保费收入费用增长比 =（当期原保费收入 - 上一期原保费收入）÷（当期综合费用 - 上一期综合费用）

Ⅳ. 风险管理能力指标

风险管理能力由 11 个比率和结构分析指标构成。

Ⅳ-1. 偿付能力充足率：

偿付能力充足率 = 实际资本 ÷ 最低资本 ×100%

Ⅳ-2. 流动性比率：

流动性比率 = 流动性资产余额 ÷ 流动性负债余额 ×100%

Ⅳ-3. 自留保费率：

自留保费率 = 自留保费 ÷ 保险业务收入

Ⅳ-4. 自留保费占净资产的比率（肯尼系数）：

自留保费占净资产的比率 = 自留保费 ÷ [（期初所有者权益 + 期末所有者权益）÷2]

Ⅳ-5. 自留保费增长率：

自留保费增长率 =（公司本年自留保费 - 公司上一年自留保费）÷ 公司上一年自留保费

Ⅳ-6. 准备金安全率：

准备金安全率 = 两年的所有者权益均值 ÷ 两年的（未到期责任准备金 + 未决赔款准备金 + 保险保障基金 + 寿险责任准备金 + 长期健康险责任准备金 - 应收分保未到期责任准备金 - 应收分保未决赔款准备金 - 应收分保寿险责任准备金 - 应收分保长期健康险责任准备金）均值

Ⅳ-7. 保险负债占总资产比:

保险负债占总资产比 = 保险负债 ÷ 总资产

Ⅳ-8. 现金盈余保障倍数:

现金盈余保障倍数 = 经营活动净现金流 ÷ 净利润

Ⅳ-9. 收现比:

收现比 = (经营活动、投资活动、筹资活动的现金流入合计 + 汇率变动对现金及现金等价物的影响额) ÷ 营业收入合计

Ⅳ-10. 付现比:

付现比 = (经营活动、投资活动、筹资活动的现金流出合计 + 汇率变动对现金及现金等价物的影响额) ÷ 营业支出合计

Ⅳ-11. 资产杠杆率:

资产杠杆率 = 总资产 ÷ 净资产

Ⅴ. 发展潜力指标

发展潜力由 11 个二级指标构成，包括 9 个比率分析指标和 2 个规模性指标。

Ⅴ-1. 发展系数:

发展系数 = 公司保费收入增量市场份额 ÷ 人身险市场保费收入增量份额 × 100%

Ⅴ-2. 综合收益增长率:

综合收益增长率 = (本年的综合收益额 - 上一年的综合收益额) ÷ 上一年的综合收益额

Ⅴ-3. 总资产增长率:

总资产增长率 = (期末总资产 - 期初总资产) ÷ 期初总资产 × 100%

Ⅴ-4. 净资产增长率:

净资产增长率 = (期末所有者权益 - 期初所有者权益) ÷ 期初所有者权益 × 100%

Ⅴ-5. 市场拓展能力:

市场拓展能力 = 公司原保费收入 ÷ 实收资本 (股本)

Ⅴ-6. 人均产能:

人均产能 = 营业收入合计 ÷ 公司职工人数

Ⅴ-7. 分支机构数目:

分支机构数目指设立分公司的数目，包括在省级和计划单列市的分公司数目。

Ⅴ-8. 万张保单投诉量

Ⅴ-9. 应收保费周转率:

应收保费周转率 = 报告期原保费收入 ÷ [(期初应收保费 + 期末应收保费) ÷ 2]

Ⅴ-10. SARMRA 得分

第二节 2022 年中国人身险公司综合竞争力评价结果与分析

在确定了指标和提取数据后，为了保证对保险公司竞争力评价的客观性和科学性，首先根据指标的正向和逆向，进行数据的预处理、统一，使处理后的全部指标数据为正向，即数据越大越好；其次，指标数据中有些是比率指标，有些是数值指标，为了避免“以大欺小”和指标单位对评价结果的影响，我们对全部数据进行归一化处理，即全部指标数据都在 0—1 间取值；最后，在运用主成分分析方法进行综合竞争力评价时，我们对全部 58 个二级指标数据进行分析处理，因此，二级指标与一级指标的隶属关系不影响对综合竞争力的评价结果。

为了便于对公司的业绩进行比较，我们对以下披露的各个公司的二级指标数据都进行了逆向化处理，即得分高意味着对一级指标具有更大的“正向”作用，得分低者对于一级指标具有较低的“负向”作用。同时，根据综合运用主成分分析、因子分析得到的对保险公司综合竞争力和一级指标的评价结果，设定最高分不超过 100 分，最低分不低于 40 分。

一、2022 年中国人身险公司综合竞争力的得分与排名

数据预处理后，我们得到 71 家人身险公司的 58 个二级指标数据。为了更好地反映保险公司竞争力的实际情况，基于保险业发展阶段和监管要求，课题组选择 5 个指标进行了加权处理，这样就得到一个 71 × 63 数据矩阵。利用主成分分析方法，共选取 16 个主成分，累计解释率达到 85.18%，每个主成分都是这些二级指标的线性组合（见图 3 - 1）。

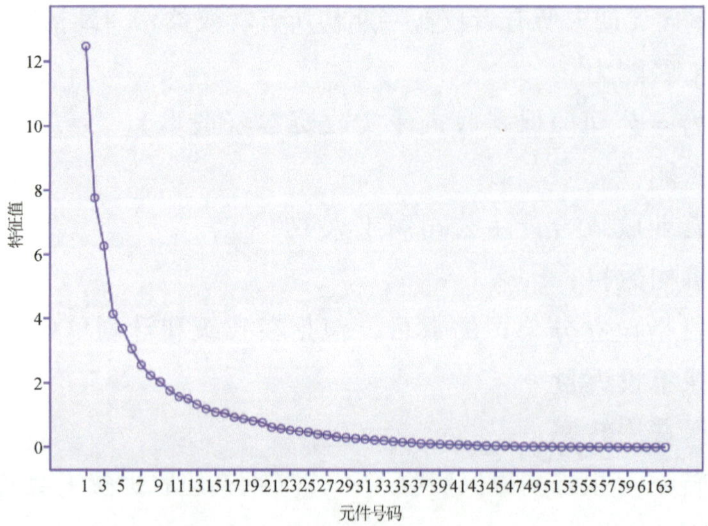

图 3 - 1 人身险公司综合竞争力分析的陡坡图（碎石图）

选取这 16 个主成分后，得到各保险公司综合竞争力的评价结果与排名，如表 3－1 所示。

表 3－1　　2022 年中国人身险公司综合竞争力排名与得分

公司名称	排名	得分（百分制）	公司名称	排名	得分（百分制）
中国人寿	1	100.0	中华人寿	37	60.4
平安人寿	2	99.0	复星联合健康	38	60.3
太保寿险	3	98.5	长城人寿	39	59.3
阳光人寿	4	82.6	华泰人寿	40	58.6
新华人寿	5	82.1	光大永明	41	57.8
泰康人寿	6	80.0	信泰人寿	42	56.8
人保寿险	7	77.2	瑞泰人寿	43	56.4
太平人寿	8	75.8	渤海人寿	44	56.3
友邦人寿	9	73.4	国联人寿	45	55.0
国华人寿	10	72.7	国富人寿	46	54.7
幸福人寿	11	72.2	英大人寿	47	54.4
中意人寿	12	71.3	复星保德信	48	54.3
财信吉祥人寿	13	69.6	中信保诚人寿	49	54.1
中邮人寿	14	67.7	信美人寿	50	53.6
东吴人寿	15	67.3	北京人寿	51	53.4
民生人寿	16	66.6	横琴人寿	52	53.1
中英人寿	17	66.5	中银三星	53	53.0
小康人寿	18	66.1	中韩人寿	54	53.0
交银康联	19	65.9	海保人寿	55	52.0
平安养老	20	65.5	爱心人寿	56	51.9
泰康养老	21	65.3	和泰人寿	57	51.8
陆家嘴国泰	22	65.2	招商仁和	58	51.0
平安健康	23	65.0	北大方正人寿	59	49.9
中荷人寿	24	64.5	招商信诺	60	49.7
太平养老	25	63.7	百年人寿	61	49.6
太保安联健康	26	63.7	利安人寿	62	49.6
中宏人寿	27	62.7	君龙人寿	63	48.1
大都会人寿	28	62.6	三峡人寿	64	48.0
长生人寿	29	62.5	汇丰人寿	65	47.1
农银人寿	30	62.3	瑞华健康	66	45.9
工银安盛	31	62.2	华贵人寿	67	45.4
同方全球人寿	32	61.9	鼎诚人寿	68	44.4
人保健康	33	61.7	国宝人寿	69	44.2
建信人寿	34	61.7	弘康人寿	70	42.1
中德安联	35	61.2	德华安顾	71	40.0
恒安标准	36	60.8			

二、结论与分析

本报告在2021年研究的基础上，根据影响当前中国人身险公司的发展和国家金融监督管理总局的监管要求等各方面因素，修改完善了人身险公司竞争力评价指标体系。我们根据此评价指标体系，应用主成分分析方法对中国人身险公司的竞争力进行了经验分析。在国际经济金融危机和我国经济结构的调整的大环境下，中国保险业的发展逐渐克服了一些困难和瓶颈。2022年，全国人身险保费收入为34,245亿元，比上年增加3.06%；人身险公司保险金额1,221.2万亿元，比上年(1,285.9万亿元）减少5.03%；人身险公司资产总额23.37万亿元，比上年(21.39万亿元）增加9.26%。

基于公开的数据和课题组的评价体系，2022年中国人身险公司综合竞争力评价的基本情况如下：

（一）盈利能力方面

这71家人身险公司的盈利能力差别较大，整体来看中资保险公司有一定优势。

在盈利能力竞争力排名前十的公司中，有3家外资保险公司，分别是友邦人寿、中英人寿（分别排名第五、第八），其余8家都是中资保险公司。可见，中资保险公司的盈利能力具有一定的优势，相比较而言，外资保险公司的盈利能力尚有待加强。不过，在强调“保险姓保”、经营发展保障性产品方面，中资保险公司还有很多地方需要向外资保险公司学习。同时，保险公司在注重规模、份额的同时，投资收益、技术等还有待加强完善。

（二）资本管理能力方面

2022年，中国人身险公司的资本管理能力得到大幅度提高，其中，中资人身险公司的资本管理能力今年表现比较突出，具有比较明显的优势。这说明中资保险在资本实力、资本管理能力等方面取得了比较明显的发展。

在资本管理能力方面，有的保险公司的资本管理系数远低于1，主要是因为这些公司的偿付能力充足率太高，资本运用太不充分。

在资本管理能力竞争力排名前十的公司中，全部为中资保险公司，这已经是连续两年全部为中资保险公司了，可以说人身险公司在资本实力、资本管理、保护公司权益等资本管理能力方面，中资保险公司都占有比较明显的优势。

（三）经营能力方面

2022年，人身险公司整体综合成本率居高不下，基本都在100%左右，因此承保利润形势严峻。整体相比而言，各公司间综合赔付率和综合费用率差异不大，多于一半公司的综合成本率高于95%。

在经营能力竞争力方面，排名前十的保险公司中有8家是中资保险公司，中国人寿、平安人寿和太保寿险分别排名第一、第二、第三；2家外资保险公司中，中意人寿排名第八、友邦人寿排名第十，与前两个年度的经营管理能力评价进行比较，入围前十的中资保险公司基本稳定在8家左右，说明中资保险公司的经营管理能力建设比较稳健，近几年的公司建设和监管取得了比较明显的成效。

（四）风险管理能力方面

根据2022年人身险公司风险管理能力评价结果，与外资保险公司相比，中资保险公司占有一定的优势，但是优势并不明显，从中外资公司数目比例上来看，基本是平分秋色。在风险管理能力竞争力排名前十的公司中，中资保险公司有7家，3家外资保险公司中，平安健康排名第二、太保安联健康排名第五、中荷人寿排名第八。与2021年和2020年的评价结果进行比较发现，风险管理能力排名前十的中资保险公司基本在7家左右，变化不大，说明中资、外资保险公司在风险管理能力建设方面基本保持了均衡。需要注意的是，在公司的分出再保能力方面，中资保险公司还有许多需要学习和改进的地方。

（五）发展潜力方面

在发展潜力方面，与前几年不同的是，中资保险公司特别是中资大型保险公司的发展潜力优势明显。在排名前十的公司中，有9家是中资保险公司，1家是外资保险公司。中资保险公司中，太保寿险、中国人寿、泰康人寿的发展潜力分别排名第一、第二和第三，唯一一家入围前十的外资保险公司是中信保诚人寿，排名第九，得分85.5。中资保险公司在市场拓展能力、资本运用充分率、分支机构数目等方面优势明显。

基于上述5个方面，71家人身险公司中，中资保险公司的综合竞争力占有比较明显的优势。在排名前十的人身险公司中，有9家是中资保险公司，外资公司只有1家（友邦人寿，排名第九，得分73.4）；在排名前二十的人身险公司综合竞争力评价中，有4家外资保险公司，分别是友邦人寿（排名第九）、中意人寿（排名第十二)、中英人寿（排名第十七)、交银康联（排名第十九)。

第三节　2022年中国人身险公司综合竞争力一级指标评价结果与分析

根据定义，人身险公司的综合竞争力评价含有盈利能力、资本管理能力、经营能力、风险管理能力和发展潜力5个一级指标。各一级指标下含有数量不等的二级指标。我们基于二级指标，运用主成分分析方法，对71家人身险公司一级指标的表现情况进行评价和分析。

一、2022年人身险公司盈利能力排名与分析

数据预处理后，我们根据71家人身险公司的10个二级指标数据，得到一个71×10的数据矩阵。运用主成分分析方法，我们共选取了6个主成分，方差贡献解释率为91.20%，每个主成分都是这10个二级指标的线性组合（见表3-2)。

表3-2　人身险公司盈利能力排名与得分

公司名称	排名	得分（百分制）	公司名称	排名	得分（百分制）
平安人寿	1	100.0	中意人寿	16	78.3
阳光人寿	2	94.5	中德安联	17	77.5
中国人寿	3	87.9	复星联合健康	18	76.0
太保寿险	4	87.0	东吴人寿	19	75.1
友邦人寿	5	86.3	瑞华健康	20	75.1
新华人寿	6	84.2	招商信诺	21	74.6
泰康人寿	7	83.9	陆家嘴国泰	22	74.6
中英人寿	8	82.0	同方全球人寿	23	74.3
人保寿险	9	81.4	信泰人寿	24	73.4
太平人寿	10	81.2	中宏人寿	25	73.3
幸福人寿	11	80.3	弘康人寿	26	72.6
大都会人寿	12	80.2	中荷人寿	27	72.6
财信吉祥人寿	13	80.1	农银人寿	28	72.5
国华人寿	14	79.5	太保安联健康	29	72.5
泰康养老	15	78.9	民生人寿	30	71.5

续表

公司名称	排名	得分（百分制）	公司名称	排名	得分（百分制）
平安健康	31	71.4	北京人寿	52	58.1
交银康联	32	71.2	百年人寿	53	57.2
长城人寿	33	71.0	光大永明	54	56.7
恒安标准	34	70.2	小康人寿	55	56.6
瑞泰人寿	35	69.9	平安养老	56	53.8
中银三星	36	69.9	招商仁和	57	53.7
中信保诚人寿	37	69.8	国富人寿	58	51.6
太平养老	38	69.6	北大方正人寿	59	50.5
中邮人寿	39	69.6	复星保德信	60	49.9
长生人寿	40	69.3	三峡人寿	61	48.9
人保健康	41	68.1	渤海人寿	62	48.0
工银安盛	42	68.0	中韩人寿	63	47.4
信美人寿	43	66.3	鼎诚人寿	64	47.1
建信人寿	44	65.6	海保人寿	65	46.7
华泰人寿	45	65.0	爱心人寿	66	44.1
英大人寿	46	64.7	利安人寿	67	43.2
德华安顾	47	63.3	汇丰人寿	68	42.4
和泰人寿	48	63.3	君龙人寿	69	42.1
国联人寿	49	61.9	华贵人寿	70	40.3
中华人寿	50	61.1	国宝人寿	71	40.0
横琴人寿	51	60.3			

由表3－2可以看出，2022年中国人身险市场中盈利能力排名前三的保险公司依次是平安人寿、阳关人寿和中国人寿，在百分制基准下，得分分别为100分、94.5分和87.9分。

在参评的71家人身险公司中，盈利能力得分最高的是平安人寿（100分），得分最低的是国宝人寿（40分），平均得分为67.2分，得分高于平均分（含平均分）的公司有42家，占比59.2%。得分在90分以上的公司有2家，得分在80—90分的公司有11家，得分在70—80分的公司有21家，得分在60—70分的公司有17家，得分在60分以下的公司有20家。

图3－2显示了盈利能力排名前十的人身险公司得分情况，依次是平安人寿、阳光人寿、中国人寿、太保寿险、友邦人寿、新华人寿、泰康人寿、中英人寿、人

保寿险、太平人寿。

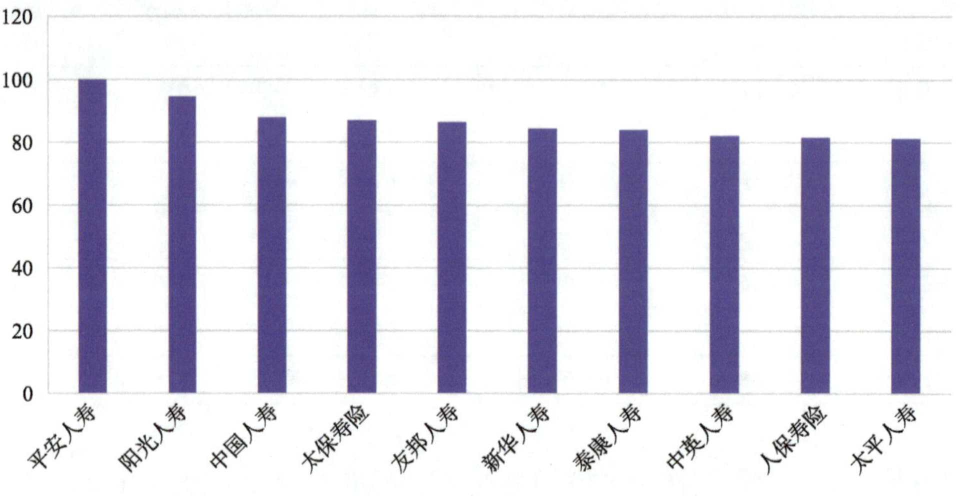

图3－2　盈利能力排名前十的人身险公司得分情况

总体来看，排名前十的公司得分相差不大，分布比较均衡，说明其盈利能力没有明显区别。

（一）盈利能力排名前十的人身险公司各项二级指标排名与得分

盈利能力是反映保险公司竞争力的一项重要指标，表4－3具体分析了盈利能力排名前十的人身险公司各二级指标的表现情况，给出了盈利能力体系下10个二级指标的得分和排名。表3－3为分析这十家公司的盈利能力提供了一个可以进行比较分析的平台。

平安人寿在盈利能力排名中位列第一，主要是因为其盈利能力的大多数指标得分均处于71家公司的中上游水平，且部分指标表现优异。其各项指标中，总资产收益率、净资产收益率、净利润、人均净利润四项指标均是71家公司中的前三名，其中净利润和人均净利润位列第一。而且，除了净投资收益率，其余指标都排在25名之前，6项指标排在前十名，总体表现较好。

阳光人寿在盈利能力排名中位列第二，主要是因为其投资收益率、综合收益率两项指标均排名第一、得分100，除投资资产占总资产的比率还有较大的发展空间外，总资产收益率、净资产收益率、净投资收益率等指标均位列前十。

中国人寿在盈利能力排名中位列第三，主要是因为在净利润这一规模指标上的突出表现，除了指标净投资收益率、承保利润率这两项指标排名比较靠后外，其他指标全都位于30名前，总体表现良好。

表 3-3 盈利能力排名前十的人身险公司各项二级指标的排名与得分

公司名称	总资产收益率		净资产收益率		投资收益率		净投资收益率		承保利润率		投资资产占总资产的比率		净利润		净利润增长率		人均净利润		综合收益率	
	排名	得分	排名	得分	排名	得分	排名	得分	排名	得分	排名	得分	排名	得分	排名	得分	排名	得分	排名	得分
平安人寿	3	96.4	3	94.4	18	87.8	54	56.2	11	83.7	7	93.6	1	100.0	6	97.5	1	100.0	25	80.9
阳光人寿	4	94.4	5	89.9	1	100.0	3	99.6	4	98.5	38	72.4	7	70.5	8	97.4	4	92.7	1	100.0
中国人寿	15	86.6	16	83.7	7	95.0	38	67.6	63	49.2	10	92.2	2	100.0	21	96.6	13	85.5	5	94.9
太保寿险	13	88.3	7	89.1	13	90.0	42	63.9	44	58.4	6	94.6	3	92.5	17	96.8	7	88.9	18	88.1
友邦人寿	2	98.2	2	95.3	39	77.9	63	47.5	17	75.8	22	83.5	8	68.9	25	96.6	2	99.6	23	82.8
新华人寿	14	88.3	14	85.4	14	90.0	31	73.8	55	52.5	14	89.4	5	83.2	20	96.6	8	87.6	16	89.0
泰康人寿	10	88.9	6	89.2	40	77.9	55	55.6	13	80.6	36	73.0	4	84.8	32	96.3	6	88.9	42	72.9
中英人寿	5	92.4	13	86.2	9	94.3	17	81.5	42	59.5	26	79.9	13	54.1	14	96.9	10	87.1	11	92.7
人保寿险	23	83.0	23	81.7	34	80.7	21	79.7	7	92.2	5	94.8	9	59.6	27	96.5	21	78.7	39	73.6
太平人寿	17	86.2	10	86.9	31	81.5	46	59.8	24	69.6	4	95.7	6	72.9	23	96.6	16	83.1	30	77.4

从整体上看，这些盈利能力排名前十的公司在总资产收益率、净资产收益率、投资收益率、投资资产占总资产的比率、净利润、净利润增长率、人均净利润和综合收益率等指标上的表现都比较优良，多数进入71家公司的前25名。说明这10家公司的投资能力和经营水平总体上相当不错。但其中部分指标存在两极分化现象，例如，净投资收益率、承保利润率指标中，多数公司表现优异，1—2家公司得分落入后十名。

在净投资收益率这一指标上，10家公司的表现差别较大，得分最高的阳光人寿（第3名，99.6分）与得分最低的友邦人寿（第63名，47.5分）相差52.1分。在承保利润率指标上，10家公司的表现也参差不齐，其中得分最高的是阳光人寿（第4名，98.5分），最低的为中国人寿（第63名，49.2分）。

（二）盈利能力下各项二级指标排名与得分前十的人身险公司

表3-4列出了盈利能力下各项二级指标排名前十的人身险公司及其得分情况。

由表3-4可以看出，投资资产占总资产的比率排名前十的得分在93.4—100分，说明这些人身险公司尽管有差别，但在该指标上的差异并不明显。

2022年，中国各家人身险公司的盈利能力差距比较明显。差异较大的主要是净利润（从中国人寿的100分至中信保诚的53.7分）这项指标，表明净利润指标对各家人身险公司盈利能力的排名影响较大；各家人身险公司的投资资产占总资产比率这一指标得分差距并不明显，分值集中于93.4—100分；阳光人寿在投资收益率、综合收益率两项指标上均领先于其他各家公司。

（三）盈利能力的模糊聚类等价分析

聚类分析是数理统计中的一种多元分析方法，它是用数学方法定量地确定研究对象的亲疏关系，从而客观地划分类型以及度量研究对象之间的相似程度。事物之间的界限，有些是确切的，有些则是模糊的。当聚类涉及事物之间的模糊界限时，需运用模糊聚类分析方法。

我们根据保险公司在这些指标上的得分，运用模糊聚类方法分析各公司之间的相似程度，为比较各公司的盈利能力提供一个新的方法和视角。同时，模糊聚类分析是以一种基于“物以类聚、人以群分”的观念进行各公司之间经营结构上相似程度的比较分析，不是优劣评价。

表 3－4　　盈利能力下各项二级指标得分与排名前十的人身险公司

二级指标 / 排名	总资产收益率	净资产收益率	投资收益率	净投资收益率	承保利润率	投资资产占总资产的比率	净利润	净利润增长率	人均净利润	综合收益率
	公司名称（得分）	公司名称（得分）	公司名称（得分）	公司名称（得分）	公司名称（得分）	公司名称（得分）	公司名称（得分）	公司名称（得分）	公司名称（得分）	公司名称（得分）
1	平安健康（100.0）	德华安顾（100.0）	阳光人寿（100.0）	平安养老（100.0）	国华人寿（100.0）	鼎诚人寿（100.0）	平安人寿（100.0）	泰康养老（100.0）	平安人寿（100.0）	阳光人寿（100.0）
2	友邦人寿（98.2）	友邦人寿（95.3）	大都会人寿（97.9）	东吴人寿（99.8）	财信吉祥人寿（100.0）	中邮人寿（96.5）	中国人寿（100.0）	复星联合健康（99.4）	友邦人寿（99.6）	长生人寿（99.5）
3	平安人寿（96.4）	平安人寿（94.4）	同方全球人寿（97.8）	阳光人寿（99.6）	长生人寿（99.6）	工银安盛（96.0）	太保寿险（92.5）	信泰人寿（98.4）	泰康养老（98.0）	同方全球人寿（97.3）
4	阳光人寿（94.4）	瑞华健康（91.4）	陆家嘴国泰（97.7）	泰康养老（97.7）	阳光人寿（98.5）	太平人寿（95.7）	泰康人寿（84.8）	瑞华健康（98.4）	阳光人寿（92.7）	招商仁和（96.9）
5	中英人寿（92.4）	阳光人寿（89.9）	复星联合健康（97.4）	长生人寿（97.5）	渤海人寿（98.5）	人保寿险（94.8）	新华人寿（83.2）	人保健康（97.8）	中德安联（92.7）	中国人寿（94.9）
6	泰康养老（91.9）	泰康人寿（89.2）	长生人寿（95.6）	国联人寿（96.2）	幸福人寿（93.7）	新华人寿（96.3）	太平人寿（94.6）	平安人寿（97.5）	泰康人寿（88.9）	复星联合健康（94.8）
7	太平养老（91.1）	太保寿险（89.1）	中国人寿（95.0）	民生人寿（93.3）	人保寿险（92.2）	陆家嘴国泰（95.8）	阳光人寿（60.5）	弘康人寿（97.5）	太保寿险（88.9）	瑞华健康（94.6）
8	瑞华健康（90.7）	泰康养老（88.4）	中德安联（94.8）	横琴人寿（90.5）	百年人寿（91.6）	平安人寿（94.8）	友邦人寿（68.9）	阳光人寿（97.4）	新华人寿（87.6）	幸福人寿（94.5）
9	中德安联（89.3）	平安健康（86.9）	中英人寿（94.6）	弘康人寿（88.3）	交银康联（62.9）	友邦人寿（93.7）	人保寿险（59.6）	和泰人寿（97.3）	中意人寿（87.3）	大都会人寿（94.5）
10	泰康人寿（88.9）	太平人寿（86.9）	中华人寿（93.5）	瑞泰人寿（88.3）	信泰人寿（84.6）	中邮人寿（93.4）	中意人寿（54.5）	瑞泰人寿（97.2）	中英人寿（87.1）	陆家嘴国泰（94.1）

由表 3 - 5 可以看出，处于主对角线上的值均为 1，显然，各家人身险公司和自身的相似与贴近程度为 100%。盈利能力排名前十的人身险公司之间各项指标的相似度差别同比减小，介于 41%—96%，相似度的最低值同比有所上升，最高值同比有所降低。

表 3 - 5　　盈利能力排名前十的公司的模糊聚类等价分析矩阵

	平安人寿	阳光人寿	中国人寿	太保寿险	友邦人寿	新华人寿	泰康人寿	中英人寿	人保寿险	太平人寿
平安人寿	1.00	0.58	0.53	0.52	0.50	0.49	0.46	0.44	0.42	0.41
阳光人寿	0.58	1.00	0.89	0.88	0.88	0.87	0.67	0.85	0.73	0.83
中国人寿	0.53	0.89	1.00	0.96	0.85	0.95	0.65	0.85	0.71	0.83
太保寿险	0.52	0.88	0.96	1.00	0.86	0.96	0.65	0.84	0.71	0.82
友邦人寿	0.50	0.88	0.85	0.86	1.00	0.86	0.71	0.86	0.76	0.85
新华人寿	0.49	0.87	0.95	0.96	0.86	1.00	0.66	0.85	0.71	0.83
泰康人寿	0.46	0.67	0.65	0.65	0.71	0.66	1.00	0.81	0.81	0.84
中英人寿	0.44	0.85	0.85	0.84	0.86	0.85	0.81	1.00	0.77	0.93
人保寿险	0.42	0.73	0.71	0.71	0.76	0.71	0.81	0.77	1.00	0.79
太平人寿	0.41	0.83	0.83	0.82	0.85	0.83	0.84	0.93	0.79	1.00

盈利能力指标表现相似程度较高的是中国人寿、太保寿险和新华人寿，这三家公司之间的相似度达到了 96%，中英人寿和太平人寿的相似度为 93%，说明这几家公司的盈利能力和模式具有较高的相似性和对标性。

比较有特点的公司是平安人寿，它与其余 9 家排名进入前十的人身险公司的相似度介于 41%—58%，位于矩阵中的最低分数段，说明该公司与其他 9 家人身险公司的盈利能力对标性相对较弱。这是一个值得进一步关注和研究的现象。

从表 3 - 5 的数据来看，各家人身险公司的盈利能力和模式对标性差距同比减小，但仍然存在一定的差距，这也从另一个方面说明中国人身险公司的盈利能力和水平仍需进一步提高。在国际经济危机和国内经济结构调整的过程中，中国人身险公司如何提升自身的盈利能力，在市场中发现和挖掘盈利模式，仍然是中国人身险行业面临的一个严峻的问题。

二、2022 年人身险公司资本管理能力排名与分析

数据预处理后，我们根据 71 家人身险公司的 15 个二级指标数据，得到一个 71 × 15 的数据矩阵。运用主成分分析方法，我们选取了 9 个主成分，方差贡献解释率为 87.24%，每个主成分都是这 15 个二级指标的线性组合（见表 3 - 6）。

表3－6　　人身险公司资本管理能力排名与得分

公司名称	排名	得分（百分制）	公司名称	排名	得分（百分制）
鼎诚人寿	1	100.0	大都会人寿	37	73.9
财信吉祥人寿	2	95.9	复星联合健康	38	73.6
幸福人寿	3	92.0	太平人寿	39	73.1
华贵人寿	4	90.5	太保寿险	40	72.7
中华人寿	5	89.8	招商仁和	41	72.5
东吴人寿	6	89.7	恒安标准	42	71.3
信泰人寿	7	88.8	君龙人寿	43	71.3
百年人寿	8	87.9	中国人寿	44	71.3
渤海人寿	9	87.0	长生人寿	45	71.1
爱心人寿	10	86.8	信美人寿	46	71.0
中银三星	11	85.6	中德安联	47	70.6
太保安联健康	12	84.4	友邦人寿	48	70.2
国宝人寿	13	84.0	平安人寿	49	70.0
平安健康	14	82.9	中韩人寿	50	69.6
复星保德信	15	82.7	光大永明	51	69.5
北京人寿	16	81.7	汇丰人寿	52	69.5
和泰人寿	17	81.3	利安人寿	53	69.3
国联人寿	18	80.9	新华人寿	54	67.6
中邮人寿	19	80.0	招商信诺	55	67.4
长城人寿	20	79.1	建信人寿	56	66.3
平安养老	21	79.0	国富人寿	57	64.7
三峡人寿	22	78.9	人保健康	58	62.5
国华人寿	23	78.8	太平养老	59	61.4
中荷人寿	24	78.1	泰康养老	60	58.9
陆家嘴国泰	25	77.9	小康人寿	61	57.7
同方全球人寿	26	77.5	华泰人寿	62	56.1
瑞泰人寿	27	77.2	民生人寿	63	52.0
北大方正人寿	28	76.5	横琴人寿	64	51.0
海保人寿	29	76.5	弘康人寿	65	50.5
阳光人寿	30	76.2	农银人寿	66	50.0
德华安顾	31	76.1	中意人寿	67	49.8
英大人寿	32	75.7	中英人寿	68	49.5
中信保诚人寿	33	75.2	人保寿险	69	48.3
中宏人寿	34	75.0	交银康联	70	45.4
工银安盛	35	75.0	瑞华健康	71	40.0
泰康人寿	36	74.4			

由表3－6可以看出，2022年中国人身险市场中资本管理能力排名前三的保险公司依次是鼎诚人寿、财信吉祥人寿、幸福人寿，在百分制基准下，得分分别为100分、95.9分和92.0分。

在参评的71家人身险公司中，资本管理能力得分最高的是鼎诚人寿（100分），得分最低的是瑞华健康（40分），平均得分为72.8分，得分高于平均分的公司有39家，占比约为54.9%。得分在90分以上的公司有4家，得分在80—90分的公司有15家，得分在70—80分的公司有30家，得分在60—70分的公司有10家，得分在60分以下的公司有12家。

图3－3显示了资本管理能力排名前十的人身险公司得分情况，依次是鼎诚人寿、财信吉祥人寿、幸福人寿、华贵人寿、中华人寿、东吴人寿、信泰人寿、百年人寿、渤海人寿、爱心人寿。

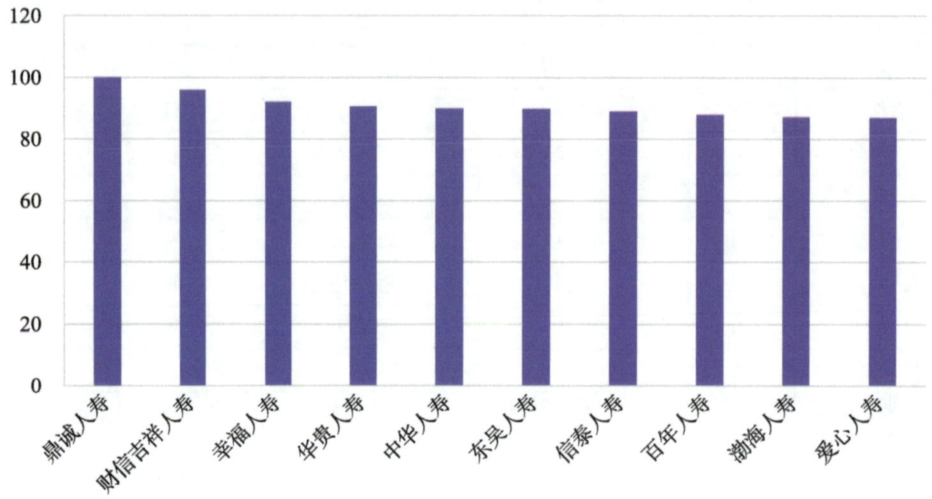

图3－3 资本管理能力排名前十的人身险公司得分情况

总体来看，资本管理能力排名前三的人身险公司优势比较明显，第1名鼎诚人寿的得分为100分；第2名财信吉祥人寿的得分为95.9；第3名幸福人寿的得分为92.0分；第4名（华贵人寿，90.5分）至第10名（爱心人寿，86.8分）分差并不显著。

（一）资本管理能力排名前十的人身险公司各项二级指标的排名与得分

表3－7列明了资本管理能力排名前十的人身险公司资本管理能力15项二级指标的具体得分和排名。

表 3－7　资本管理能力排名前十的人身险公司各项二级指标的排名与得分

公司名称	资本管理系数		认可资产负债率		资产认可率		资本利用率		资金成本率		认可资产增长率		所有者权益		准备金保费比率		资产杠杆系数		资本运用率		资本回报率		风险调整资本利润率		风险调整资本回报率		资本管理绩效增长率		可运用资金收益率	
	排名	得分	排名	得分	排名	得分	排名	得分	排名	得分	排名	得分	排名	得分	排名	得分	排名	得分	排名	得分	排名	得分	排名	得分	排名	得分	排名	得分	排名	得分
鼎诚人寿	1	100.0	8	93.1	1	100.0	5	73.8	69	41.4	2	100.0	68	40.2	58	45.8	61	40.6	4	99.9	39	83.3	68	71.0	69	98.8	12	76.8	59	49.6
财信吉祥人寿	1	100.0	27	86.3	15	80.7	51	54.0	1	100.0	18	67.9	36	42.0	50	48.2	1	100.0	29	69.3	15	91.7	26	72.0	30	99.8	8	80.1	21	81.3
幸福人寿	1	100.0	39	80.5	35	73.2	24	56.6	7	92.6	52	51.8	28	43.1	54	46.8	45	79.2	21	75.2	13	93.3	30	71.9	32	99.8	5	84.8	6	92.8
华贵人寿	1	100.0	5	93.7	58	63.1	3	89.5	26	70.9	7	91.9	69	40.2	37	58.7	67	40.0	35	61.6	43	79.9	65	71.2	55	99.6	60	65.0	65	42.4
中华人寿	1	100.0	7	93.2	52	67.4	26	56.3	18	76.3	6	93.4	46	41.1	46	50.0	39	86.2	26	71.3	34	84.0	51	71.7	52	99.6	49	66.9	30	74.9
东吴人寿	1	100.0	55	69.7	32	74.2	60	53.6	14	79.2	34	58.1	29	43.0	57	45.9	1	100.0	15	85.7	9	94.6	31	71.9	35	99.8	7	80.7	1	100.0
信泰人寿	1	100.0	22	88.4	31	74.3	2	94.3	10	86.4	16	68.8	49	40.8	14	79.9	62	40.0	47	49.3	61	57.6	34	71.9	44	99.7	44	67.7	41	70.0
百年人寿	1	100.0	12	90.8	6	88.2	1	100.0	8	88.8	32	58.2	67	40.3	10	90.9	63	40.0	58	45.0	68	45.5	48	71.8	43	99.7	63	64.6	36	72.9
渤海人寿	1	100.0	21	89.0	5	89.6	54	53.9	6	95.3	47	53.0	27	43.3	66	42.1	1	100.0	11	91.8	7	96.5	53	71.7	25	99.9	54	65.8	67	41.6
爱心人寿	1	100.0	10	91.9	55	64.8	7	67.9	28	70.4	5	93.6	65	40.4	43	52.0	68	40.0	24	74.3	56	65.1	56	71.6	65	99.3	30	70.8	68	41.5

鼎诚人寿的资本管理能力居第1名（100分），主要得益于其在资本管理系数（第1名，100分）、认可资产负债率（第8名，93.1分）、资产认可率（第1名，100分）、资本利用率（第5名，73.8分）、认可资产增长率（第2名，100分）、资本运用率（第4名，99.9分）方面的优异表现。该公司在资金成本率（第69名）、所有者权益（第69名）、风险调整资本利润率（第69名）方面还有很大的发展空间。

财信吉祥人寿的资本管理能力居第2名（96.4分），主要得益于其在资本管理系数（第1名，100分）、资产杠杆系数（第1名，100分）、资金成本率（第1名，100分）、资本管理绩效增长率（第8名，80.1分）方面的优异表现。该公司在资产认可率（第51名）、准备金保费比率（第50名）方面还有很大的发展空间。

幸福人寿的资本管理能力居第3名（96.3分），主要得益于其在资本管理系数（第1名，100分）、资金成本率（第7名，92.6分）、资本回报率（第13名，93.3分）、资本管理绩效增长率（第5名，84.8分）、可运用资金收益率（第6名，92.8分）的优异表现。该公司在所有者权益（第48名）、准备金保费比率（第54名）、认可资产增长率（第52名）方面还有很大发展空间。

整体来看，资本管理能力排名前十的公司在资本管理系数、认可资产负债率、资金成本率、认可资产增长率、资本运用率指标上的表现都比较优秀，大部分指标处于71家人身险公司的中上游水平。

在所有者权益、准备金保费比率、资产杠杆系数、风险调整资本利润率指标中，除个别公司以外，这10家公司排名普遍靠后，得分也普遍偏低。这10家人身险公司在这些指标方面仍有待提高。

（二）资本管理能力下各项二级指标排名与得分前十的人身险公司

表3-8列出了资本管理能力各项二级指标排名前十的人身险公司及其得分情况。

资本管理能力各项二级指标排名前十的人身险公司在资本管理系数和资产杠杆系数指标上的表现几乎没有明显差别，得分均为满分100分。参与评估的71家人身险公司中，资本管理系数指标得分为100分的人身险公司有66家，分别为中国人寿、太保寿险、平安人寿、泰康人寿、太平人寿、新华人寿等。资本管理系数的计算基于公司偿付能力充足率，这66家公司的资本管理系数得到100分，说明这些公司在资本管理上既满足了偿付能力充足率的要求，也充分利用了公司的资本，

表 3－8　资本管理能力下各项二级指标得分与排名前十的人身险公司

二级指标	资本管理系数	认可资产负债率	资产认可率	资本利用率	资金成本率	认可资产增长率	所有者权益	准备金保费比率	资产杠杆系数	资本运用率	资本回报率	风险调整资本利润率	风险调整资本回报率	资本管理绩效增长率	可运用资金收益率
	公司名称（得分）	公司名称（得分）	公司名称（得分）	公司名称（得分）	公司名称（得分）	公司名称（得分）	公司名称（得分）	公司名称（得分）	公司名称（得分）	公司名称（得分）	公司名称（得分）	公司名称（得分）	公司名称（得分）	公司名称（得分）	公司名称（得分）
1	中国人寿（100.0）	弘康人寿（100.0）	鼎诚人寿（100.0）	百年人寿（100.0）	财信吉祥人寿（100.0）	瑞华健康（100.0）	中国人寿（100.0）	太平人寿（100.0）	民生人寿（100.0）	德华安顾（100.0）	小康人寿（100.0）	招商信诺（100.0）	友邦人寿（100.0）	中银三星（100.0）	东吴人寿（100.0）
2	太保寿险（100.0）	汇丰人寿（98.0）	平安养老（93.9）	信泰人寿（94.3）	国华人寿（99.8）	鼎诚人寿（100.0）	平安人寿（100.0）	友邦人寿（99.9）	平安养老（100.0）	太保安联健康（100.0）	民生人寿（98.4）	平安健康（72.3）	中德安联（100.0）	小康人寿（99.2）	信美人寿（99.9）
3	平安人寿（100.0）	信美人寿（95.4）	太保安联健康（90.4）	华贵人寿（89.5）	长生人寿（99.6）	信美人寿（98.2）	太保寿险（90.2）	中信保诚人寿（99.7）	太平养老（100.0）	中韩人寿（100.0）	中德安联（98.2）	友邦人寿（72.2）	民生人寿（100.0）	同方全球人寿（92.6）	阳光人寿（99.1）
4	新华人寿（100.0）	中银三星（93.8）	民生人寿（89.9）	瑞华健康（79.4）	阳光人寿（97.2）	复星联合健康（94.0）	新华人寿（89.5）	招商信诺（99.5）	东吴人寿（100.0）	鼎诚人寿（99.9）	太保安联健康（97.5）	阳光人寿（72.1）	中信保诚人寿（100.0）	民生人寿（92.4）	德华安顾（94.9）
5	泰康人寿（100.0）	华贵人寿（93.7）	渤海人寿（89.6）	鼎诚人寿（73.8）	平安健康（96.5）	爱心人寿（93.6）	泰康人寿（78.1）	弘康人寿（99.1）	财信吉祥人寿（100.0）	小康人寿（99.8）	君龙人寿（97.1）	平安人寿（72.1）	平安人寿（100.0）	幸福人寿（84.8）	国宝人寿（94.4）
6	太平人寿（100.0）	德华安顾（93.4）	百年人寿（88.2）	国联人寿（68.4）	渤海人寿（95.3）	中华人寿（93.4）	太平人寿（71）	泰康人寿（94.7）	渤海人寿（100.0）	三峡人寿（97.6）	中韩人寿（96.7）	太平养老（72.1）	太保寿险（100.0）	中邮人寿（83.9）	幸福人寿（92.8）
7	建信人寿（100.0）	中华人寿（93.2）	泰康人寿（86.3）	爱心人寿（67.9）	幸福人寿（92.6）	华贵人寿（91.9）	人保寿险（62.5）	中宏人寿（94.3）	太保安联健康（100.0）	君龙人寿（95.9）	渤海人寿（96.5）	中德安联（72.1）	泰康人寿（99.9）	东吴人寿（80.7）	国华人寿（92.7）
8	光大永明（100.0）	鼎诚人寿（93.1）	弘康人寿（84.7）	中银三星（66.6）	百年人寿（88.8）	北京人寿（81.8）	阳光人寿（60.5）	平安人寿（92.9）	复星联合健康（100.0）	瑞泰人寿（95.4）	陆家嘴国泰（94.7）	中英人寿（72.1）	中国人寿（99.9）	财信吉祥人寿（80.1）	陆家嘴国泰（92.6）
9	平安养老（100.0）	中邮人寿（92.7）	中国人寿（83.1）	弘康人寿（66.3）	人保寿险（87.8）	国富人寿（80.2）	国华人寿（55.5）	中银三星（92.6）	海保人寿（100.0）	平安养老（93.6）	东吴人寿（94.6）	大都会人寿（72.1）	中宏人寿（99.9）	农银人寿（79.8）	中英人寿（91.2）
10	太平人寿（100.0）	爱心人寿（91.9）	人保寿险（72.3）	北大方正人寿（63.1）	信泰人寿（86.4）	中银三星（72.8）	中邮人寿（52.6）	百年人寿（90.9）	国富人寿（100.0）	海保人寿（92.1）	复星保德信（94.4）	中意人寿（72.1）	中意人寿（99.9）	中信保诚人寿（79.4）	横琴人寿（90.7）

没有对公司的资本资源造成浪费。

资产杠杆系数指标得分为100分的人身险公司有19家，分别为民生人寿、平安养老、太平养老、东吴人寿、财信吉祥人寿、渤海人寿、太保安联健康等。

资本管理系数和资产杠杆系数指标反映了公司财务状况的稳定性。上述结果表明，人身险公司在这两项指标上的差别并不明显，没有能力和水平上的差距。

在所有者权益和资本利用率指标中，第1名分别为中国人寿（100分）、平安人寿（100分）和百年人寿（100分），第2至10名在这两项指标中的得分分别介于52.6—100.0、63.1—94.3，说明它们在所有者权益和风险调整资本利润率方面差距明显。

（三）资本管理能力的模糊聚类等价分析

聚类分析是数理统计中的一种多元分析方法，它是用数学方法定量地确定研究对象的亲疏关系，从而客观地划分类型以及度量研究对象之间的相似程度。事物之间的界限，有些是确切的，有些则是模糊的。当聚类涉及事物之间的模糊界限时，需运用模糊聚类分析方法。

我们根据保险公司在这些指标上的得分，运用模糊聚类方法分析各公司之间的相似程度，为比较各公司的盈利能力提供一个新的方法和视角。同时，它体现的是一种“物以类聚、人以群分”的观念，实现的是对于公司资本管理能力结构的相似性分析，得分高低并不意味着资本管理能力水平的高低。

由表3－9可以看出，处于主对角线上的值都取1。显然，各家人身险公司和自身的相似与贴近程度为100%。各家人身险公司之间的相似度差别较大，最高能达到94%、最低仅为32%。

值得关注的是，在资本管理能力方面居第1名的中国人寿与其余9家人身险公司的相似度均不高，介于32%—45%，可见中国人寿与其他人身险公司之间的对标性一般。

表3－9　　资本管理能力排名前十的公司的模糊聚类等价分析矩阵

	鼎诚人寿	财信吉祥人寿	幸福人寿	华贵人寿	中华人寿	东吴人寿	信泰人寿	百年人寿	渤海人寿	爱心人寿
鼎诚人寿	1.00	0.47	0.45	0.40	0.39	0.38	0.35	0.34	0.33	0.32
财信吉祥人寿	0.47	1.00	0.94	0.75	0.84	0.88	0.65	0.72	0.87	0.73
幸福人寿	0.45	0.94	1.00	0.74	0.82	0.89	0.66	0.71	0.87	0.72

续表

	鼎诚人寿	财信吉祥人寿	幸福人寿	华贵人寿	中华人寿	东吴人寿	信泰人寿	百年人寿	渤海人寿	爱心人寿
华贵人寿	0.40	0.75	0.74	1.00	0.81	0.76	0.72	0.83	0.73	0.87
中华人寿	0.39	0.84	0.82	0.81	1.00	0.86	0.70	0.79	0.82	0.80
东吴人寿	0.38	0.88	0.89	0.76	0.86	1.00	0.69	0.74	0.87	0.75
信泰人寿	0.35	0.65	0.66	0.72	0.70	0.69	1.00	0.79	0.79	0.82
百年人寿	0.34	0.72	0.71	0.83	0.79	0.74	0.79	1.00	0.74	0.88
渤海人寿	0.33	0.87	0.87	0.73	0.82	0.87	0.79	0.74	1.00	0.75
爱心人寿	0.32	0.73	0.72	0.87	0.80	0.75	0.82	0.88	0.75	1.00

整体来看，除中国人寿外，资本管理能力排名前十的其余9家人身险公司之间的近似性与对标性都较高。其中，资本管理能力方面对标性最强的是财信吉祥人寿与幸福人寿，相似度达到94%。

三、2022年人身险公司经营能力排名与分析

数据预处理后，我们根据71家人身险公司的12个二级指标数据，得到一个71×12数据矩阵；根据主成分分析方法，选取了8个主成分，方差贡献解释率为89.06%，每个主成分都是这12个二级指标的线性组合（见表3-10）。

由表3-10可以看出，2022年中国人身险市场中经营能力排名前三的保险公司依次是中国人寿、平安人寿和太保寿险，在百分制基准下，得分分别为100分、97.9分和96.5分。

在参评的71家人身险公司中，经营能力得分最高的是中国人寿（100分），得分最低的是国宝人寿（40分），平均得分为69.1分，得分高于平均分的公司有32家，占比45.1%。得分在80分以上的公司有11家，得分在70—80分的公司有20家，得分在60—70分的公司有26家，得分在60分以下的公司有14家。

图3-4显示了经营能力排名前十的人身险公司得分情况，依次是中国人寿、平安人寿、太保寿险、新华人寿、太平人寿、泰康人寿、泰康养老、中意人寿、人保健康、友邦人寿。

由图3-4可以看出，中国人寿的经营能力居第1名（100分），并且优势明显。经营能力排名前十的人身险公司除友邦人寿、中意人寿外，均为中资保险公司。总体来看，中资人身险公司的经营能力相对较强。

表 3－10　　人身险公司经营能力排名与得分

公司名称	排名	得分（百分制）	公司名称	排名	得分（百分制）
中国人寿	1	100.0	交银康联	37	68.3
平安人寿	2	97.9	太保安联健康	38	68.0
太保寿险	3	96.5	国联人寿	39	67.9
新华人寿	4	93.8	光大永明	40	67.4
太平人寿	5	88.7	人保寿险	41	67.3
泰康人寿	6	84.8	民生人寿	42	66.3
泰康养老	7	84.5	阳光人寿	43	66.2
中意人寿	8	83.0	中华人寿	44	65.7
人保健康	9	82.3	信美人寿	45	65.4
友邦人寿	10	82.0	君龙人寿	46	65.0
小康人寿	11	81.9	汇丰人寿	47	64.6
复星联合健康	12	79.1	中韩人寿	48	64.6
招商信诺	13	78.7	英大人寿	49	64.5
华贵人寿	14	78.5	利安人寿	50	64.1
瑞华健康	15	78.4	华泰人寿	51	63.4
恒安标准	16	78.2	中信保诚人寿	52	62.8
太平养老	17	77.7	北京人寿	53	62.7
中德安联	18	77.6	幸福人寿	54	61.9
横琴人寿	19	77.6	北大方正人寿	55	61.9
农银人寿	20	77.5	东吴人寿	56	61.5
中邮人寿	21	77.3	招商仁和	57	61.3
鼎诚人寿	22	76.5	瑞泰人寿	58	58.6
平安健康	23	76.1	平安养老	59	58.2
中宏人寿	24	75.9	德华安顾	60	57.2
中银三星	25	73.9	长生人寿	61	56.3
信泰人寿	26	73.2	长城人寿	62	55.7
陆家嘴国泰	27	71.3	三峡人寿	63	53.8
中英人寿	28	71.3	财信吉祥人寿	64	52.6
百年人寿	29	70.9	国华人寿	65	51.9
同方全球人寿	30	70.9	弘康人寿	66	50.4
国富人寿	31	70.4	海保人寿	67	48.0
中荷人寿	32	69.5	渤海人寿	68	47.6
工银安盛	33	68.9	和泰人寿	69	43.5
爱心人寿	34	68.8	复星保德信	70	41.2
建信人寿	35	68.6	国宝人寿	71	40.0
大都会人寿	36	68.5			

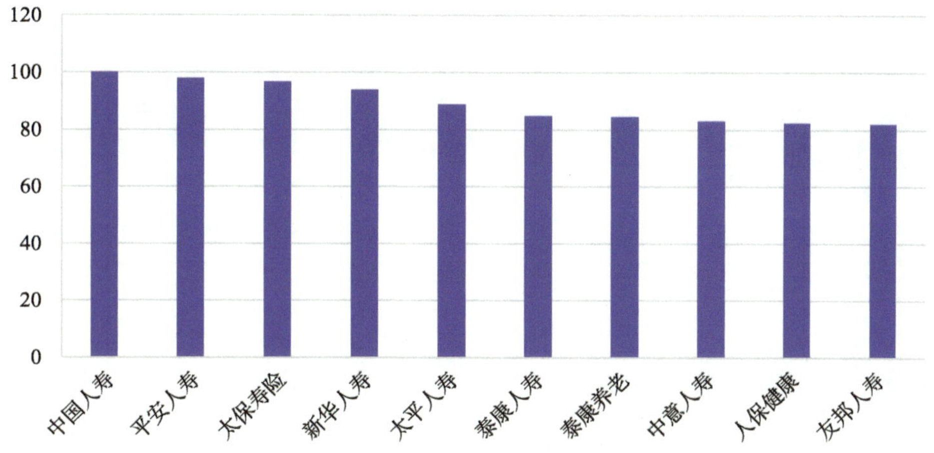

图3－4　经营能力排名前十的人身险公司得分情况

（一）经营能力排名前十的人身险公司各项二级指标的排名与得分

经营能力是反映保险公司竞争力的一项重要指标，表3－11具体分析了经营能力排名前十的人身险公司各项二级指标的表现情况，给出了经营能力体系下12个二级指标的得分和排名。其中的逆向指标已经过逆向化处理。

中国人寿在经营能力方面居第1名，主要原因在于其部分二级指标表现优异。其中，报告期营业收入指标居第1名，险种集中度系数指标中居第2名。但是，中国人寿在总资产周转率（第66名，44.8分）、综合赔付率（第70名，40.5分）指标上的表现较差，有待加强。

总资产周转率和净资产周转率是考察企业资产运营效率的重要指标，能够反映企业对其全部资产的管理质量及利用效率。中国人寿、平安人寿、太保寿险、新华人寿、太平人寿的总资产周转率分别居第66名、第67名、第64名、第60名、第56名。中国人寿在净资产周转率指标中的表现一般，仅居第56名，处于下游水平。在经营能力排名前十的人身险公司中，只有人保健康（第12名，80.4分）在净资产周转率指标的排名进入前20名，一定程度上说明这些公司需要提升资产经营能力。

从整体上看，经营能力排名前十的人身险公司在综合费用率、综合费用率的增长率、险种集中度系数、报告期营业收入、万人次投诉量和净利润赔付支出覆盖率等指标上的表现都较为良好。除个别公司外，几乎都处于参评的71家人身险公司的中上游水平，部分公司还进入了前十，说明这10家公司在业务拓展方面的表现都较为不错，从而取得了经营能力总体评价的高分。

但也应该看到，这10家公司在总资产周转率、净资产周转率、综合赔付率3项指标上表现平平，相当一部分人身险公司处于中下游水平。特别是综合赔付率和

表3－11　　经营能力排名前十的人身险公司各项二级指标的排名与得分

公司名称	净资产周转率		总资产周转率		综合费用率		综合赔付率		综合费用率的增长率		险种集中度系数		退保率		报告期营业收入		保险业务收入增长率		净利润赔付支出覆盖率		保费收入费用增长比		万人次投诉量	
	排名	得分	排名	得分	排名	得分	排名	得分	排名	得分	排名	得分	排名	得分	排名	得分	排名	得分	排名	得分	排名	得分	排名	得分
中国人寿	56	55.8	66	44.8	16	88.1	70	40.5	36	71.9	2	99.3	11	94.6	1	100.0	58	41.3	10	87.3	59	57.8	8	98.6
平安人寿	49	57.7	67	43.4	14	88.4	26	69.6	24	76.4	1	100.0	38	86.3	2	100.0	62	41.2	1	100.0	62	56.9	41	84.5
太保寿险	33	62.9	64	45.3	5	92.8	66	43.3	34	72.2	16	93.3	25	91.0	3	97.1	42	41.5	7	89.3	23	69.9	14	98.0
新华人寿	50	57.6	60	47.4	11	91.4	68	40.8	21	77.7	28	87.9	33	88.3	4	90.4	57	41.3	9	88.0	58	58.1	47	80.2
太平人寿	26	66.4	56	49.6	22	86.2	44	56.8	30	72.5	32	87.1	35	87.6	6	86.1	52	41.4	14	85.7	45	61.1	54	72.6
泰康人寿	36	62.2	62	45.7	25	84.8	27	69.1	27	74.6	39	84.0	21	92.3	5	88.7	51	41.4	6	91.0	42	62.1	31	89.7
泰康养老	24	67.2	20	68.4	32	78.5	65	44.3	52	66.8	12	94.5	5	96.9	21	46.1	24	41.8	13	86.1	2	99.9	2	99.9
中意人寿	43	60.8	51	51.3	15	88.3	59	46.5	33	72.2	19	92.4	17	93.3	22	46.0	44	41.5	11	87.0	8	89.4	33	89.3
人保健康	12	80.4	7	88.6	23	85.4	37	60.7	53	66.5	31	87.2	8	95.9	17	49.9	29	41.7	27	78.6	20	71.5	7	98.8
友邦人寿	35	62.6	42	54.6	38	73.4	25	73.0	35	72.0	6	97.2	7	96.6	12	55.3	32	41.7	3	97.2	1	100.0	19	96.6

总资产周转率指标，有 4 家公司处于参评的 71 家人身险公司的后十名。以上指标的表现在一定程度上说明这些公司的经营能力在某些方面（如产品结构、保单服务、费用管控等）仍存在短板。中国人身险公司可以有针对性地加以改进，以进一步提高综合经营能力。

（二）经营能力下各项二级指标排名与得分前十的人身险公司

表 3 – 12 列出了经营能力各项指标排名前十的人身险公司及其得分情况，从中可以对人身险公司经营能力的整体表现有一个基本的了解。其中的逆向指标已经过逆向化处理。

由表 3 – 12 可以看出，各家人身险公司在经营能力各项二级指标上的表现存在一定差距。净资产周转率和总资产周转率反映了公司资产的管理质量和利用效率，在这两项指标下，瑞华健康、鼎诚人寿、国联人寿表现优异，均入围了前十。

在综合费用率的增长率指标下，排名前十的人身险公司之间差距较小，整体表现较好。经营能力排名前十的人身险公司之间差距较小的二级指标还有净利润赔付支出覆盖率和险种集中度系数，这两项指标上第 1 名与第 10 名的分差均在 15 分以内。

险种集中度系数反映了公司保费收入来源的产品险种的集中程度，能够反映公司产品开发及市场拓展的能力。由于此项指标已经过逆向化处理，因此指标得分越高，表明公司的保费收入越分散。此项指标排名前三的人身险公司分别为平安人寿（100 分）、中国人寿（99.3 分）和民生人寿（99.2 分）。

退保率指标能够较为全面地反映公司的经营能力和应对退保的风险准备能力。此指标已经过逆向化处理，即得分越高的保险公司退保率越低，说明公司的风险管理能力较强，且业务经营较为稳定。此项指标排名前三的人身险公司分别为太保安联健康（100 分）、平安养老（99.8 分）和小康人寿（99.7 分）。

综合赔付率与人身险公司的产品特点和服务管理水平相关。指标已经过逆向化处理，即指标排名越高，说明公司赔付率水平越低。该指标排名前三的人身险公司分别为德华安顾（100 分）、国华人寿（99.9 分）和财信吉祥人寿（99.9 分）。

此外，报告期营业收入指标排名前十的人身险公司得分差距较大。报告期营业收入排名前三位的人身险公司分别为中国人寿（100 分）、平安人寿（100 分）和太保寿险（97.1 分）。

（三）经营能力的模糊聚类等价分析

本部分根据人身险公司在经营能力指标上的得分，运用模糊聚类方法分析各公

表 3－12　　经营能力下各项二级指标得分与排名前十的人身险公司

二级指标	净资产周转率	总资产周转率	综合费用率	综合赔付率	综合费用率的增长率	险种集中度系数	退保率	报告期营业收入	保险业务收入增长率	净利润赔付支出覆盖率	保费收入费用增长比	万人次投诉量
	公司名称（得分）	公司名称（得分）	公司名称（得分）	公司名称（得分）	公司名称（得分）	公司名称（得分）	公司名称（得分）	公司名称（得分）	公司名称（得分）	公司名称（得分）	公司名称（得分）	公司名称（得分）
1	瑞华健康（100.0）	瑞华健康（100.0）	华贵人寿（100.0）	德华安顾（100.0）	德华安顾（100.0）	平安人寿（100.0）	太保安联健康（100.0）	中国人寿（100.0）	小康人寿（100.0）	平安人寿（100.0）	友邦人寿（100.0）	汇丰人寿（100.0）
2	百年人寿（100.0）	小康人寿（99.7）	工银安盛（94.5）	国华人寿（99.9）	小康人寿（99.4）	中国人寿（99.3）	平安养老（99.8）	平安人寿（100.0）	君龙人寿（45.5）	阳光人寿（97.7）	泰康养老（99.9）	泰康养老（99.9）
3	信泰人寿（99.9）	平安健康（98.5）	交银康联（94.5）	财信吉祥人寿（99.9）	爱心人寿（99.2）	民生人寿（99.2）	小康人寿（99.7）	太保寿险（97.1）	国联人寿（43.4）	友邦人寿（97.2）	平安健康（99.7）	海保人寿（99.9）
4	中银三星（94.2）	太保安联健康（95.6）	农银人寿（93.5）	长生人寿（99.0）	华贵人寿（99.0）	中华人寿（98.9）	平安健康（99.5）	新华人寿（90.4）	瑞华健康（43.3）	中英人寿（92.6）	交银康联（97.5）	平安养老（99.8）
5	弘康人寿（93.7）	鼎诚人寿（93.3）	太保寿险（92.8）	太保安联健康（98.3）	中华人寿（95.8）	中宏人寿（98.7）	泰康养老（96.9）	泰康人寿（88.7）	和泰人寿（43.0）	平安健康（92.0）	中韩人寿（94.9）	国宝人寿（99.2）
6	鼎诚人寿（93.7）	国联人寿（88.8）	小康人寿（92.7）	平安健康（98.1）	复星联合健康（92.7）	友邦人寿（97.2）	太平养老（96.9）	太平人寿（86.1）	华贵人寿（42.9）	泰康人寿（91.0）	中德安联（94.6）	财信吉祥人寿（99.2）
7	国联人寿（92.5）	人保健康（88.6）	渤海人寿（92.5）	信美人寿（95.7）	信美人寿（90.6）	陆家嘴国泰（97.0）	友邦人寿（96.6）	人保寿险（71.9）	汇丰人寿（42.8）	太保寿险（89.3）	招商信诺（92.1）	人保健康（98.8）
8	爱心人寿（91.7）	复星联合健康（88.3）	国华人寿（92.3）	和泰人寿（95.4）	瑞华健康（88.0）	平安养老（96.9）	人保健康（95.9）	中邮人寿（70.5）	幸福人寿（42.8）	中德安联（88.2）	中意人寿（89.4）	中国人寿（98.6）
9	华贵人寿（89.1）	太平养老（87.1）	建信人寿（92.2）	阳光人寿（94.7）	横琴人寿（87.9）	太保安联健康（96.4）	北京人寿（95.9）	阳光人寿（64.7）	瑞泰人寿（42.6）	新华人寿（88.0）	恒安标准（89.0）	太保安联健康（98.4）
10	横琴人寿（86.7）	长生人寿（77.6）	百年人寿（91.7）	中华人寿（92.0）	鼎诚人寿（85.7）	交银康联（96.0）	汇丰人寿（95.7）	百年人寿（56.7）	中韩人寿（42.5）	中国人寿（87.3）	瑞华健康（85.9）	东吴人寿（98.3）

司之间的相似程度，为比较各公司的盈利能力提供一个新的方法和视角。模糊聚类方法体现的是一种“物以类聚、人以群分”的观念，是对于公司经营能力结构的相似性分析。矩阵中的取值评价的是公司之间经营能力结构的相似性，是对保险公司经营能力的一种分类，是满足自反性、对称性和传递性的等价分类。

由表3－13可以看出，处于主对角线上的值均为1。显然，各家人身险公司和自身的相似与贴近程度为100%。在此模糊聚类等价矩阵中，相似度最高为95%、最低为40%，差别较大，表明各家人身险公司经营能力的对标性差别很大。

表3－13　　经营能力排名前十的公司的模糊聚类等价分析矩阵

	中国人寿	平安人寿	太保寿险	新华人寿	太平人寿	泰康人寿	泰康养老	中意人寿	人保健康	友邦人寿
中国人寿	1.00	0.61	0.58	0.57	0.54	0.53	0.44	0.42	0.40	0.40
平安人寿	0.61	1.00	0.93	0.93	0.88	0.90	0.59	0.83	0.70	0.78
太保寿险	0.58	0.93	1.00	0.95	0.89	0.94	0.58	0.83	0.69	0.77
新华人寿	0.57	0.93	0.95	1.00	0.89	0.93	0.59	0.83	0.70	0.78
太平人寿	0.54	0.88	0.89	0.89	1.00	0.91	0.62	0.86	0.73	0.80
泰康人寿	0.53	0.90	0.94	0.93	0.91	1.00	0.59	0.84	0.71	0.79
泰康养老	0.44	0.59	0.58	0.59	0.62	0.59	1.00	0.77	0.78	0.80
中意人寿	0.42	0.83	0.83	0.83	0.86	0.84	0.77	1.00	0.76	0.88
人保健康	0.40	0.70	0.69	0.70	0.73	0.71	0.78	0.76	1.00	0.82
友邦人寿	0.40	0.78	0.77	0.78	0.80	0.79	0.80	0.88	0.82	1.00

中国人寿与其余9家公司的相似度为40%—61%，处于矩阵中较低的分值范围，说明该公司的经营能力和经营模式与其他9家公司不具有对标性，具有进一步分析讨论的价值。

在此矩阵中，相似度最高的两组是太保寿险与新华人寿（95%）、太保寿险与泰康人寿（94%），说明这几家公司在经营能力各项指标上具有很高的对标性。

整体而言，经营能力排名前十的人身险公司中，除中国人寿之外，其余9家公司的相似性与对标性均较高，表明经营能力排名前十的公司之间对标性很强，经营能力和水平也较为相似。

四、2022年人身险公司风险管理能力排名与分析

数据预处理后，我们根据71家人身险公司的11个二级指标数据，得到一个71×11的数据矩阵。运用主成分分析方法，我们共选取了7个主成分，方差贡献解释率为87.39%，每个主成分都是这11个二级指标的线性组合（见表3－14）。

表 3－14　　人身险公司风险管理能力排名与得分

公司名称	排名	得分（百分制）	公司名称	排名	得分（百分制）
小康人寿	1	100.0	渤海人寿	37	70.4
平安健康	2	94.9	阳光人寿	38	70.2
太平养老	3	90.9	长生人寿	39	69.8
信美人寿	4	89.1	中邮人寿	40	69.7
太保安联健康	5	88.6	华泰人寿	41	69.3
东吴人寿	6	88.3	中银三星	42	68.1
平安养老	7	88.2	英大人寿	43	67.8
中荷人寿	8	86.7	长城人寿	44	67.6
国富人寿	9	86.4	新华人寿	45	67.5
复星联合健康	10	84.4	国宝人寿	46	67.0
泰康养老	11	84.2	光大永明	47	66.9
中华人寿	12	83.5	泰康人寿	48	66.4
瑞泰人寿	13	83.3	德华安顾	49	65.7
海保人寿	14	82.8	招商仁和	50	65.4
中英人寿	15	82.5	太保寿险	51	65.4
中宏人寿	16	82.3	太平人寿	52	64.4
友邦人寿	17	81.8	汇丰人寿	53	64.1
君龙人寿	18	79.0	北大方正人寿	54	63.6
爱心人寿	19	79.0	国联人寿	55	63.2
恒安标准	20	78.6	瑞华健康	56	62.9
大都会人寿	21	78.3	工银安盛	57	62.3
陆家嘴国泰	22	77.4	利安人寿	58	61.8
同方全球人寿	23	77.2	华贵人寿	59	61.7
北京人寿	24	76.2	三峡人寿	60	61.6
民生人寿	25	76.0	平安人寿	61	61.5
国华人寿	26	75.3	中国人寿	62	61.0
人保健康	27	74.9	中德安联	63	58.6
农银人寿	28	72.9	鼎诚人寿	64	56.5
建信人寿	29	72.7	中意人寿	65	55.0
幸福人寿	30	72.3	和泰人寿	66	53.8
中韩人寿	31	72.0	信泰人寿	67	50.4
财信吉祥人寿	32	71.4	中信保诚人寿	68	48.4
复星保德信	33	71.3	横琴人寿	69	46.5
交银康联	34	70.8	弘康人寿	70	43.4
招商信诺	35	70.7	百年人寿	71	40.0
人保寿险	36	70.6			

由表 3－14 可以看出，2022 年中国人身险市场中风险管理能力排名前三的保险公司依次是小康人寿、平安健康、太平养老，在百分制基准下，得分分别为 100

分、94.9 分和 90.9 分。

在参评的 71 家人身险公司中，风险管理能力得分最高的是小康人寿（100 分），得分最低的是中韩人寿（40 分），平均得分为 71.2 分，得分高于平均分的公司有 33 家，占比约为 46.5%。得分在 80 分以上的公司有 17 家，得分在 70—80 分的公司有 21 家，得分在 60—70 分的公司有 24 家，得分在 60 分以下的公司有 9 家。

图 3－5 显示了风险管理能力排名前十的人身险公司得分情况，依次是小康人寿、平安健康、太平养老、信美人寿、太保安联健康、东吴人寿、平安养老、中荷人寿、国富人寿、复星联合健康。

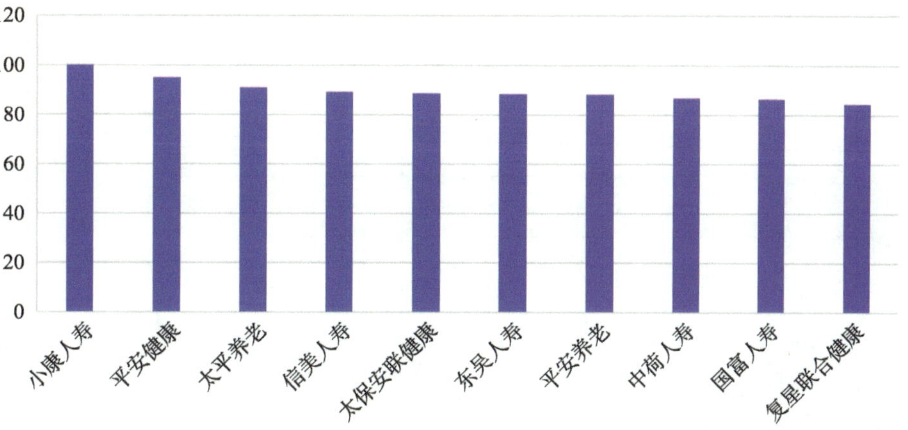

图 3－5　风险管理能力排名前十的人身险公司得分情况

由图 3－5 可以看出，风险管理能力排名前十的人身险公司的得分总体呈逐一下降趋势，但整体差距并不明显。

（一）风险管理能力排名前十的人身险公司各项二级指标的排名与得分

由表 3－15 可以看出，小康人寿在风险管理能力指标上居第 1 名，主要是由于其各项二级指标的优异表现。小康人寿的偿付能力充足率、流动性比率和准备金安全率均居第 1 名，得分为 100 分，并且还有其他 3 项二级指标排名进入前 20 名。总体来看，小康人寿具备较强的风险管理能力。

平安健康在风险管理能力指标上居第 2 名，其在流动性比率、自留保费占净资产的比率、准备金安全率和保险负债占总资产比指标上表现出色，但在现金盈余保障倍数和收现比两项指标上的表现劣势明显。

总体来看，风险管理能力排名前十的人身险公司在流动性比率、准备金安全率、保险负债占总资产比、付现比、资金杠杆率 5 项指标上表现较为良好，它们中

表 3－15　　风险管理能力排名前十的人身险公司各项二级指标的排名与得分

公司名称	偿付能力充足率		流动性比率		自留保费率		自留保费占净资产的比率		自留保费增长率		准备金安全率		保险负债占总资产比		现金盈余保障倍数		收现比		付现比		资产杠杆率	
	排名	得分	排名	得分	排名	得分	排名	得分	排名	得分	排名	得分	排名	得分	排名	得分	排名	得分	排名	得分	排名	得分
小康人寿	1	100.0	1	100.0	68	55.1	63	55.2	71	40.0	1	100.0	9	97.1	9	56.1	23	50.1	51	90.3	3	87.5
平安健康	25	52.1	5	94.7	14	75.4	26	65.8	33	80.0	5	92.8	5	99.4	54	42.6	65	41.8	11	98.5	5	87.3
太平养老	12	59.6	10	91.6	18	72.1	40	61.1	45	79.9	9	76.5	6	98.5	36	43.4	57	42.4	14	98.2	10	86.3
信美人寿	38	47.6	71	40.0	1	100.0	22	69.1	63	79.1	16	65.3	69	42.3	2	99.8	61	42.1	9	98.8	58	80.6
太保安联健康	65	42.3	41	63.3	24	64.0	42	61.0	14	80.2	4	98.1	4	99.7	70	41.2	71	40.0	2	99.9	2	87.5
东吴人寿	15	57.7	22	81.0	59	56.3	58	55.9	54	79.7	6	81.0	28	70.8	11	54.6	41	45.3	33	95.1	7	86.6
平安养老	27	50.4	30	73.4	70	51.6	65	54.1	57	79.5	2	100.0	8	97.2	67	42.0	31	47.4	34	94.8	6	87.3
中荷人寿	37	48.0	6	94.4	43	58.5	29	64.5	30	80.0	46	51.1	49	54.0	3	93.8	50	43.5	22	97.2	29	84.7
国富人寿	5	67.3	18	82.2	7	96.6	57	56.4	59	79.4	10	76.3	18	79.3	49	42.8	10	62.3	62	78.3	13	86.1
复星联合健康	58	44.9	26	78.3	8	92.5	23	68.8	22	80.1	17	64.3	22	76.3	24	45.8	70	41.1	4	99.5	20	85.5

的大多数处于参评的71家公司的中上游水平。说明绝大多数人身险公司都具有稳健经营的能力。

风险管理能力排名前十的人身险公司在现金盈余保障倍数指标上的表现则呈现出较为明显的两极分化。现金盈余保障倍数指标得分最高为信美人寿（第2名，99.8分），最低为太保安联健康（第70名，41.2分）。

此外，在自留保费率、偿付能力充足率等指标上，各公司表现分化也较为明显，分布在总体中的各个水平。

风险管理能力的二级指标得分分化较为明显，在一定程度上说明了各家人身险公司在风险管理意识及具体的风险管理控制策略选择上存在较大差异。

（二）风险管理能力下各项二级指标排名与得分前十的人身险公司

表3－16列出了风险管理能力各项二级指标排名前十的人身险公司及其得分情况，反映了2022年中国人身险公司风险管理能力的整体状况。

流动性比率是衡量公司财务安全状况和短期偿债能力的重要指标。在参评的71家人身险公司中，流动性比率得分较高的是小康人寿（100分）、三峡人寿（96.5分）和中英人寿（95.7分）。可以看出，各家人身险公司在流动性比率指标上的得分差距不大。流动性比率排名前十的人身险公司的指标数据在整体上较2021年差距显著缩小，流动性比率指标得分均在90分以上。

在偿付能力充足率排名前十的人身险公司中，小康人寿第1名（100分）、友邦人寿第2名（83.1分）、大都会人寿第3名（75.9分），差距较2021年增大。同时，其他参评公司的准备金安全状况不佳，第4名至第10名在偿付能力充足率指标中的分数为60.2—67.4分。这说明除少数公司外，很多人身险公司的偿付能力仍有所欠缺。

风险管理能力排名前十的人身险公司分差较大的二级指标有收现比、现金盈余保障倍数。这在一定程度上再次印证了各家人身险公司的风险管理能力和风险管理策略存在较大不同。

（三）风险管理能力的模糊聚类等价分析

本部分根据人身险公司风险管理能力各项二级指标上的得分，运用模糊聚类方法分析各家人身险公司的相似程度，为比较各家公司的风险管理能力提供了一个新的方法和视角。同时，模糊聚类分析是一种基于“物以类聚、人以群分”的观念进行各公司之间经营结构上相似程度的比较分析，不是优劣评价。

表 3－16　风险管理能力下各项二级指标得分与排名前十的人身险公司

二级指标	偿付能力充足率	流动性比率	自留保费率	自留保费占净资产的比率	自留保费增长率	准备金安全率	保险负债占总资产比	现金盈余保障倍数	收现比	付现比	资产杠杆率
	公司名称（得分）	公司名称（得分）	公司名称（得分）	公司名称（得分）	公司名称（得分）	公司名称（得分）	公司名称（得分）	公司名称（得分）	公司名称（得分）	公司名称（得分）	公司名称（得分）
1	小康人寿（100.0）	小康人寿（100.0）	信美人寿（100.0）	瑞华健康（100.0）	德华安顾（100.0）	小康人寿（100.0）	弘康人寿（100.0）	中银三星（100.0）	三峡人寿（100.0）	德华安顾（100.0）	德华安顾（100.0）
2	友邦人寿（83.1）	三峡人寿（96.5）	国宝人寿（100.0）	百年人寿（99.9）	国宝人寿（81.5）	平安养老（100.0）	德华安顾（99.9）	信美人寿（99.8）	百年人寿（100.0）	太保安联健康（99.9）	太保安联健康（87.5）
3	大都会人寿（75.9）	中英人寿（95.7）	华贵人寿（99.8）	信泰人寿（99.8）	弘康人寿（81.2）	爱心人寿（98.8）	中华人寿（99.9）	中荷人寿（93.8）	中信保诚人寿（95.5）	招商仁和（99.6）	小康人寿（87.5）
4	民生人寿（67.4）	泰康养老（95.6）	中华人寿（99.5）	鼎诚人寿（95.1）	和泰人寿（81.1）	太保安联健康（98.1）	太保安联健康（99.7）	瑞泰人寿（79.3）	弘康人寿（95.3）	复星联合健康（99.5）	中韩人寿（87.4）
5	国富人寿（67.3）	平安健康（94.7）	三峡人寿（99.1）	中银三星（93.4）	三峡人寿（80.9）	平安健康（92.8）	平安健康（99.4）	农银人寿（61.4）	中意人寿（91.3）	瑞华健康（99.3）	平安健康（87.3）
6	君龙人寿（64.8）	中荷人寿（94.4）	爱心人寿（99.0）	爱心人寿（93.2）	复星保德信（80.6）	东吴人寿（81.0）	太平养老（98.5）	中邮人寿（59.2）	横琴人寿（86.4）	大都会人寿（99.2）	平安养老（87.3）
7	中英人寿（62.7）	信泰人寿（93.7）	国富人寿（96.6）	国联人寿（91.9）	百年人寿（80.3）	中韩人寿（80.8）	中信保诚人寿（97.6）	信泰人寿（58.3）	和泰人寿（83.3）	友邦人寿（98.9）	东吴人寿（86.6）
8	中国人寿（60.6）	财信吉祥人寿（92.8）	复星联合健康（92.5）	华贵人寿（90.1）	海保人寿（80.3）	海保人寿（79.1）	平安养老（97.2）	同方全球人寿（56.8）	国宝人寿（70.9）	农银人寿（98.8）	海保人寿（86.5）
9	中信保诚人寿（60.4）	中意人寿（92.6）	泰康养老（90.8）	弘康人寿（89.8）	泰康养老（80.2）	太平养老（76.5）	小康人寿（97.1）	小康人寿（56.1）	中德安联（68.9）	信美人寿（98.8）	陆家嘴国泰（86.4）
10	泰康人寿（60.2）	太平养老（91.6）	人保健康（82.4）	横琴人寿（84.4）	人保寿险（80.2）	国富人寿（76.3）	瑞泰人寿（92.7）	长城人寿（55.8）	国富人寿（62.3）	太平人寿（98.7）	太平养老（86.3）

表3－17的模糊聚类等价矩阵是对风险管理能力排名前十的人身险公司的一个等价分类，满足自反性、对称性与传递性。

表3－17 风险管理能力排名前十的公司的模糊聚类等价矩阵

	小康人寿	平安健康	太平养老	信美人寿	太保安联健康	东吴人寿	平安养老	中荷人寿	国富人寿	复星联合健康
小康人寿	1.00	0.50	0.50	0.47	0.45	0.45	0.42	0.40	0.40	0.39
平安健康	0.50	1.00	0.99	0.82	0.93	0.92	0.72	0.79	0.79	0.83
太平养老	0.50	0.99	1.00	0.82	0.94	0.93	0.72	0.79	0.79	0.83
信美人寿	0.47	0.82	0.82	1.00	0.83	0.83	0.75	0.88	0.89	0.85
太保安联健康	0.45	0.93	0.94	0.83	1.00	0.96	0.73	0.81	0.81	0.85
东吴人寿	0.45	0.92	0.93	0.83	0.96	1.00	0.72	0.82	0.81	0.85
平安养老	0.42	0.72	0.72	0.75	0.73	0.72	1.00	0.83	0.85	0.87
中荷人寿	0.40	0.79	0.79	0.88	0.81	0.82	0.83	1.00	0.94	0.91
国富人寿	0.40	0.79	0.79	0.89	0.81	0.81	0.85	0.94	1.00	0.90
复星联合健康	0.39	0.83	0.83	0.85	0.85	0.85	0.87	0.91	0.90	1.00

由表3－17可以看出，处于主对角线上的值均为1。显然，各家人身险公司和自身的相似与贴近程度为100%。除了主对角线上的元素外，此等价矩阵的取值介于0.39—0.99，说明这10家公司的风险管理能力和水平具有较大的差异性。主要原因是：第一，外资公司与中资公司的风险管理能力和理念差别较大；第二，中资公司之间以及外资公司之间的再保能力和风险管理能力水平差别很大。因此，保险公司之间风险管理能力的对标性较差。

在此矩阵中，平安养老和太平养老的相似程度最高，为99%，说明这两家公司的风险管理能力具有一定的对标性。

风险管理能力排第1名的小康人寿与排第10名的复星联合健康之间的相似度为39%。

小康人寿与其他9家公司的相似度均在39%—50%，是矩阵中较低的分值范围，说明小康人寿的风险管理业务结构和管理模式与其他9家排名进入前十的人身险公司不具有对标性，相似程度较低。

此外，各家保险公司的风险管理能力和水平等差别很大，这有多方面的原因，也是中资保险公司需要多加注意和学习的地方。

五、2022年人身险公司发展潜力排名与分析

数据预处理后，我们根据71家人身险公司的11个二级指标数据，得到一个

71×11 的数据矩阵。运用主成分分析方法，我们共选取了 6 个主成分，方差贡献解释率为 87.29%，每个主成分都是这 11 个二级指标的线性组合（见表 3－18）。

表 3－18　　人身险公司发展潜力排名与得分

公司名称	排名	得分（百分制）	公司名称	排名	得分（百分制）
太保寿险	1	100.0	中英人寿	37	73.5
中国人寿	2	99.7	中意人寿	38	73.4
泰康人寿	3	97.0	信美人寿	39	73.3
新华人寿	4	96.5	中韩人寿	40	73.2
小康人寿	5	96.0	中华人寿	41	72.6
阳光人寿	6	94.8	华泰人寿	42	72.6
平安人寿	7	93.6	中荷人寿	43	71.5
太平人寿	8	91.3	英大人寿	44	70.4
中信保诚人寿	9	85.5	同方全球人寿	45	69.6
泰康养老	10	85.0	民生人寿	46	69.3
人保健康	11	84.4	陆家嘴国泰	47	67.7
友邦人寿	12	83.7	恒安标准	48	67.1
太平养老	13	83.6	太保安联健康	49	67.1
国华人寿	14	83.6	招商仁和	50	66.1
农银人寿	15	83.3	长城人寿	51	65.7
平安养老	16	81.9	财信吉祥人寿	52	64.7
招商信诺	17	81.0	利安人寿	53	63.7
交银康联	18	80.8	国富人寿	54	63.3
人保寿险	19	79.8	北京人寿	55	62.8
平安健康	20	79.7	百年人寿	56	61.2
建信人寿	21	79.1	华贵人寿	57	60.7
中邮人寿	22	78.8	瑞泰人寿	58	60.2
幸福人寿	23	78.2	北大方正人寿	59	59.7
中银三星	24	78.0	和泰人寿	60	59.6
工银安盛	25	77.9	渤海人寿	61	59.6
国联人寿	26	77.8	君龙人寿	62	58.2
大都会人寿	27	77.6	弘康人寿	63	57.4
横琴人寿	28	75.7	东吴人寿	64	55.2
信泰人寿	29	75.7	复星保德信	65	54.9
瑞华健康	30	75.6	长生人寿	66	54.3
中宏人寿	31	75.5	鼎诚人寿	67	51.8
光大永明	32	75.4	国宝人寿	68	48.6
爱心人寿	33	74.8	海保人寿	69	48.5
汇丰人寿	34	74.8	三峡人寿	70	46.8
中德安联	35	74.5	德华安顾	71	40.0
复星联合健康	36	74.1			

由表3－18可以看出，2022年中国人身险市场中发展潜力排名前三的保险公司依次是太保寿险、中国人寿、泰康人寿，在百分制基准下，得分分别为100分、99.7分和97.0分。

在参评的71家人身险公司中，发展潜力得分最高的是太保寿险（100分），得分最低的是德华安顾（40分），平均得分为72.8分，得分高于平均分的公司有40家，占比约为56.3%。得分在80分以上的公司有18家，得分在70—80分的公司有26家，得分在60—70分的公司有14家，得分在60分以下的公司有13家。

图3－6显示了发展潜力排名前十的人身险公司得分情况，依次是太保寿险、中国人寿、泰康人寿、新华人寿、小康人寿、阳光人寿、平安人寿、太平人寿、中信保诚人寿、泰康养老。

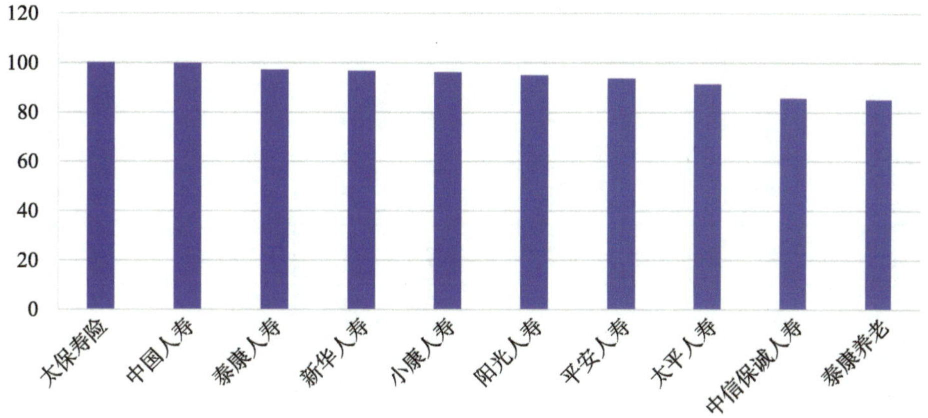

图3－6　发展潜力排名前十的人身险公司得分情况

总体来看，发展潜力排名前十的人身险公司中，第1名至第5名占有比较明显的优势，分数为96—100分，相差4分，这5家公司的平均分差为0.8分，较不明显。观察其余人身险公司发展潜力情况，可以发现得分表现出了比较明显的下降趋势，第6名至第10名分数为85—94.8分。

（一）发展潜力排名前十的人身险公司各项二级指标的排名与得分

由表3－19可以看出，太保寿险的发展潜力居第1名，反映了该公司较为良好的发展前景。太保寿险在发展潜力上的优异表现，得益于其在综合收益增长率（第8名，97.8分）、市场拓展能力（第3名，98.2分）、分支机构数目（第5名，99分）、SARMRA得分（第8名，94.7分）4项二级指标上的优异表现。太保寿险在发展系数（第47名，41.5分）、总资产增长率（第49名，59.3分）方面还具有一定的发展空间。

表 3-19　　发展潜力排名前十的人身险公司各项二级指标的表现

公司名称	发展系数		综合收益增长率		总资产增长率		净资产增长率		市场拓展能力		人均产能		分支机构数目		万张保单投诉量		应收保费周转率		保险业务收入增长率		SARMRA得分	
	排名	得分	排名	得分	排名	得分	排名	得分	排名	得分	排名	得分	排名	得分	排名	得分	排名	得分	排名	得分	排名	得分
太保寿险	47	41.5	8	97.8	49	59.3	14	80.7	3	98.2	31	56.7	5	99.0	11	94.9	40	60.0	42	41.5	8	94.7
中国人寿	59	41.3	3	98.3	60	55.8	28	74.5	4	95.5	38	53.9	2	99.5	5	97.6	55	59.8	58	41.3	3	98.7
泰康人寿	41	41.5	12	97.6	65	51.9	29	72.4	1	100.0	34	55.7	3	99.5	17	93.2	46	59.9	51	41.4	5	97.6
新华人寿	58	41.3	15	97.4	55	57.3	21	76.7	2	100.0	33	56.2	7	99.0	37	79.1	54	59.8	57	41.3	19	89.0
小康人寿	1	100.0	69	58.4	1	100.0	33	71.7	61	42.2	3	98.7	71	40.0	1	100.0	1	100.0	1	100.0	57	55.0
阳光人寿	36	41.7	13	97.6	54	57.7	22	76.6	30	50.5	24	59.1	11	98.4	30	84.9	34	60.1	34	41.7	17	89.3
平安人寿	63	41.2	2	98.9	50	58.9	18	79.1	8	79.9	19	66.5	6	99.0	53	66.7	61	59.8	62	41.2	2	99.8
太平人寿	53	41.4	1	100.0	66	50.1	20	76.9	5	85.6	41	53.6	8	99.0	34	80.6	49	59.9	52	41.4	6	95.4
中信保诚人寿	27	41.8	20	96.8	34	64.6	32	72.1	7	80.5	50	50.9	21	79.1	33	80.7	24	60.2	25	41.8	1	100.0
泰康养老	26	41.8	48	91.5	16	73.7	38	69.2	25	52.6	5	93.1	10	99.0	13	94.8	63	59.8	24	41.8	23	85.5

中国人寿的发展潜力居第 2 名，主要由于该公司综合收益增长率（第 3 名，98.3 分）、市场拓展能力（第 4 名，95.5 分）、分支机构数目（第 2 名，99.5 分）、万张保单投诉量（第 5 名，97.6 分），以及 SARMRA 得分（第 3 名，98.7 分）等指标都有不错的表现。但是，其在发展系数（第 59 名，41.3 分）、总资产增长率（第 60 名，55.8 分）和保险业务收入增长率（第 58 名，41.3 分）指标中表现较弱。

泰康人寿的发展潜力居第 3 名，主要由于该公司在发展潜力各项二级指标上稳定且优秀的表现。泰康人寿在市场拓展能力（第 1 名，100 分）、分支机构数目（第 3 名，99.5 分）、SARMRA 得分（第 5 名，97.6 分）指标上表现优秀。

计算发展潜力得分前十的人身险公司各项二级指标的平均值，可以看出在各项指标下前 10 位人身险公司的整体情况。总体来看，发展潜力排名前十的人身险公司在保险业务收入增长率（第 2 名，47.3 分①）市场拓展能力（第 9 名，78.5 分②）、应收保费周转率（第 4 名，63.9 分③）等指标下的表现都较为良好，均处于整体的上游水平。

（二）发展潜力下各项二级指标排名与得分前十的人身险公司

表 3 - 20 列出了发展潜力下各项二级指标排名前十的人身险公司及其得分情况，反映了人身险公司在发展潜力下各项二级指标的整体表现和分布情况。

由表 3 - 20 可以看出，各项指标排名前十的人身险公司在综合收益增长率、分支机构数目和万张保单投诉量 3 项指标上的差异不大。综合收益增长率从第 1 名的 100 分（小康人寿）到第 10 名的 97.7 分（复星联合健康），分支机构数目从第 1 名的 100 分（人保寿险）到第 10 名的 99.0 分（泰康养老），万张保单投诉量从第 1 名的 100 分（小康人寿）到第 10 名的 95.0 分（中荷人寿）。

但各家人身险公司在发展系数（42.6—100 分）和保险业务收入增长率（42.5—100 分）指标上差距十分明显。在发展潜力各项二级指标中，排名前二或前三以后的大多数人身险公司的指标得分出现显著下降，并且分差十分明显。

①②③ 计算前十家公司各项二级指标的平均值，可以得到该平均值在 71 家人身险公司中的排名。

表 3－20　　发展潜力下各项二级指标得分与排名前十的人身险公司

二级指标	发展系数	综合收益增长率	总资产增长率	净资产增长率	市场拓展能力	人均产能	分支机构数目	万张保单投诉量	应收保费周转率	保险业务收入增长率	SARMRA得分
	公司名称（得分）	公司名称（得分）	公司名称（得分）	公司名称（得分）	公司名称（得分）	公司名称（得分）	公司名称（得分）	公司名称（得分）	公司名称（得分）	公司名称（得分）	公司名称（得分）
1	小康人寿（100.0）	太平人寿（100.0）	小康人寿（100.0）	中韩人寿（100.0）	泰康人寿（100.0）	弘康人寿（100.0）	人保寿险（100.0）	小康人寿（100.0）	小康人寿（100.0）	小康人寿（100.0）	中信保诚（100.0）
2	君龙人寿（45.5）	平安人寿（98.9）	瑞华健康（100.0）	太保安联健康（100.0）	新华人寿（100.0）	中邮人寿（100.0）	中国人寿（99.5）	汇丰人寿（100.0）	爱心人寿（75.8）	君龙人寿（45.5）	平安人寿（99.8）
3	太保安联健康（43.5）	中国人寿（98.3）	中韩人寿（98.1）	平安养老（99.9）	太保寿险（98.2）	小康人寿（98.7）	泰康人寿（99.5）	中邮人寿（98.4）	中华人寿（64.0）	国联人寿（43.4）	中国人寿（98.7）
4	瑞华健康（43.5）	大都会人寿（98.2）	华贵人寿（95.6）	平安健康（99.9）	中国人寿（95.5）	渤海人寿（96.4）	太平养老（99.5）	平安健康（98.1）	华贵人寿（63.6）	瑞华健康（43.3）	中英人寿（98.0）
5	国联人寿（43.4）	平安健康（98.1）	国联人寿（95.0）	汇丰人寿（94.0）	太平人寿（85.6）	泰康养老（93.1）	太保寿险（99.0）	中国人寿（97.6）	君龙人寿（62.6）	和泰人寿（43.0）	泰康人寿（97.6）
6	和泰人寿（43.0）	友邦人寿（98.0）	横琴人寿（87.1）	财信吉祥（89.5）	友邦人寿（81.3）	国华人寿（91.4）	平安人寿（99.0）	人保健康（96.7）	国联人寿（61.0）	华贵人寿（42.9）	太平人寿（95.4）
7	华贵人寿（42.9）	中德安联（97.9）	信美人寿（85.5）	瑞华健康（89.2）	中信保诚人寿（80.5）	工银安盛（88.5）	新华人寿（99.0）	平安养老（96.0）	汇丰人寿（60.9）	汇丰人寿（42.8）	友邦人寿（94.8）
8	汇丰人寿（42.8）	太保寿险（97.8）	爱心人寿（81.2）	中德安联（85.8）	平安人寿（79.9）	信泰人寿（84.1）	太平人寿（99.0）	友邦人寿（95.7）	瑞华健康（60.9）	幸福人寿（42.8）	太保寿险（94.7）
9	幸福人寿（42.8）	中英人寿（97.7）	中银三星（81.0）	友邦人寿（85.1）	农银人寿（75.1）	交银康联（83.3）	平安养老（99.0）	建信人寿（95.3）	信美人寿（60.9）	瑞泰人寿（42.6）	华泰人寿（94.0）
10	瑞泰人寿（42.6）	复星联合健康（97.7）	复星联合健康（80.7）	信美人寿（83.7）	信泰人寿（70.1）	横琴人寿（79.5）	泰康养老（99.0）	中荷人寿（95.0）	幸福人寿（60.8）	中韩人寿（42.5）	北大方正人寿（92.7）

（三）发展潜力的模糊聚类等价分析

本部分根据人身险公司在发展潜力二级指标上的得分，运用模糊聚类方法分析各家人身险公司之间发展潜力的相似程度，为比较各家人身险公司的发展潜力提供了一个新的方法和视角。模糊聚类分析是基于“物以类聚、人以群分”的观念进行的近似程度的比较分析，不是优劣评价。

表 3-21 的模糊聚类等价矩阵是对发展潜力排名前十的人身险公司的一个等价分类，满足自反性、对称性与传递性。

表 3-21 发展潜力排名前十的公司的模糊聚类等价分析矩阵

	太保寿险	中国人寿	泰康人寿	新华人寿	小康人寿	阳光人寿	平安人寿	太平人寿	中信保诚人寿	泰康养老
太保寿险	1.00	0.39	0.38	0.37	0.30	0.29	0.28	0.27	0.26	0.26
中国人寿	0.39	1.00	0.99	0.96	0.59	0.82	0.66	0.80	0.78	0.69
泰康人寿	0.38	0.99	1.00	0.96	0.59	0.83	0.65	0.80	0.78	0.70
新华人寿	0.37	0.96	0.96	1.00	0.59	0.84	0.66	0.81	0.79	0.70
小康人寿	0.30	0.59	0.59	0.59	1.00	0.62	0.72	0.62	0.63	0.72
阳光人寿	0.29	0.82	0.83	0.84	0.62	1.00	0.70	0.88	0.86	0.74
平安人寿	0.28	0.66	0.65	0.66	0.72	0.70	1.00	0.84	0.86	0.83
太平人寿	0.27	0.80	0.80	0.81	0.62	0.88	0.84	1.00	0.93	0.77
中信保诚	0.26	0.78	0.78	0.79	0.63	0.86	0.86	0.93	1.00	0.80
泰康养老	0.26	0.69	0.70	0.70	0.72	0.74	0.83	0.77	0.80	1.00

由表 3-21 可以看出，处于主对角线上的值均为 1。显然，各家人身险公司和自身的相似与贴近程度为 100%。此模糊聚类等价矩阵里分值差距较大，介于 0.26—0.99，各家人身险公司在发展潜力上的差别较大。

从矩阵中还可以发现，发展潜力排第 2 名的中国人寿与排第 3 名的泰康人寿发展潜力相似度最高，达 0.99，表明这两家人身险公司的发展潜力表现形式和模式都具有较高的对标性和相似性。

发展潜力排第 1 名的太保寿险与其余 9 家人身险公司相似度都很低，分值介于 0.26—0.39，处于矩阵中较低的分值范围。

综上所述，除太保寿险之外，发展潜力排名前十的其余 9 家人身险公司在发展潜力的模式、观念上差别较小，在各项指标得分上近似很高，对标性和借鉴性较强。

第四节　2022 年中国人身险公司综合竞争力评价结果的稳健性检验

一、稳健性分析的必要性

在对保险公司的竞争力评价研究中，需要对反映事物的多个变量进行大量观测，收集大量数据以便进行分析、寻找规律。多变量、大样本无疑会为科学研究提供丰富的信息，主成分分析方法的降维特点使其在处理大量信息时显示出优越性，为全面衡量保险公司竞争力提供了一种渠道，然而正是基于其处理信息的大量性，稳健性才显得越发重要。

同时，保险公司在现实的经营中有其自身的发展轨道和趋势，也拥有其自身在市场中地位的连续性即稳健性，市场微小波动，如某个小规模公司进入或者退出市场，对于其他在市场中已经拥有规模优势及占据大量市场的公司来说，其相对位置冲击应该不大。如果市场微小波动，导致所有公司排名发生颠覆性变化，那么这个结果就有悖于市场和现实，失去了指导现实的客观性。主成分法基于选择代表保险公司竞争力特征的指标来为保险公司“打分”，如果某个指标的微小波动就导致保险公司竞争力排名的剧烈波动，那么主成分分析法也是不稳健的。我们假设这样一个市场，仅仅由于某个保险公司增开了一家分支机构，该公司本身甚至整个行业的竞争力都发生重大变化，那么这种情况在现实中也是不可能存在的，所以稳健性分析对于方法的适用性很重要。

稳健性分析对于运用定量分析方法研究保险公司的竞争力评价非常重要，这也是我们课题组的一个创新性应用研究成果。

二、稳健性的定义与步骤

稳健性（robust）检验的是实证结果是否随着参数设定的改变而发生变化，如果改变参数设定以后，发现结果的顺序等没有发生显著性改变，就说明结果是稳健的；相反，如果结果发生了显著性改变，说明结果不是稳健的，需要寻找问题的所在。

一般根据所要检验问题的具体情况选择稳健性检验的内容。我们根据保险公司综合竞争力评价结果的影响因素，分两种情况对评价结果进行稳健性检验：

（1）从公司出发，根据一定的标准去掉部分公司后，检验剩余公司的评价结果是否与原来一致；

（2）从指标出发，根据一定的标准去掉部分指标后，重新进行竞争力评价，检验保险公司的评价结果是否与原来一致。

三、2022 年人身险公司综合竞争力评价结果的稳健性检验

我们主要基于两种思路进行人身险公司的稳健性检验。

一是剔除部分公司进行稳健性检验。先利用聚类分析，将保险公司分为 2 类；在剔除一类公司（公司数目较少的一类）后，对另一类公司仍然运用主成分分析进行竞争力评价的排名和得分分析，将结果与这些公司在原来情况下的排名进行比较分析，从而得到保险公司竞争力评价结果的稳健性检验。

二是剔除部分指标进行稳健性检验。利用聚类分析方法对评价指标进行分类，并剔除指标较少的类别后，运用余下的指标对保险公司竞争力进行主成分分析，将得到的排名与原来的排名进行对比，从而完成稳健性检验。

1. 剔除部分公司后，保险公司竞争力评价的稳健性检验

根据聚类分析的原理，如果进行聚类分析时，类别越多，每个类别内的距离越近，则类内的相似度越近。为了便于剔除公司和提高稳健性分析结果的有效性，先运用聚类分析方法将 71 家人身险公司分为 4 类，如表 3－22 所示。

表 3－22　　人身险公司在聚类分析下的分类结果

公司名称	类别 4	类别 3	类别 2	公司名称	类别 4	类别 3	类别 2
中国人寿	1	1	1	和泰人寿	1	1	1
太保寿险	1	1	1	招商仁和	1	1	1
平安人寿	1	1	1	三峡人寿	1	1	1
新华人寿	1	1	1	瑞华健康	1	1	1
泰康人寿	1	1	1	北京人寿	1	1	1
太平人寿	1	1	1	海保人寿	1	1	1
建信人寿	1	1	1	国富人寿	1	1	1
光大永明	1	1	1	国宝人寿	1	1	1
民生人寿	1	1	1	中宏人寿	1	1	1
平安养老	1	1	1	中德安联	1	1	1
太平养老	1	1	1	工银安盛	1	1	1
人保健康	1	1	1	中信保诚人寿	1	1	1
信泰人寿	**2**	**1**	**1**	交银康联	1	1	1

续表

公司名称	类别4	类别3	类别2	公司名称	类别4	类别3	类别2
农银人寿	1	1	1	中意人寿	1	1	1
长城人寿	1	1	1	友邦人寿	1	1	1
人保寿险	1	1	1	北大方正人寿	1	1	1
国华人寿	1	1	1	中荷人寿	1	1	1
英大人寿	1	1	1	中英人寿	1	1	1
泰康养老	1	1	1	同方全球人寿	1	1	1
幸福人寿	1	1	1	招商信诺	1	1	1
阳光人寿	1	1	1	**长生人寿**	**3**	**2**	**1**
百年人寿	**2**	**1**	**1**	恒安标准	1	1	1
中邮人寿	1	1	1	瑞泰人寿	1	1	1
利安人寿	1	1	1	**小康人寿**	**4**	**3**	**2**
东吴人寿	1	1	1	华泰人寿	1	1	1
弘康人寿	**2**	**1**	**1**	陆家嘴国泰	1	1	1
财信吉祥人寿	1	1	1	大都会人寿	1	1	1
渤海人寿	1	1	1	平安健康	1	1	1
国联人寿	1	1	1	中银三星	1	1	1
太保安联健康	1	1	1	鼎诚人寿	1	1	1
中华人寿	1	1	1	汇丰人寿	1	1	1
横琴人寿	1	1	1	君龙人寿	1	1	1
复星联合健康	1	1	1	复星保德信	1	1	1
信美人寿	1	1	1	中韩人寿	1	1	1
华贵人寿	1	1	1	德华安顾	1	1	1
爱心人寿	1	1	1				

其中，信泰人寿、百年人寿、弘康人寿、长生人寿、小康人寿分别为第2、3、4类。剔除这4家后，再对剩余的66家公司进行竞争力评价，通过对比前后结果并进行威尔克森符号秩检验，从而对66家人身险公司综合竞争力的评价结果进行稳健性检验。

先对剔除5家公司后的66家人身险公司运用主成分分析法进行综合竞争力评价，得到66家人身险公司的综合竞争力评价结果，并对前后结果进行比较，如表3-23所示。

表3-23　人身险公司综合竞争力评价结果前后排名对比（剔除4家公司后）

公司名称	新排名	原排名	原排名-新排名	公司名称	新排名	原排名	原排名-新排名
平安人寿	1	2	1	同方全球人寿	34	30	-4
中国人寿	2	1	-1	中邮人寿	35	14	-21
太保寿险	3	3	0	中信保诚人寿	36	46	10
阳光人寿	4	4	0	中意人寿	37	12	-25
泰康人寿	5	6	1	国富人寿	38	43	5
国联人寿	6	42	36	汇丰人寿	39	61	22
幸福人寿	7	11	4	和泰人寿	40	54	14
瑞华健康	8	62	54	陆家嘴国泰	41	21	-20
友邦人寿	9	9	0	交银康联	42	18	-24
平安健康	10	22	12	民生人寿	43	16	-27
新华人寿	11	5	-6	中宏人寿	44	26	-18
太平人寿	12	8	-4	中荷人寿	45	23	-22
太保安联健康	13	25	12	君龙人寿	46	59	13
人保寿险	14	7	-7	英大人寿	47	44	-3
鼎诚人寿	15	64	49	北大方正人寿	48	56	8
财信吉祥人寿	16	13	-3	信美人寿	49	47	-2
中银三星	17	50	33	恒安标准	50	34	-16
爱心人寿	18	53	35	平安养老	51	19	-32
人保健康	19	31	12	中德安联	52	33	-19
华贵人寿	20	63	43	招商仁和	53	55	2
太平养老	21	24	3	建信人寿	54	32	-22
中华人寿	22	35	13	北京人寿	55	48	-7
农银人寿	23	28	5	工银安盛	56	29	-27
东吴人寿	24	15	-9	华泰人寿	57	38	-19
国华人寿	25	10	-15	中韩人寿	58	51	-7
大都会人寿	26	27	1	利安人寿	59	58	-1
横琴人寿	27	49	22	招商信诺	60	57	-3
瑞泰人寿	28	40	12	渤海人寿	61	41	-20
光大永明	29	39	10	复星保德信	62	45	-17
长城人寿	30	37	7	德华安顾	63	66	3
中英人寿	31	17	-14	海保人寿	64	52	-12
复星联合健康	32	36	4	国宝人寿	65	65	0
泰康养老	33	20	-13	三峡人寿	66	60	-6

在表3-23中，原排名列表是剔除5家公司后，剩余的66家公司在原来综合竞争力评价结果中的排名；新排名列表是剔除5家公司后，剩余的66家公司在重新运用主成分分析方法后进行评价的综合竞争力评价结果。

对公司的新、旧排名进行对比，基本分析情况如表3－24所示。

表3－24　　保险公司原排名、新排名的基本情况

描述性统计资料					
	N	平均数	标准偏差	最小值	最大值
新排名	66	33.5000	19.19635	1.00	66.00
原排名	66	33.5000	19.19635	1.00	66.00

根据表3－24的结果，运用威尔科克森（Wilcoxon）符号秩检验，进行稳健性分析。主要结论如表3－25和表3－26所示。

表3－25　　威尔科克森（Wilcoxon）符号秩检验

等级				
		N	平均等级	等级总和
原排名－新排名	负等级	33[a]	32.23	1,063.50
	正等级	29[b]	30.67	889.50
	等值结	4[c]		
	总计	66		

注：a. 原排名＜新排名；b. 原排名 ＞新排名；c. 原排名＝新排名。

表3－26　　威尔科克森（Wilcoxon）符号秩检验结果

检定统计资料[a]	
	原排名－新排名
Z	－.610[b]
渐进显著性（双尾）	.542

注：a. Wilcoxon符号等级检定；b. 根据正等级。

结果显示：使用“渐进”方法计算的双侧显著性水平Z值为0.542，远大于0.05。所以，新、旧排名的差异不显著。也就是说，两个样本来自于同一总体，具有相同的总体分布。

运用主成分分析法对2022年人身险公司综合竞争力评价结果的检验在0.05的显著性水平下具有稳健性。即我们根据聚类分析的结果，剔除部分公司后，根据我们建立的指标体系，运用主成分分析方法对其余公司竞争力的评价结果的影响不显著，通过了稳健性检验。

2. 剔除部分指标后，保险公司竞争力评价的稳健性检验

指标体系应该尽可能反映保险公司竞争力各方面的信息，显然部分指标的缺失或波动对保险公司竞争力的评价结果有影响。我们通过聚类分析，剔除部分表现“特殊”的指标后，再对保险公司竞争力进行评价。通过剔除部分指标对评价结果

的影响来进行稳健性检验。

先利用聚类分析将所有指标进行分类，分类结果如表 3－27 所示。

表 3－27　人身险公司综合竞争力评价各项二级指标的聚类分析结果

指标名称	类别 4	类别 3	类别 2	指标名称	类别 4	类别 3	类别 2
总资产收益率	2	1	1	险种集中度系数	2	1	1
净资产收益率	2	1	1	退保率	2	1	1
投资收益率	2	1	1	报告期营业收入	2	1	1
净投资收益率	3	2	1	保险业务收入增长率	2	1	1
承保利润率	2	1	1	净利润赔付支出覆盖率	1	1	1
投资资产占总资产的比率	4	1	1	保费收入费用增长比	2	1	1
净利润	2	1	1	万人次投诉量	2	1	1
人均利润	2	1	1	偿付能力充足率	2	1	1
净利润增长率	2	1	1	流动性比率	4	3	2
综合收益率	2	1	1	自留保费率	2	1	1
资本管理系数	2	1	1	自留保费占净资产的比率	2	1	1
认可资产负债率	2	1	1	自留保费增长率	2	1	1
资产认可率	2	1	1	准备金安全率	2	1	1
资本利用率	2	1	1	保险负债占总资产比	2	1	1
资金成本率	2	1	1	现金盈余保障倍数	2	1	1
准备金保费比率	2	1	1	收现比	2	1	1
认可资产增长率	2	1	1	付现比	2	1	1
所有者权益	2	1	1	资产杠杆率	2	1	1
资产杠杆系数	2	1	1	发展系数	2	1	1
资本运用率	2	1	1	综合收益增长率	2	1	1
资本回报率	2	1	1	总资产增长率	2	1	1
风险调整资本利润率	2	1	1	净资产增长率	2	1	1
风险调整资本回报率	2	1	1	市场拓展能力	2	1	1
资本管理绩效增长率	2	1	1	人均产能	2	1	1
可运用资金收益率	3	2	1	分支机构数目	2	1	1
净资产周转率	2	1	1	万张保单投诉量	2	1	1
总资产周转率	2	1	1	应收保费周转率	2	1	1
综合费用率	1	1	1	保险业务收入增长率	2	1	1
综合赔付率	2	1	1	SARMRA 得分	2	1	1
综合费用率的增长率	2	1	1				

由表 3－27 可以看出，净投资收益率、投资资产占总资产的比率、可运用资金收益率、流动性比率这 4 项指标特殊，剔除后重新对保险公司进行竞争力评价，将评价结果与原评价结果进步比较（见表 3－28）。

表3－28 人身险公司综合竞争力评价结果前后排名对比（剔除4个指标后）

公司	新排名	原排名	原排名－新排名	公司	新排名	原排名	原排名－新排名
小康人寿	1	18	17	华泰人寿	37	40	3
平安人寿	2	2	0	长城人寿	38	39	1
中国人寿	3	1	－2	渤海人寿	39	44	5
太保寿险	4	3	－1	复星联合健康	40	38	－2
阳光人寿	5	4	－1	爱心人寿	41	56	15
新华人寿	6	5	－1	光大永明	42	41	－1
泰康人寿	7	6	－1	中信保诚人寿	43	49	6
人保寿险	8	7	－1	同方全球人寿	44	32	－12
国华人寿	9	10	1	招商信诺	45	60	15
太平人寿	10	8	－2	瑞泰人寿	46	43	－3
友邦人寿	11	9	－2	中韩人寿	47	54	7
交银康联	12	19	7	长生人寿	48	29	－19
平安健康	13	23	10	英大人寿	49	47	－2
财信吉祥人寿	14	13	－1	国富人寿	50	46	－4
幸福人寿	15	11	－4	信泰人寿	51	42	－9
中华人寿	16	37	21	汇丰人寿	52	65	13
泰康养老	17	21	4	招商仁和	53	58	5
平安养老	18	20	2	复星保德信	54	48	－6
工银安盛	19	31	12	北京人寿	55	51	－4
中英人寿	20	17	－3	利安人寿	56	62	6
大都会人寿	21	28	7	华贵人寿	57	67	10
民生人寿	22	16	－6	君龙人寿	58	63	5
建信人寿	23	34	11	中银三星	59	53	－6
中德安联	24	35	11	国联人寿	60	45	－15
人保健康	25	33	8	海保人寿	61	55	－6
中荷人寿	26	24	－2	横琴人寿	62	52	－10
中宏人寿	27	27	0	和泰人寿	63	57	－6
太平养老	28	25	－3	百年人寿	64	61	－3
农银人寿	29	30	1	瑞华健康	65	66	1
东吴人寿	30	15	－15	弘康人寿	66	70	4
太保安联健康	31	26	－5	北大方正人寿	67	59	－8
信美人寿	32	50	18	国宝人寿	68	69	1
中意人寿	33	12	－21	三峡人寿	69	64	－5
中邮人寿	34	14	－20	德华安顾	70	71	1
陆家嘴国泰	35	22	－13	鼎诚人寿	71	68	－3
恒安标准	36	36	0				

根据表 3-28 的结果，运用威尔科克森（Wilcoxon）符号秩检验，进行稳健性分析。主要结论如表 3-29—表 3-30 所示。

表 3-29 保险公司原排名、新排名的基本情况

描述性统计资料					
	N	平均数	标准偏差	最小值	最大值
新排名	71	36.0,000	20.63,977	1.00	71.00
原排名	71	36.0,000	20.63,977	1.00	71.00

表 3-30 对评价指标进行剔除后的威尔科克森（Wilcoxon）符号秩检验

等级				
		N	平均等级	等级总和
原排名 - 新排名	负等级	38[a]	31.67	1,203.50
	正等级	30[b]	38.08	1,142.50
	等级结	3[c]		
	总计	71		

注：a. 原排名 < 新排名；b. 原排名 > 新排名；c. 原排名 = 新排名。

表 3-31 列出了统计检验结果。结果显示：使用“渐进”方法计算的双侧渐进显著性水平 Z 值为 0.852，远大于 0.05，两组排名的差异不显著。所以，认为剔除部分特殊指标后，采用剩余的指标进行竞争力评价与没有剔除这些指标下的评价结果差异不显著。也就是说，两个样本来自同一总体，具有相同的总体分布，即认为主成分分析法对于指标的变化具有统计上的稳健性，通过了稳健性检验。

表 3-31 威尔科克森（Wilcoxon）符号秩检验结果

检定统计资料[a]	
	原排名 - 新排名
Z	-.187[b]
渐进显著性（双尾）	.852

注：a. Wilcoxon 符号等级检定；b. 根据负等级。

3. 结论及建议

由以上一系列分析可知，利用主成分分析方法进行保险公司竞争力评价研究时，剔除少部分公司或者指标后，对于保险公司竞争力的最后结果影响有限，即评价结果具有稳健性。

然而，从评价结果看，通过聚类分析方法，剔除少部分公司的评价结果比剔除少部分指标的评价结果更具有稳健性。这在一定程度上说明，部分公司的进入或者退出对评价结果的影响没有指标的选择对评价结果的影响大，所以选择比较客观、全面和科学的指标，对于保险公司竞争力的评价结果尤为关键。同时，从得到的个别结果来看，某些公司的排名波动较大，可以考虑在对公司进行最终排名前设计一种过滤方法，将对主成分分析法最终排名结果影响较大的因子予以剔除，或者运用最优化方法选择使最终竞争力排名的结果波动最小的因子（这与主成分分析方法中，寻找方差占比最大的综合因子并不矛盾，因为它们所指的对象并不一样）。而这些因子从理论上说最能够代表保险公司竞争力的本质，但是这是一个不断探索和优化的过程，甚至需要对其选择标准进行数理化的设定，有待进一步研究。

第四章
中国财产险公司竞争力评价分析

保险公司竞争力评价研究都是基于公开、客观和科学的原则，即研究方法、评价指标、数据来源等坚持公开、客观和科学的原则。

我们坚持评价过程和目标要客观、有效，避免或者尽量减少人为主观因素的干扰；考虑到结果的敏感性，在有可能使用定量分析的地方，使用定量分析；尽量避免或者减少涉及权重选择等主观性问题的评价方法。

一、信息来源说明

保险公司竞争力评价研究的数据主要来源于各个保险公司的年度信息披露报告，少部分指标来源于历年的《中国保险年鉴》和国家金融监督管理总局、保险学会、保险行业协会和各公司自己的网站，即全部数据都是来源于公开渠道。

保险公司的 2022 年年度信息披露报告主要包括以下五方面内容：公司简介；年度财务报告及其附注；风险管理状况；产品信息；偿付能力信息。本研究主要从以上报表获取数据。

二、研究对象

根据国家金融监督管理总局网站，截止到 2022 年 12 月 31 日，中国财产险公司共有 88 家，其中中资公司 67 家，外资公司 21 家。其中，融通财险成立时间距离 2022 年年底不到两年，不进行评价。

截止到 2023 年 5 月 31 日，这 88 家公司中，未发布 2022 年年度信息披露报告或者年度信息披露报告不完整的有 6 家公司，分别是天安财险、出口信用、大家财险、易安财险、安达保险、安心财险。公司披露的部分数据不能满足我们进行保险公司竞争力评价的需要或者部分指标数据异常的主要有劳合社、长安责任保险、太平科技、融盛财险、现代财险、东海航运、瑞再企商、凯本财险。

公司的部分指标数据异常或特殊，并不意味着公司经营绩效的“优”或“劣”。由于采用主成分分析、因子分析方法进行竞争力运算，为了避免少数公司的部分指标异常对其他公司的评价结果引起重大、异常的影响，从而使评价结果不合常理，我们通过剔除部分公司的方式避免这种情况，这是我们进行的必要前期数据处理。

上述15家公司，如果有任何问题、建议或者意见，请与中国保险公司竞争力与投资价值评价研究课题组联系。

最后，课题组共对73家财产险公司进行竞争力评价。

三、特别说明

（1）本研究都是采用公开发布的披露数据进行分析，我们根据实质重于形式的原则，对发现个别公司披露数据存在错误或异样的年报信息进行调整，或者在涉及该指标时进行批注说明。

（2）本研究分析采用的数据皆来源于已公开的资料或课题组成员的个人分析，但我们不保证上述信息的完整与准确性，中国精算研究院不因使用本报告而产生的一切后果承担责任，只以此作为学术研究以及学界和业界的信息交流与参考。同时，本研究分析为课题组成员的个人观点，并不代表中国精算研究院的观点。有关问题的来源、讨论或争议，请使用电话或电子邮件的方式与我方联系。

（3）评价指标中，有的指标取值是越大越好，可以称为正向指标；有的指标取值是越小越好，可以称为逆向指标；有的指标取值以位于中间的某个值为好。

对于逆向指标，我们在本报告中都已经逆向化处理，即逆向化后的指标数据的取值也是越高越好；对于取值以位于中间的某个值为好的指标，我们往往通过构建系数的方式，对其进行处理，经过系数化后的指标取值也是越大越好。

第一节　财产险公司竞争力指标体系构建

一、评价指标体系说明

目前，国内外还没有一个比较明确、被广泛接受的“保险公司竞争力”的定义。我们综合国内外相关研究，结合自己的经验和理解，给出保险公司竞争力的定义：保险公司竞争力是保险公司根据行业和自身特点，在市场经济环境中，综合运用其人力、物力、财力等各种资源，获得相对于竞争对手所表现出来的更强的生存能力、创新能力和持续发展能力的总和，是公司综合能力的体现。同时，竞争力也是一个相对的概念，强调的是保险行业内竞争者之间的比较。

我们进行的保险公司竞争力评价研究是以保险公司为出发点和落脚点，建立保险公司的盈利能力、资本管理能力、经营能力、风险管理能力和发展潜力5个一级指标，来反映保险公司竞争力的不同方面。我们首先在每个一级指标下建立个数不等的二级指标（二级指标如果不特别说明，均为正向指标）；其次，通过对二级指标定量分析得到保险公司一级指标的评价结果；最后，对全部二级指标进行定量分析，得到保险公司竞争力的综合评价结果。

二、指标体系构建

Ⅰ. 盈利能力指标

盈利能力共有10个二级指标，包括10个比率和结构分析指标、规模性指标。

Ⅰ-1. 总资产收益率：

总资产收益率 = 净利润 ÷ ［（期初总资产 + 期末总资产） ÷2］ ×100%

Ⅰ-2. 净资产收益率：

净资产收益率 = 净利润 ÷ 平均净资产 ×100%

Ⅰ-3. 投资收益率：

投资收益率 = 投资收益总额 ÷［（期初投资资产 + 期末投资资产）÷2］×100%

Ⅰ-4. 净投资收益率：

净投资收益率 = （利润表中的投资收益 + 其他业务收入） ÷ ［（期初投资资产 + 期末投资资产） ÷2］ ×100%

Ⅰ-5. 承保利润率：

承保利润率 = 承保利润 ÷ 已赚保费 ×100%

Ⅰ-6. 投资资产占总资产比率：

投资资产占总资产比率 = 平均投资资产 ÷ 平均总资产 ×100%

Ⅰ-7. 净利润增长率：

净利润增长率 = （当年净利润 - 上一年净利润） ÷ （上一年净利润的绝对值）

Ⅰ-8. 人均利润：

人均利润 = 利润总额 ÷ 公司职工人数

Ⅰ-9. 净利润

Ⅰ-10. 综合收益率：

综合收益率 = （利息收入 + 投资收益 + 交易类公允价值变动 + 可供出售类公允价值变动 - 交易费用及税金 + 其他综合收益） ÷ 两年平均投资资产

Ⅱ. 资本管理能力指标

资本管理能力共有12个二级指标，包括1个规模性指标、11个比率和结构分析指标。

Ⅱ-1. 资本管理系数：

偿付能力充足率（x）=实际资本÷最低资本

$$\text{资本管理系数}=\begin{cases}\dfrac{x-100\%+50\%}{50\%}, & 50\%\leqslant x\leqslant 100\% \\ 1, & 100\%<x\leqslant 300\% \\ \dfrac{300\%+2,000\%-x}{2,000\%}, & 300\%<x\leqslant 300\%+2,000\% \\ 0, & \text{其他}\end{cases}$$

Ⅱ-2. 认可资产负债率：

认可资产负债率=认可负债÷认可资产×100%

Ⅱ-3. 资产认可率：

资产认可率=认可资产÷总资产×100%

Ⅱ-4. 认可资产增长率：

认可资产增长率=（期末认可资产-期初认可资产）÷期初认可资产

Ⅱ-5. 资本利用率：

资本利用率=保险业务收入÷所有者权益×100%

Ⅱ-6. 准备金保费比率：

准备金保费比率=两年的（未到期责任准备金+未决赔款准备金+保险保障基金+寿险责任准备金+长期健康险责任准备金-应收分保未到期责任准备金-应收分保未决赔款准备金-应收分保寿险责任准备金-应收分保长期健康险责任准备金）均值÷两年的原保费收入的均值

Ⅱ-7. 资产保费比：

资产保费比=报告期期末总资产÷报告期保险业务收入×100%

Ⅱ-8. 所有者权益（净资产）

Ⅱ-9. 资产报酬率：

资产报酬率=(股东权益合计+利润总额）÷平均资产总额

Ⅱ-10. 风险调整资本回报率：

风险调整资本回报率=（综合收益-保险业务营业税金及附加-业务及管理费-手续费及佣金-报告期退保金额）÷最低资本

Ⅱ-11. 资本管理绩效增长率：

资本管理绩效增长率＝本年的（净利润÷最低资本）÷上一年的（净利润÷最低资本）

Ⅲ. 经营能力指标

经营能力由13个二级指标构成，包括12个比率和结构分析指标、1个规模性指标。

Ⅲ-1. 净资产周转率：

净资产周转率＝报告期营业收入合计÷［（期初股东权益＋期末股东权益）÷2］×100%

Ⅲ-2. 总资产周转率：

总资产周转率＝报告期营业收入合计÷［（期初总资产＋期末总资产）÷2］×100%

Ⅲ-3. 综合赔付率：

综合赔付率＝（赔付支出－摊回赔付支出＋提取未决赔款准备金－摊回未决赔款准备金＋保费准备金）÷已赚保费

Ⅲ-4. 综合费用率：

综合费用率＝（业务及管理费＋手续费及佣金＋分保费用＋保险业务营业税金及附加－摊回分保费用）÷已赚保费×100%

Ⅲ-5. 综合成本率的变化率：

综合成本率的变化率＝（期末综合成本率－期初综合成本率）÷期初综合成本率

Ⅲ-6. 险种集中度系数：

$$险种集中度系数=\sum_{i=1}^{5}(前\ i\ 种产品的各自保费收入)^2\div(前五种产品保费总收入)^2$$

Ⅲ-7. 报告期营业收入

Ⅲ-8. 营业收入增长率：

营业收入增长率＝（期末营业收入－期初营业收入）÷期初营业收入

Ⅲ-9. 净利润赔付支出覆盖率：

净利润赔付支出覆盖率＝总利润÷（赔付支出－摊回赔付支出＋提取未决赔款准备金－摊回未决赔款准备金）

Ⅲ-10. 应收分保率：

应收分保率＝（期初应收分保账款＋期末应收分保账款）÷（期初分出保费＋期末分出保费）

Ⅲ-11. 车险保费占比：

车险保费占比＝车险保费收入÷公司保费收入

Ⅲ-12. 保费收入费用增长比：

保费收入费用增长比 =（当期原保费收入 - 上一期原保费收入）÷（当期综合费用 - 上一期综合费用）

Ⅲ-13. 再保险亏损率：

再保险亏损率 =（分出保费 - 摊回赔付支出 - 摊回保险责任准备金 - 摊回分保费用）÷分出保费 ×100%

Ⅳ. 风险管理能力指标

风险管理能力由11个比率和结构分析指标构成。

Ⅳ-1. 偿付能力充足率：

偿付能力充足率 = 实际资本 ÷ 最低资本 ×100%

Ⅳ-2. 流动性比率：

流动性比率 = 流动性资产余额 ÷ 流动性负债余额 ×100%

Ⅳ-3. 自留比率：

自留比率 = 自留保费 ÷ 保险业务收入 ×100%

Ⅳ-4. 未决赔款准备金充足率：

未决赔款准备金充足率 = 两年的提取未决赔款准备金的均值 ÷ 两年赔付支出的均值 ×100%

Ⅳ-5. 自留保费占净资产的比率（肯尼系数）：

自留保费占净资产的比率 = 自留保费 ÷（期初所有者权益 + 期末所有者权益）的均值

Ⅳ-6. 应收保费率：

应收保费率 =（期初应收保费 + 期末应收保费）÷（期初保险业务收入 + 期末保险业务收入）

Ⅳ-7. 保险负债占总资产比：

保险负债占总资产比 = 保险负债 ÷ 总资产

Ⅳ-8. 收现比：

收现比 =（经营活动、投资活动、筹资活动的现金流入合计 + 汇率变动对现金及现金等价物的影响额）÷营业收入合计

Ⅳ-9. 付现比：

付现比 =（经营活动、投资活动、筹资活动的现金流出合计 + 汇率变动对现金及现金等价物的影响额）÷营业支出合计

Ⅳ-10. 现金盈余保障倍数：

现金盈余保障倍数 = 经营活动净现金流 ÷（净利润的绝对值）

Ⅳ-11. 负债权益比率：

负债权益比率 = 总负债 ÷ 股东权益

Ⅴ. 发展潜力指标

发展潜力由 11 个指标构成，包括 9 个比率和结构分析指标、2 个规模性指标。

Ⅴ-1. 发展系数：

发展系数 = 公司的原保费收入增量市场份额 ÷ 公司的原保费收入市场份额 ×100%

Ⅴ-2. 保险业务收入增长率：

保险业务收入增长率 = （公司当年保险业务收入 - 公司上一年保险业务收入）÷公司上一年保险业务收入

Ⅴ-3. 总资产增长率：

承保潜力 =4 - 自留保费 ÷ （实收资本 + 资本公积 + 盈余公积）

Ⅴ-4. 净资产增长率：

净资产增长率 = （期末所有者权益 - 期初所有者权益） ÷期初所有者权益 ×100%

Ⅴ-5. 资本运营充分率：

资本运营充分率 = 公司原保费收入 ÷ ［实收资本 （股本） + 资本公积］

Ⅴ-6. 人均产能：

人均产能 = 保险业务收入 ÷ 公司职工人数

Ⅴ-7. 人均产能增长率：

人均产能增长率 = （期末人均产能 - 期初人均产能） ÷期初人均产能

Ⅴ-8. 承保潜力：

承保潜力 =4 - 自留保费 ÷（实收资本 + 资本公积 + 盈余公积）

Ⅴ-9. 亿元保费投诉量

Ⅴ-10. 分支机构数目

Ⅴ-11. 单位最低资本利润增长率：

单位最低资本利润增长率 = （期末净利润 - 期初净利润） ÷平均最低资本

第二节　2022 年中国财产险公司综合竞争力评价结果与分析

为了保证对保险公司竞争力评价的客观性和科学性，首先根据指标的正向和逆向，进行数据的预处理、统一，使处理后的全部指标数据为正向，即数据越大越好；其次，指标数据中有些是比率指标，有些是数值指标，为了避免“以大欺小”

和指标单位对评价结果的影响，我们对全部数据进行归一化处理，即全部指标数据都在0—1间取值；最后，我们运用主成分分析方法，对全部56个二级指标数据进行计算，并对部分指标进行了加权处理，得到综合竞争力评价结果。此外，我们在对一级指标（如盈利能力、资本管理能力等）进行竞争力评价时，是对一级指标下的二级指标进行主成分分析。因此，综合竞争力的评价结果并不是对一级指标的评价结果进行简单的加权处理，二级指标与一级指标的隶属关系不影响对综合竞争力的评价结果。

为了便于对公司的业绩进行比较，我们对以下披露的各个公司的二级指标数据都进行了逆向化处理，即得分高意味着对一级指标具有更大的“正向”作用，得分低者对于一级指标具有较低的“负向”作用。同时，根据综合运用主成分分析、因子分析得到的对保险公司综合竞争力和一级指标的评价结果，设定最高分不超过100分，最低分不低于40分。

一、2022年中国财产险公司综合竞争力的得分与排名

数据预处理后，我们得到73家财产险公司的56个二级指标数据。为了更好地反映保险公司竞争力的实际情况，基于保险业发展阶段和我们对于保险公司发展规律的认识，课题组对部分指标进行了加权处理，得到一个73×60数据矩阵。运用主成分分析方法，我们共选取了16个主成分，累计解释率为85.99%，其中每个主成分都是这些二级指标的线性组合（见图4－1）。

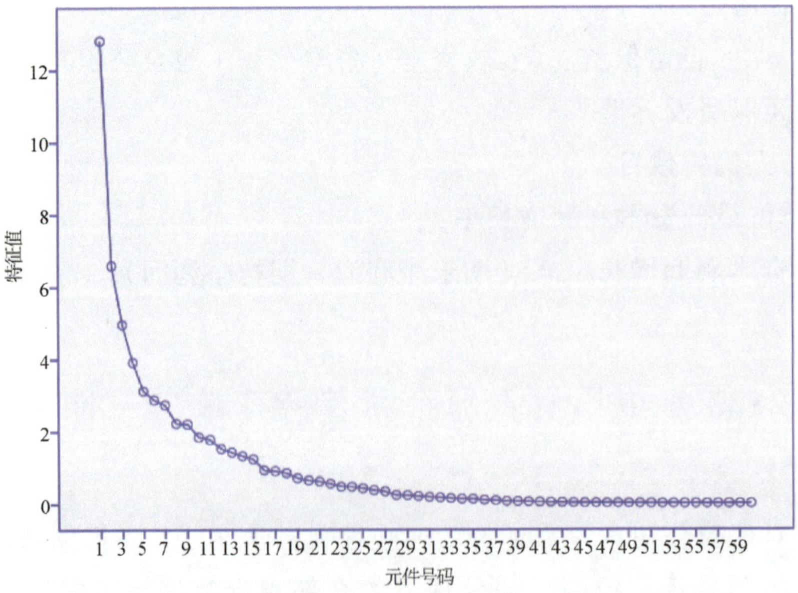

图4－1 财产险公司综合竞争力分析的陡坡图（碎石图）

选取这 16 个主成分后，进行各保险公司综合竞争力的评价，其结果与排名如表 4－1 所示。

表 4－1　　2022 年中国财产险公司综合竞争力评价排名与得分

公司	排名	得分（百分制）	公司	排名	得分（百分制）
人保财险	1	100.0	燕赵财险	38	65.5
平安财险	2	96.7	中路财险	39	65.3
英大财险	3	95.2	中意财险	40	65.1
中石油专属保险	4	93.1	中华联合	41	63.9
鼎和财险	5	90.2	长江财险	42	63.4
紫金财险	6	88.4	建信财险	43	63.2
中远海自保	7	87.8	阳光财险	44	63.1
安信农险	8	87.8	永安财险	45	62.7
阳光信用	9	84.7	泰康在线	46	62.2
铁路自保	10	84.1	国任财险	47	61.0
太保财险	11	83.7	国泰财险	48	61.0
众诚财险	12	81.3	华安财险	49	60.1
阳光农险	13	80.8	大地财险	50	59.8
汇友互助	14	80.6	华农财险	51	59.4
广东能源	15	80.5	泰山财险	52	59.3
华泰财险	16	80.3	史带财产	53	59.2
三星财险	17	79.5	亚太财险	54	58.2
苏黎世保险	18	79.3	浙商财险	55	57.9
日本兴亚	19	79.2	太平财险	56	56.7
久隆财险	20	78.7	海峡金桥	57	56.2
中原农险	21	78.2	锦泰财险	58	55.2
爱和谊	22	77.9	永诚财险	59	53.2
美亚保险	23	76.5	安盛天平	60	52.6
诚泰财险	24	75.1	中煤财险	61	52.5
安诚财险	25	75.0	华海财险	62	52.0
日本财险	26	74.5	富德财险	63	51.8
黄河财险	27	73.7	众惠相互	64	51.0
鑫安汽车	28	72.0	利宝互助	65	50.6
三井住友	29	72.0	安华农险	66	50.6
中银财险	30	71.8	前海联合	67	48.4
众安财险	31	71.3	北部湾财险	68	47.0
恒邦财险	32	71.0	珠峰财险	69	46.9
合众财险	33	70.8	安联财险	70	46.0
东京海上	34	68.9	渤海财险	71	43.2
中航安盟	35	66.8	都邦财险	72	42.7
国寿财险	36	66.1	富邦财险	73	40.0
国元农险	37	65.9			

二、结论与分析

我们根据中国保险业的发展状况，修改和完善了财产险公司竞争力评价指标体系，并进一步明确了当前中国财产险公司行业发展与保险市场建设，以及保险公司应关注的关键指标。根据保险公司竞争力的定义和相应的评价指标体系，运用主成分分析方法对中国财产险公司的竞争力进行了评价分析。

我们的研究表明，百年未有之大变局给中国保险业的快速、健康发展带来了一定的挑战，中国财产险公司的管理、技术和资本实力需要不断提高。中国财产险公司在注重规模的同时，也要注重效益和质量，并且中资保险公司的竞争力普遍高于外资保险公司。主要结论如下：

（一）综合竞争力方面

从2022年中国财产险公司的综合竞争力评价结果可以看出，综合竞争力排名前十的公司全部是中资保险公司，其中，人保财险、平安财险、英大财险在参评的73家公司中排名前三。整体来看，得益于国家的经济发展和政策监管的不断完善，以及保险公司资本、管理、技术的不断提高，中国财产险公司的竞争力不断加强，但是，在风险管理能力和产品开发能力方面还有待加强。

（二）盈利能力方面

2022年以承保为利润主要来源的财险业取得了不菲的业绩，财产险公司的盈利能力普遍提高。盈利能力竞争力排名前十的公司中，9家为中资保险公司，唯一入围的外资保险公司（爱和谊）排名第十，说明中资保险公司的盈利能力与外资保险公司相比，占有比较明显的优势。其中，安信农险排名第四，说明随着政策性农业保险业务的放开和相关业务的激烈竞争，政策性保险业务对财产险公司盈利水平具有一定的影响；有两家是专业自保公司，分别是中石油专属保险（排第3名）、中远海自保（排第7名），此外，广东能源自保排第11名，铁路自保排第15名，即我国内地4家专业自保公司在盈利能力方面都取得了优秀的成绩。

专业自保公司作为我国新兴的保险组织形式，为母公司带来了更高水平的盈利能力和保障水平。我们看到许多传统商业财产险公司在新增车险需求疲弱的环境下，在拓展业务能力、寻找优势项目和提高公司的产品开发能力等方面都遇到了发展的瓶颈，专业自保公司的快速发展和优秀表现也许给予业界、学界和政府监管部门更多的启示。

（三）资本管理能力方面

在资本管理能力方面，财产险公司排名前十的保险公司中，中资保险公司与外资保险公司相比，占有一定的优势。根据评价结果，资本管理能力排名前十的财产险公司中，有 2 家是外资保险公司，分别是爱和谊（排名第六）、安联财险（排名第十），其余 8 家均为中资保险公司，其中，人保财险、平安财险、太保财险位居资本管理能力的前三名，值得注意的是爱和谊连续 5 年的资本管理能力排名进入前十。

（四）经营能力方面

根据 2022 年财产险公司的经营能力评价结果，排名前十的保险公司有 9 家为中资保险公司，可以说中资保险公司的经营管理能力占有比较明显的优势，其中唯一入围前十的外资保险公司是利宝互助（排名第七）。

根据我们的经营能力评价指标可以看出，中资保险公司在总资产周转率和净资产周转率方面排名靠前，在综合费用成本控制方面比较严格（综合费用率较低）；外资保险公司在综合赔付的成本控制方面比较严格（综合赔付比较低）、分保能力强、保费收入的来源比较均衡稳定。

由于股东背景、公司管理能力和策略的不同，中资财产险公司在经营管理能力方面还有许多有待改进和学习的地方。

（五）风险管理能力方面

在风险管理能力评价方面，有 3 个比较明显的特征：一是我国内地 4 家专业自保公司全部进入风险管理能力前十，其中，中石油专属保险和广东能源自保排名分别为第 1 名、第 2 名，说明我国专业自保公司的风险管理能力占有绝对优势；二是与往年外资保险公司的风险管理能力占有比较明显优势的情况不同，2022 年风险管理能力排名前十的公司中，仅有 2 家外资保险公司（日本兴亚，排名第七；三星财险，排名第十）；三是一批中小型财产险公司的排名进入前十，这样的传统商业财产险公司（相比专业自保公司而言）仅有 4 家（汇友互助，排名第三；合众财险，排名第五；众诚财险，排名第六；鼎和财险，排名第九）入围风险管理能力前十。

截止到 2021 年年底，注册地在内地的中国专业自保公司只有 4 家，连续 3 年 4 家中国专业自保公司在风险管理能力方面表现突出，说明与传统商业财产险公司相比，专业自保公司在风险管理能力方面占有得天独厚的先天优势和基因。专业自保公司也许会成为很多大型国有企业或者国有集团组织进行风险管理的比较新颖的方式和组织形式。

（六）发展潜力方面

在发展潜力竞争力排名前十的公司中，8 家为中资保险公司，2 家为外资保险公司（中航安盟，排名第七；爱和谊，排名第八）。这说明，中资保险公司在发展潜力方面占有比较明显的优势。不过，外资保险公司在保险理念、技术、资本等方面有许多中资需要学习的地方。

结合近些年的研究结论，中资保险公司竞争力取得了飞速发展，中资保险公司的竞争力低于外资保险公司的论断并不成立。通过研究分析，我们对中国保险公司的竞争力现状有了基本的了解。

基于中国财产险公司竞争力评价的结论，为了更好地提高财产险公司的竞争力，建议如下：

第一，中国保险公司应该加强企业的风险管理。在中国经济结构转型升级，以及国际金融危机尚未得到解决甚至有所深化的国内外环境下，保险公司面临如何控制资本市场风险、产品创新风险等诸多挑战，甚至有偿付能力不足的风险。因此，高标准地开展承保业务和充足的资本，是财产险公司管理风险的关键。在中国财产险市场迅速发展的过程中，相对于外资保险公司，中资保险公司只有相对较低的资本实力和偿付能力充足率，这是一个很清楚的警示信号：财产险公司要注重内部的全面风险管理。

同时，我国专业自保公司的快速发展也许给我国财产险产业的发展提供了一个新的思路和借鉴。随着国家和社会越来越重视风险管理能力建设，要求保险产业“保险姓保”、保险服务实体经济、保险服务“一带一路”建设等，相较于传统商业保险公司，专业自保公司的治理结构、轻量化管理和经营思路等方面的特点和优势都应该引起业界、学界和政府监管部门的重视和研究。

第二，在现阶段，整体比较而言，中国财产险公司要想提高竞争力，必须实现规模、效益、风险的统一，确保机构数达到 20—25 家，保费规模达到 100 亿元以上，注册资本达到 50 亿元以上，总资产达到 300 亿元以上。

第三，2023 年财产险市场竞争的激烈程度将进一步提高，市场格局的转变速度将不断加快，规模化经营与互联网金融的快速发展给实力不强的中小财产险公司带来巨大的生存压力和突破空间；因金融、保险市场的不断发展，百年未有之大变局的影响，政府监管力度、质量的不断提高，预计 2023 年财产险行业承保利润和投资收益的竞争将更加激烈。

第四，加大政府和国家金融监督管理总局的支持力度。随着第二代偿付能力建设，以及费率市场化、利率市场化的改革，财产险公司需要继续推进渠道转型，更注重电销、网销和交叉销售，增强产品开发能力，满足不同层次消费者的需求，提高行业的服务管理水平。

第五，探讨外资保险公司竞争力普遍低于中资保险公司的原因并予以改进。这方面既有股东背景和资金实力的问题，又有综合费用与综合赔付的成本管理策略和分保再保的技术策略等问题，需要财产险公司根据自身的实际情况和定位进行具体分析。

第六，我国经济由高速增长阶段转向高质量发展阶段，需要更好发挥保险作用。党的十九大作出了我国经济由高速增长阶段转向高质量发展阶段的重大判断，这一过程要求坚持市场化改革，更好发挥市场配置资源的决定性作用。在我国经济由高速增长阶段转向高质量发展阶段这一历史进程中，通过商业保险市场化手段解决转型过程中可能出现的风险问题，可以有效促进社会和谐稳定。

总而言之，随着国家经济实力的和民众保险意识的增强，我们的研究所得到的中国财产险公司竞争力排名，向中国的财产险公司发出了强烈而积极的信号：中国财产险业有着光明的发展前景。

第三节 2022 年中国财产险公司综合竞争力一级指标评价结果与分析

根据定义，财产保险公司的综合竞争力评价含有盈利能力、资本管理能力、经营能力、风险管理能力和发展潜力 5 个一级指标。各一级指标下含有数量不等的二级指标。我们基于二级指标，运用主成分分析方法，对 73 家财产险公司一级指标的表现情况进行评价和分析。

一、2022 年财产险公司盈利能力排名与分析

盈利能力共包含 10 个二级指标。经过数据预处理，我们得到一个 73×10 的数据矩阵。运用主成分分析法，我们共选取了 6 个主成分，其累计解释率为 89.12%，其中，每个主成分都是这 10 个二级指标的线性组合。将主成分分析得分

按照最低分40分、最高分100分进行标准化，得到各公司盈利能力的百分制得分（见表4－2）。

表4－2 财产险公司盈利能力竞争力排名与得分

公司名称	排名	得分（百分制）	公司名称	排名	得分（百分制）
人保财险	1	100.0	众诚财险	38	67.4
平安财险	2	94.0	建信财险	39	66.8
中石油专属保险	3	91.5	亚太财险	40	66.8
安信农险	4	86.6	华安财险	41	66.6
久隆财险	5	85.5	华农财险	42	66.6
英大财险	6	85.3	史带财产	43	66.5
中远海自保	7	83.4	泰康在线	44	66.3
鼎和财险	8	81.8	国任财险	45	66.3
紫金财险	9	80.9	渤海财险	46	66.2
爱和谊	10	80.7	永诚财险	47	65.7
广东能源自保	11	80.5	海峡金桥	48	65.2
阳光农险	12	80.1	安诚财险	49	65.2
国元农险	13	80.0	安华农险	50	65.2
苏黎世保险	14	79.9	合众财险	51	64.0
铁路自保	15	79.3	华海财险	52	63.9
三井住友	16	77.9	中航安盟	53	63.8
利宝互助	17	77.7	前海联合	54	63.2
太保财险	18	77.7	众安财险	55	62.8
东京海上	19	76.9	富德财险	56	62.8
日本财险	20	75.8	诚泰财险	57	62.2
华泰财险	21	75.6	中原农险	58	61.3
中意财险	22	74.2	安联财险	59	61.1
阳光财险	23	74.1	都邦财险	60	60.0
三星财险	24	74.0	中煤财险	61	58.8
中银财险	25	72.8	鑫安汽车	62	58.5
美亚保险	26	72.5	阳光信用	63	58.2
中华联合	27	72.4	珠峰财险	64	57.7
日本兴亚	28	71.8	锦泰财险	65	55.9
汇友互助	29	71.3	长江财险	66	53.7
太平财险	30	71.1	富邦财险	67	53.1
燕赵财险	31	71.1	中路财险	68	53.0
黄河财险	32	70.5	北部湾财险	69	52.7
永安财险	33	69.9	大地财险	70	50.1
恒邦财险	34	69.7	浙商财险	71	48.7
安盛天平	35	69.6	泰山财险	72	45.3
国寿财险	36	68.2	众惠相互	73	40.0
国泰财险	37	67.6			

由表 4－2 可以看出，2022 年中国财产险市场中盈利能力排名前三的保险公司依次是人保财险、平安财险、中石油专属财险。在百分制基准下，它们的盈利能力得分分别为 100 分、94 分、91.5 分。

在参评的 73 家财产险公司中，盈利能力得分最高的是人保财险（100 分），得分最低的为众惠相互（40 分），平均得分为 69.1 分，得分高于平均分的公司有 35 家，占比 47.9%。得分在 90 分以上的公司有 3 家，得分在 80—90 分的公司有 10 家，得分在 70—80 分的公司有 19 家，得分在 60—70 分的公司有 28 家，得分在 60 分以下的公司有 13 家。

图 4－2 显示了盈利能力排名前十的财产险公司得分情况，依次是人保财险、平安财险、中石油专属保险、安信农险、久隆财险、英大财险、中远海自保、鼎和财险、紫金财险、爱和谊。

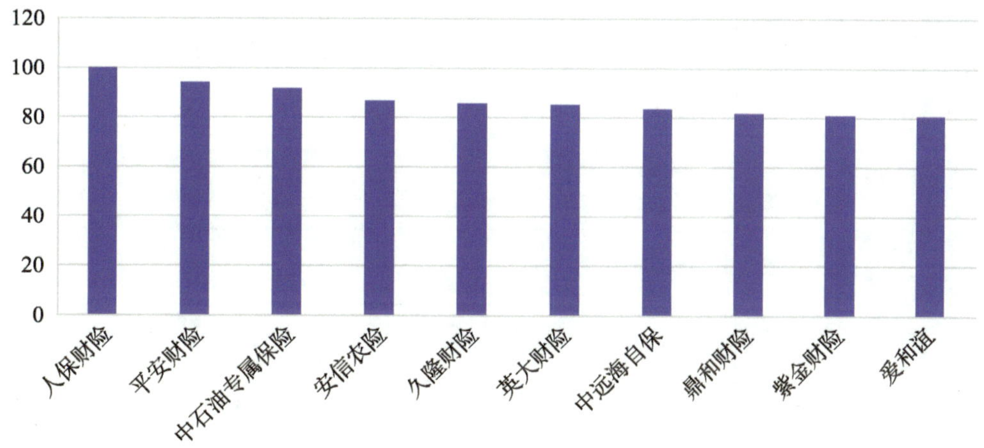

图 4－2　盈利能力排名前十的财产险公司得分情况

从图 4－2 可以看出，盈利能力排名前三的人保财险、平安财险、中石油专属保险得分均在 90 分以上，尤其是人保财险的盈利能力具有一定的优势。排名第四至第十的财产险公司得分较为紧凑，集中在 80.7—86.6 分，分差平均值不超过 1 分。与此同时，盈利能力排名前十的财产险公司除爱和宜外，全部为中资公司。可见，中资财产险公司在盈利能力上较外资财产险公司有明显优势。

（一）盈利能力排名前十的财产险公司各项二级指标排名与得分

表 4－3 列明了盈利能力排名前十的财产险公司各项二级指标的表现情况。

表 4-3　盈利能力排名前十的财产险公司各项二级指标的排名与得分

公司名称	总资产收益率		净资产收益率		投资收益率		净投资收益率		承保利润率		投资资产占总资产的比率		净利润增长率		人均利润		净利润		综合收益率	
	排名	得分	排名	得分	排名	得分	排名	得分	排名	得分	排名	得分	排名	得分	排名	得分	排名	得分	排名	得分
人保财险	10	89.8	7	89.3	35	74.6	25	71.9	23	74.0	16	88.5	39	77.6	24	64.6	1	100.0	36	71.5
平安财险	22	80.9	15	88.3	21	82.6	20	77.0	15	75.4	32	75.8	59	76.2	13	69.8	2	99.9	13	84.3
中石油专属保险	7	90.8	23	87.3	22	82.2	50	61.0	2	82.3	2	99.9	43	77.3	1	100.0	13	53.4	17	81.6
安信农险	11	89.1	19	87.7	7	92.1	14	89.0	21	74.2	44	69.2	13	81.6	4	88.5	18	51.1	7	89.8
久隆财险	21	81.2	36	86.3	1	100.0	36	67.0	13	76.0	73	40.0	62	75.9	2	98.3	42	49.3	1	100.0
英大财险	2	98.2	2	92.1	26	81.0	22	75.1	10	77.5	12	91.4	31	78.2	10	70.8	5	62.7	30	77.3
中远海自保	16	83.5	30	86.9	28	78.8	65	50.6	1	100.0	28	79.2	46	77.3	3	98.1	23	50.2	41	68.9
鼎和财险	3	97.3	6	89.9	8	91.7	5	95.7	6	78.2	55	55.7	44	77.3	15	68.4	7	59.6	11	86.3
紫金财险	15	86.5	12	88.9	17	83.7	23	73.4	33	73.2	8	94.5	22	79.2	20	65.1	11	54.3	16	82.0
爱和谊	20	81.3	22	87.3	25	81.3	58	55.2	25	73.7	5	97.5	5	84.5	8	74.6	35	49.5	32	76.4

由表4－3可以看出，人保财险在盈利能力一级指标中排名第一，主要是由于该公司的净利润排名第一（100分）。除投资收益率（第35名，74.6分）、净利润增长率（第39名，77.6分）和综合收益率（第36名，71.5分）3项指标外，人保财险的其余各项二级指标排名均在前30名以内，综合盈利能力表现优异。

平安财险在盈利能力一级指标中排名第二，其二级指标净利润（第2名，99.9分）表现优秀。除投资资产占总资产的比率和净利润增长率2项指标外，平安财险的其余各项二级指标均不低于前30名，处于中上游水平。

中石油专属保险的盈利能力排名第三，主要是由于该公司的承保利润率排名第二（82.3分）、投资资产占总资产的比率排名第二（99.9分）、人均利润排名第一（100分），虽然其净利润增长率（第43名，77.3分）、净投资收益率（第50名，61分）表现一般，但其他各项二级指标表现优秀，均不低于前30名。

从整体上看，盈利能力排名前十的财产险公司的各项二级指标排名均位于市场中上游水平，并且都有个别表现拔尖的二级指标，说明这10家保险公司具有较强的获取投资和利润的能力。

（二）盈利能力下各项二级指标排名与得分前十的财产险公司

表4－4列明了盈利能力下各项二级指标排名前十的财产险公司及其得分情况，反映了财产险公司盈利能力的整体情况。

由表4－4可以看到，人均利润指标中，中石油专属保险（第1名，100分）、中远海运自保（第3名，98.1分）、铁路自保（第5名，84.7分）这3家专业自保公司排名靠前，并且相较后5名（70.8—81分）的得分具有比较明显的优势，说明这3家专业自保公司在盈利能力方面比普通商业保险公司具有更为得天独厚的优势。中石油专属保险公司在人均利润指标方面的表现最为突出。这说明自保公司在人员与创造利润方面的平衡优于大部分保险公司。

在净利润指标中，排名前三的财产险公司分别是人保财险、平安财险和太保财险。这3家实力雄厚的财产险公司与第4—10名（54.6—64.6分）相比较，优势较大。净利润指标的波动范围大主要是因为排名前三的人保财险、平安财险和太保财险在企业经营规模、盈利管理能力水平上具有较为明显的优势。净利润作为规模性指标，排名靠前的公司与后面的公司差距较大是符合客观情况的。

表4-4　盈利能力下各项二级指标得分多排名前十的财产险公司

二级指标	总资产收益率	净资产收益率	投资收益率	净投资收益率	承保利润率	投资资产占总资产的比率	净利润增长率	人均利润	净利润	综合收益率
排名	公司名称（得分）	公司名称（得分）	公司名称（得分）	公司名称（得分）	公司名称（得分）	公司名称（得分）	公司名称（得分）	公司名称（得分）	公司名称（得分）	公司名称（得分）
1	阳光农险（100.0）	中煤财险（100.0）	久隆财险（100.0）	众诚财险（100.0）	中远海自保（100.0）	利宝互助（100.0）	阳光农险（100.0）	中石油专属保险（100.0）	人保财险（100.0）	久隆财险（100.0）
2	英大财险（98.2）	英大财险（92.1）	国元农险（96.0）	黄河财险（99.7）	中石油专属保险（82.3）	中石油专属保险（99.9）	中原农险（93.3）	久隆财险（98.3）	平安财险（99.9）	国元农险（98.1）
3	鼎和财险（97.3）	阳光农险（90.8）	燕赵财险（95.2）	华泰财险（98.8）	苏黎世保险（81.7）	富德财险（98.3）	泰康在线（89.4）	中远海自保（98.1）	太保财险（98.6）	黄河财险（97.5）
4	中原农险（93.4）	太保财险（90.5）	广东能源（94.9）	国任财险（97.4）	美亚保险（80.2）	汇友互助（97.8）	太平财险（85.7）	安信农险（88.5）	阳光财险（64.6）	广东能源（93.8）
5	美亚保险（93.2）	国元农险（90.2）	中意财险（93.5）	鼎和财险（95.7）	阳光农险（79.2）	爱和谊（97.5）	爱和谊（84.5）	铁路自保（84.7）	英大财险（62.7）	中意财险（91.4）
6	东京海上（90.9）	鼎和财险（89.9）	太保财险（93.0）	国元农险（95.6）	鼎和财险（78.2）	三星财险（96.1）	阳光财险（84.3）	苏黎世保险（81.0）	中华联合（59.6）	燕赵财险（89.8）
7	中石油专属保险（90.8）	人保财险（89.3）	安信农险（92.1）	永安财险（93.1）	中原农险（78.0）	诚泰财险（95.3）	华安财险（83.7）	日本财险（75.1）	鼎和财险（59.6）	安信农险（89.8）
8	太保财险（90.1）	东京海上（89.1）	鼎和财险（91.7）	北部湾财险（92.7）	三星财险（77.8）	紫金财险（94.5）	前海联合（83.6）	爱和谊（74.6）	国寿财险（55.5）	太保财险（89.8）
9	华泰财险（90.0）	日本财险（89.1）	黄河财险（91.6）	太保财险（92.7）	铁路自保（77.7）	铁路自保（93.1）	诚泰财险（82.8）	广东能源（73.6）	太平财险（55.2）	日本兴亚（88.1）
10	人保财险（89.8）	美亚保险（89.0）	阳光农险（90.4）	安诚财险（90.8）	英大财险（77.5）	众诚财险（92.9）	中意财险（82.7）	英大财险（70.8）	华泰财险（54.6）	华泰财险（86.4）

另外，盈利能力指标的其余几个二级指标排名前十的保险公司得分波动范围较小。尤其是投资资产占总资产的比率指标，第 1 名（利宝互助，100 分）和第 10 名（众诚财险，92.9 分）相差仅 7.1 分。

（三）盈利能力的模糊聚类等价分析

聚类分析是数理统计中的一种多元分析方法，它是用数学方法定量地确定研究对象的亲疏关系，从而客观地划分类型以及度量研究对象之间的相似程度。事物之间的界限，有些是确切的，有些则是模糊的。当聚类涉及事物之间的模糊界限时，需运用模糊聚类分析方法。模糊聚类分析是一种基于“物以类聚、人以群分”的观念进行各公司之间经营结构上相似程度的比较分析，不是优劣评价。

本部分试图根据财产险公司盈利能力下各项二级指标的得分，运用模糊聚类方法分析各家财产险公司的相似程度，为比较各家财产险公司的盈利能力提供一个新的方法和视角。

由表 4－5 可以看出，处于主对角线上的值均为 1，显然，各家财产险公司和自身的相似与贴近程度为 100%。盈利能力排名前十的财产险公司之间的矩阵相似度介于 0.33—0.95，差距同比减小，表明各家财产险公司之间的盈利能力业务结构仍然具有很大的差异性。本报告重点关注那些盈利能力业务结构明显较高或明显较低的公司之间的比较分析，因为即使是盈利能力排名前十的公司，它们的盈利模式、经营能力和管理水平也具有很多需要进一步分析研究的地方。

表 4－5　　盈利能力排名前十的公司的模糊聚类等价分析矩阵

	人保财险	平安财险	中石油专属保险	安信农险	久隆财险	英大财险	中远海自保	鼎和财险	紫金财险	爱和谊
人保财险	1.00	0.47	0.45	0.43	0.40	0.39	0.35	0.34	0.33	0.33
平安财险	0.47	1.00	0.92	0.91	0.78	0.88	0.57	0.85	0.84	0.83
中石油专属保险	0.45	0.92	1.00	0.95	0.79	0.89	0.57	0.85	0.84	0.84
安信农险	0.43	0.91	0.95	1.00	0.79	0.90	0.57	0.86	0.86	0.84
久隆财险	0.40	0.78	0.79	0.79	1.00	0.80	0.65	0.78	0.78	0.81
英大财险	0.39	0.88	0.89	0.90	0.80	1.00	0.57	0.89	0.89	0.86
中远海自保	0.35	0.57	0.57	0.57	0.65	0.57	1.00	0.73	0.76	0.80
鼎和财险	0.34	0.85	0.85	0.86	0.78	0.89	0.73	1.00	0.94	0.91
紫金财险	0.33	0.84	0.84	0.86	0.78	0.89	0.76	0.94	1.00	0.90
爱和谊	0.33	0.83	0.84	0.84	0.81	0.86	0.80	0.91	0.90	1.00

人保财险的盈利能力竞争力排第 1 名，它与其他 9 家财产险公司的相似度介于 0.33—0.47，相似度处于矩阵中较低的分值范围。这从定量分析的角度说明了人保财险的盈利能力和模式与其他财产险公司的相似性较低，人保财险在盈利能力模式方面有其独到的地方，与其他公司的盈利能力对标性不高。

盈利能力指标表现相似程度较高的是中石油专属保险和安信农险，这 2 家公司之间的相似度达到了 0.95，说明这 2 家公司的盈利能力和模式具有较高的相似性和对标性。

综上所述，这 10 家盈利能力排名靠前的财产险公司在业务结构、盈利模式等方面存在一定的差异性。

二、2022 年财产险公司资本管理能力排名与分析

资本管理能力共包含 11 个二级指标，经过数据预处理，我们得到一个 73 × 11 的数据矩阵。运用主成分分析法，我们共选取了 6 个累计解释率为 86.18% 的主成分，其中每个主成分都是这 11 个二级指标的线性组合。将主成分分析得分按照最低分 40 分、最高分 100 分进行标准化，得到各公司资本管理能力的百分制得分（见表 4 - 6）。

由表 4 - 6 可以看出，资本管理能力排名前三的财产险公司依次是人保财险、太保财险和平安财险。在百分制基准下，它们的得分分别为 100 分、94.1 分、93.9 分。

在参评的 73 家财产险公司中，资本管理能力得分最高的是人保财险（100 分），得分最低的是汇友互助（40 分），平均得分为 67.7 分，得分高于平均分的公司有 41 家，占比约为 55.4%。得分在 80 分以上的财产险公司有 11 家，得分在 70—80 分的财产险公司有 24 家，得分在 60—70 分的财产险公司有 21 家，得分在 60 分以下的财产险公司有 17 家。

图 4 - 3 显示了资本管理能力排名前十的财产险公司得分情况，依次是人保财险、太保财险、平安财险、珠峰财险、前海联合、爱和谊、华泰财险、国寿财险、中华联合、安联财险。

其中，前 3 位（人保财险、太保财险、平安财险）的得分均高于 90 分，远高于其他参评的财产险公司。第 5—10 名的得分紧凑，平均分差小于 1 分，下降走势平缓。

表 4－6　财产险公司资本管理能力竞争力排名与得分

公司名称	排名	得分（百分制）	公司名称	排名	得分（百分制）
人保财险	1	100.0	长江财险	38	68.8
太保财险	2	94.1	中原农险	39	68.6
平安财险	3	93.9	中航安盟	40	68.4
珠峰财险	4	87.7	海峡金桥	41	67.9
前海联合	5	87.1	亚太财险	42	67.4
爱和谊	6	85.0	众安财险	43	67.3
华泰财险	7	83.2	英大财险	44	67.0
国寿财险	8	82.3	浙商财险	45	66.9
中华联合	9	81.0	建信财险	46	66.9
安联财险	10	80.8	中路财险	47	66.2
阳光财险	11	80.2	泰山财险	48	65.9
华安财险	12	78.3	阳光农险	49	65.9
富邦财险	13	77.6	国泰财险	50	65.0
华海财险	14	76.3	中银财险	51	64.9
都邦财险	15	75.4	美亚保险	52	64.6
泰康在线	16	75.3	紫金财险	53	62.0
安华农险	17	75.3	中石油专属保险	54	61.8
渤海财险	18	74.9	安信农险	55	61.4
中意财险	19	74.5	安诚财险	56	60.7
北部湾财险	20	74.4	鑫安汽车	57	57.9
中煤财险	21	74.3	阳光信用	58	56.9
太平财险	22	74.3	诚泰财险	59	56.6
华农财险	23	74.1	三星财险	60	54.7
史带财产	24	74.0	燕赵财险	61	53.2
永诚财险	25	73.4	鼎和财险	62	52.0
大地财险	26	72.7	众惠相互	63	51.9
国元农险	27	72.4	众诚财险	64	51.5
国任财险	28	72.2	恒邦财险	65	48.3
三井住友	29	71.8	中远海自保	66	46.2
富德财险	30	71.6	日本兴亚	67	46.2
利宝互助	31	71.3	铁路自保	68	44.9
苏黎世保险	32	71.0	合众财险	69	44.0
锦泰财险	33	70.6	黄河财险	70	42.8
东京海上	34	70.3	广东能源	71	42.3
安盛天平	35	70.1	久隆财险	72	42.2
日本财险	36	69.3	汇友互助	73	40.0
永安财险	37	69.1			

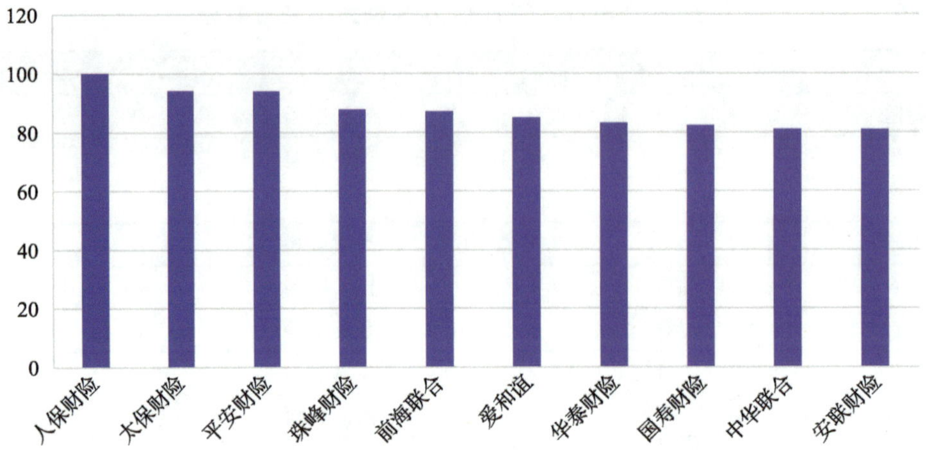

图4-3　资本管理能力前十的财产险公司得分情况

（一）资本管理能力排名前十的财产险公司各项二级指标的排名与得分

表4-7列明了资本管理能力排名前十的财产险公司的11项二级指标具体得分和排名，有助于比较分析这10家公司的资本管理能力。

在这10家财产险公司中，人保财险在资本管理能力指标中位列第一，这主要由于其在资本管理系数（第1名，100分）、所有者权益（第1名，100分）这2项指标上表现优异。但人保财险其余指标的表现并不理想，11项指标中，有7项指标得分排名在中游，2项指标得分排名在下游（资产保费比居第56位、得分为43.4分；准备金保费比率居第48位，得分为47.2分），表明人保财险在资本管理方面仍有许多值得提升的地方。

太保财险的资本管理能力排名第二，主要是因为其在资本管理系数（第1名，100分）、所有者权益（第3名，92.6分）、资本利用率（第10名，92.7分）3项指标上具有明显的优势。但资产保费比居第63位（得分为42.5分），表现不佳。这说明太保财险的资本管理能力还有需要提高的地方。

平安财险的资本管理能力位列第三，在资本管理系数（第1名，100分）、所有者权益（第2名，100分）上的表现优异。

同时，不同财产险公司资本管理能力的某些指标得分分布也呈现两极分化的状态。例如，资本管理系数指标得分超过90分的财产险公司有56家，准备金保费比率指标得分超过70分的财产险公司只有4家。这说明，不同财产险公司在资本管理的策略上存在较为极端的差异。

表 4-7　　资本管理能力排名前十的财产险公司各项二级指标的排名与得分

公司名称	资本管理系数		认可资产负债率		资产认可率		认可资产增长率		资本利用率		准备金保费比率		资产保费比		所有者权益		资产报酬率		风险调整资本回报率		资本管理绩效增长率	
	排名	得分	排名	得分	排名	得分	排名	得分	排名	得分	排名	得分	排名	得分	排名	得分	排名	得分	排名	得分	排名	得分
人保财险	1	100.0	29	79.4	25	79.3	15	40.0	27	76.9	48	47.2	56	43.4	1	100.0	39	61.8	27	79.8	36	77.6
太保财险	1	100.0	18	85.9	21	79.9	12	40.0	10	92.7	49	47.1	63	42.5	3	92.6	47	53.3	39	68.1	32	77.8
平安财险	1	100.0	19	83.7	5	83.6	18	40.0	24	80.2	24	49.5	48	44.3	2	100.0	50	52.1	33	72.7	54	76.4
珠峰财险	1	100.0	6	92.2	50	72.9	1	100.0	12	91.2	19	50.2	53	43.8	73	40.0	67	43.9	67	47.3	66	74.6
前海联合	1	100.0	4	93.7	59	64.3	1	100.0	14	90.5	69	44.5	49	44.3	70	40.3	66	44.4	55	57.6	67	74.6
爱和谊	1	100.0	37	75.2	71	40.0	65	40.0	38	57.9	1	100.0	37	45.3	49	41.1	21	83.6	3	98.4	9	83.5
华泰财险	1	100.0	41	72.5	3	86.7	13	40.0	35	62.1	2	100.0	42	44.7	15	47.2	28	71.5	37	68.4	34	77.6
国寿财险	1	100.0	26	82.0	19	80.1	9	40.0	17	87.5	46	47.3	62	42.7	4	80.6	52	51.5	52	59.1	31	77.9
中华联合	1	100.0	24	82.2	31	78.2	27	40.0	11	92.5	52	47.0	68	41.6	6	63.3	49	52.5	35	69.9	12	82.5
安联财险	1	100.0	5	93.4	1	100.0	61	40.0	4	98.8	62	45.3	64	42.5	43	41.3	69	42.0	50	60.6	5	90.7

在资产保费比、资产报酬率2项指标上，这10家财产险公司表现普遍较差，均有超过半数的公司排名处于参评公司的中下游位置。进一步说明各家保险公司在资本管理能力方面发展并不均衡，没有各项指标均处于领先地位的财产险公司。

（二）资本管理能力下各项二级指标排名与得分前十的财产险公司

表4-8列出了资本管理能力各项二级指标排名前十的财产险公司及其得分，反映了财产险公司资本管理能力的整体情况。

资本管理系数指标得分为100分的财产险公司共有46家。资本管理系数指标的计算是基于各公司的偿付能力充足率，资本管理系数得分100分表明在公司的资本管理过程中，公司经营管理层既保障了公司的偿付能力充足率，又充分利用了公司的资本，没有造成资本、资源的浪费。当然，由于并列满分的财产险公司较多，导致这一指标对排名并列的财产险公司的影响被稀释。

认可资产负债率指标和风险调整资本回报率指标反映了公司的经营类别、经营观念和资产质量。这两项指标的第1名分别是富邦财险和中石油专属保险，得分均为100分，排第10名的分别是史带财产（90.7分）和安信农险（94.8分）。这两项指标排名前十的财产险公司分差均较小。同样地，资产报酬率指标排名前十的财产险公司分差也较小。

资本利用率表明公司利用资本获取收入的能力。位列该指标第1名的安华农险，得分为100分；第10名是太保财险，得分为92.7。资本利用率指标排名前十的财产险公司分差同样较小。

准备金保费比率反映的是公司准备金占保费收入的比率。在对参评的各家财产险公司的该指标进行比较后发现，爱和谊（并列第1名，100分）的优势明显，其在该指标的排名连续6年保持第1名，并且2022年该指标下降趋势明显，只有前3名得分在80分以上，居第4名的财产险公司得分仅有75.7分，居第10名的富德财险得分仅为56.8分，第1名与第10名的分差达43.2分，差距非常大。

（三）资本管理能力的模糊聚类等价分析

本部分试图根据财产险公司二级指标的得分，运用模糊聚类方法分析各家财产险公司的相似程度，为比较各家财产险公司的资本管理能力提供一个新的方法和视角。

表 4-8　资本管理能力下各项二级指标得分与排名前十的财产险公司

二级指标 / 排名	资本管理系数	认可资产负债率	资产认可率	认可资产增长率	资本利用率	准备金保费比率	资产保费比	所有者权益	资产报酬率	风险调整资本回报率	资本管理绩效增长率
	公司名称（得分）	公司名称（得分）	公司名称（得分）	公司名称（得分）	公司名称（得分）	公司名称（得分）	公司名称（得分）	公司名称（得分）	公司名称（得分）	公司名称（得分）	公司名称（得分）
1	人保财险（100.0）	富邦财险（100.0）	安联财险（100.0）	前海联合（100.0）	安华农险（100.0）	爱和谊（100.0）	阳光信用（100.0）	人保财险（100.0）	久隆财险（100.0）	中石油专属保险（100.0）	阳光农险（100.0）
2	大地财险（100.0）	渤海财险（96.5）	广东能源（89.3）	珠峰财险（100.0）	都邦财险（99.7）	华泰财险（100.0）	久隆财险（100.0）	平安财险（100.0）	阳光信用（100.0）	中远海自保（99.4）	富德财险（98.9）
3	中华联合（100.0）	都邦财险（94.2）	华泰财险（86.7）	国任财险（40.0）	渤海财险（99.2）	中石油专属保险（88.8）	广东能源（92.2）	太保财险（92.6）	诚泰财险（99.9）	爱和谊（98.4）	中原农险（91.8）
4	太保财险（100.0）	前海联合（93.7）	众安财险（86.4）	国元农险（40.0）	安联财险（98.8）	阳光信用（75.7）	中石油专属保险（87.7）	国寿财险（80.6）	鼎和财险（99.9）	苏黎世保险（98.1）	泰康在线（91.0）
5	平安财险（100.0）	安联财险（93.4）	平安财险（83.6）	安信农险（40.0）	利宝互助（98.6）	三井住友（61.5）	中远海自保（73.3）	大地财险（70.9）	三星财险（98.2）	久隆财险（97.6）	安联财险（90.7）
6	华泰财险（100.0）	珠峰财险（92.2）	三星财险（82.6）	阳光农险（40.0）	太平财险（98.5）	史带财产（59.9）	汇友互助（72.6）	中华联合（63.3）	中石油专属保险（98.1）	广东能源（97.5）	阳光财险（85.1）
7	华安财险（100.0）	安华农险（92.0）	铁路自保（82.0）	太平财险（40.0）	华农财险（98.1）	久隆财险（58.7）	铁路自保（72.3）	众安财险（61.9）	日本兴亚（97.7）	三星财险（97.2）	华海财险（84.9）
8	永安财险（100.0）	中煤财险（91.8）	中石油专属保险（81.9）	北部湾财险（40.0）	北部湾财险（95.9）	苏黎世保险（57.5）	日本兴亚（71.6）	阳光财险（57.7）	阳光农险（96.6）	阳光农险（96.6）	华安财险（84.4）
9	太平财险（100.0）	永诚财险（91.4）	阳光信用（81.8）	国寿财险（40.0）	华安财险（94.9）	日本兴亚（56.9）	史带财产（70.9）	鼎和财险（56.5）	铁路自保（94.9）	日本财险（96.0）	爱和谊（83.5）
10	亚太财险（100.0）	史带财产（90.7）	国元农险（81.8）	中原农险（40.0）	太保财险（92.7）	富德财险（56.8）	富德财险（64.6）	紫金财险（51.9）	汇友互助（94.8）	安信农险（95.6）	泰山财险（83.3）

由表4-9可以看出，处于主对角线上的值均为1。显然，各家财产险公司和自身的相似与贴近程度为100%。资本管理能力排名前十的公司之间的相似度介于0.38—0.97。

表4-9　资本管理能力排名前十的公司的模糊聚类等价矩阵

	人保财险	太保财险	平安财险	珠峰财险	前海联合	爱和谊	华泰财险	国寿财险	中华联合	安联财险
人保财险	1.00	0.58	0.55	0.52	0.49	0.46	0.41	0.39	0.39	0.38
太保财险	0.58	1.00	0.92	0.88	0.84	0.74	0.61	0.81	0.81	0.76
平安财险	0.55	0.92	1.00	0.86	0.82	0.74	0.61	0.84	0.84	0.76
珠峰财险	0.52	0.88	0.86	1.00	0.89	0.76	0.63	0.80	0.80	0.79
前海联合	0.49	0.84	0.82	0.89	1.00	0.80	0.67	0.77	0.77	0.78
爱和谊	0.46	0.74	0.74	0.76	0.80	1.00	0.76	0.72	0.72	0.79
华泰财险	0.41	0.61	0.61	0.63	0.67	0.76	1.00	0.73	0.76	0.79
国寿财险	0.39	0.81	0.84	0.80	0.77	0.72	0.73	1.00	0.97	0.80
中华联合	0.39	0.81	0.84	0.80	0.77	0.72	0.76	0.97	1.00	0.80
安联财险	0.38	0.76	0.76	0.79	0.78	0.79	0.79	0.80	0.80	1.00

人保财险的资本管理能力综合竞争力居第1名，但它与其余9家公司的相似度都不高，相似度集中在0.38—0.58，处于矩阵较低的分值范围。这说明人保财险与其他9家资本管理能力进入前十的财产险公司在资本管理能力和经营理念上相似性很低，其资本管理与经营模式是独特的存在。这一现象背后的逻辑值得仔细分析和思考。

值得注意的是，资本管理能力排名前十的财产险中，国寿财险和中华联合、太保财险和平安财险的相似度都不低，分别达到了0.97和0.92。这说明这几家公司在资本管理能力方面的差异并不明显。

此矩阵中的相关结果是根据资本管理能力各项指标运算得到的。这对认识财产险公司在资本管理的模式、技术和意识方面是有所帮助的。对此感兴趣的读者可以对其进一步分析和研究。

三、2022年财产险公司经营能力排名与分析

经营能力共包含13个二级指标，经过数据预处理，我们得到一个73×13的数据矩阵。运用主成分分析法，我们共选取了8个主成分，其累计解释率为85.95%，其中，每个主成分都是这13个二级指标的线性组合。将主成分分析得分

按照最低分40分、最高分100分进行标准化，得到各公司经营能力的百分制得分（见表4-10）。

表4-10 财产险公司经营能力竞争力排名与得分

公司名称	排名	得分（百分制）	公司名称	排名	得分（百分制）
人保财险	1	100.0	北部湾财险	38	76.5
平安财险	2	98.4	广东能源	39	76.3
太平财险	3	95.5	苏黎世保险	40	76.1
国寿财险	4	94.7	紫金财险	41	75.8
阳光财险	5	91.7	长江财险	42	75.7
珠峰财险	6	91.4	建信财险	43	75.6
利宝互助	7	91.1	中航安盟	44	74.7
中华联合	8	91.1	永诚财险	45	74.3
阳光信用	9	90.8	中银财险	46	74.0
众安财险	10	90.7	阳光农险	47	73.9
亚太财险	11	90.5	海峡金桥	48	73.4
中煤财险	12	90.2	安诚财险	49	73.3
华农财险	13	88.0	三井住友	50	73.1
泰康在线	14	87.2	中意财险	51	72.8
太保财险	15	86.3	鼎和财险	52	72.5
中石油专属保险	16	84.8	燕赵财险	53	71.9
中原农险	17	84.5	安华农险	54	71.6
铁路自保	18	83.6	众诚财险	55	71.6
国任财险	19	83.0	恒邦财险	56	71.3
华安财险	20	82.7	东京海上	57	69.3
众惠相互	21	82.5	华泰财险	58	69.1
黄河财险	22	81.6	泰山财险	59	68.9
大地财险	23	81.1	国元农险	60	68.0
锦泰财险	24	80.0	浙商财险	61	67.1
都邦财险	25	79.9	汇友互助	62	66.8
安盛天平	26	79.8	爱和谊	63	66.7
前海联合	27	79.8	富邦财险	64	66.0
日本兴亚	28	79.1	三星财险	65	65.7
英大财险	29	78.9	诚泰财险	66	62.1
中远海自保	30	78.9	安信农险	67	61.9
华海财险	31	78.8	鑫安汽车	68	59.8
国泰财险	32	78.7	日本财险	69	57.3
永安财险	33	78.4	美亚保险	70	54.2
中路财险	34	78.3	久隆财险	71	52.9
安联财险	35	78.2	史带财产	72	49.2
合众财险	36	77.9	富德财险	73	40.0
渤海财险	37	76.8			

由表 4－10 可以看出，2022 年中国财产险市场中经营能力排名前三的保险公司依次是人保财险、平安财险、太平财险，在百分制基准下，得分分别为 100 分、98.4 分和 95.5 分。

在参评的 43 家财产险公司中，经营能力得分最高的为人保财险（100 分），得分最低的是富德财险（40 分），平均得分为 76.6 分，得分高于平均分的保险公司有 37 家，占比约为 50.7%。得分在 90 分以上的财产险公司有 12 家，得分在 80—90 分的财产险公司有 12 家，得分在 70—80 分的财产险公司有 32 家，得分在 60—70 分的财产险公司有 11 家，得分在 60 分以下的财产险公司有 6 家。

图 4－4 显示了经营能力排名前十的财产险公司得分情况，依次是人保财险、平安财险、太平财险、国寿财险、阳光财险、珠峰财险、利宝互助、中华联合、阳光信用、众安财险。

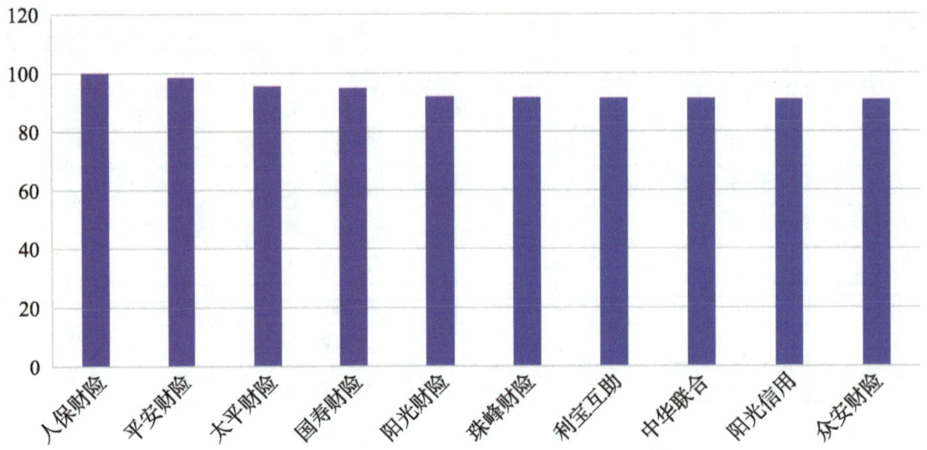

图 4－4　经营能力排名前十的财产险公司得分情况

由图 4－4 可以看出，排名前十的财产险公司得分差距不大，均在 90 分以上，得分缓慢下降。总体来看，经营能力排名前十的财产险公司除利宝互助外，均为中资保险公司，中资财产险公司的经营能力略高于外资公司。

（一）经营能力排名前十的财产险公司各项二级指标的排名与得分

表 4－11 列出了经营能力各项二级指标排名前十的财产险公司及其得分，反映了财产险公司经营能力的整体情况。其中的逆向指标都已经过逆向化处理，即得分越高表明经营能力越强。

人保财险的经营能力居第 1 名，主要由于该公司保险业务收入指标表现优异（第 1 名，100 分）。值得注意的是，人保财险在 5 项经营能力二级指标的排名中处

表 4－11　　经营能力排名前十的财产险公司各项二级指标的排名与得分

公司名称	净资产周转率		总资产周转率		综合赔付率		综合费用率		综合成本率的变化率		险种集中度系数		保险业务收入		保险业务收入增长率		净利润赔付支出覆盖率		车险保费占比		保费收入费用增长比		应收分保率		再保险亏损率	
	排名	得分	排名	得分	排名	得分	排名	得分	排名	得分	排名	得分	排名	得分	排名	得分	排名	得分	排名	得分	排名	得分	排名	得分	排名	得分
人保财险	24	79.8	7	87.2	57	65.0	11	76.3	43	72.6	50	66.9	1	100.0	36	68.2	22	49.9	51	99.8	25	75.8	10	40.0	48	61.9
平安财险	21	85.9	20	84.7	37	72.6	18	74.8	53	70.6	60	53.9	2	100.0	28	69.8	27	49.5	61	99.7	17	78.7	18	40.0	33	66.4
太平财险	3	98.5	18	87.0	29	74.7	30	73.1	27	76.5	15	92.1	8	55.6	52	63.1	31	49.2	73	40.0	13	81.5	10	40.0	11	77.9
国寿财险	11	93.0	13	90.8	55	65.9	20	74.6	30	75.1	53	65.0	4	86.9	39	67.3	51	48.7	57	99.8	30	74.4	6	40.0	42	63.7
阳光财险	13	92.2	19	85.3	43	70.8	29	73.2	29	76.1	48	68.9	7	62.0	61	60.1	26	49.5	55	99.8	18	78.7	38	40.0	57	58.5
珠峰财险	6	95.5	15	87.5	11	81.2	65	67.3	14	81.6	40	76.0	66	40.3	47	65.4	47	48.8	53	99.8	31	74.1	63	40.0	21	73.4
利宝互助	2	99.9	2	99.6	15	79.9	61	68.5	22	77.5	57	59.5	38	41.3	56	62.1	35	49.0	64	99.7	44	68.8	30	40.0	5	92.4
中华联合	7	94.6	5	96.3	58	64.1	12	75.9	35	74.3	19	91.4	5	72.1	38	68.1	39	48.9	43	99.8	22	77.8	18	40.0	52	60.2
阳光信用	73	40.0	71	40.3	1	100.0	72	40.0	72	40.3	64	50.1	73	40.0	1	100.0	1	100.0	1	100.0	1	100.0	1	100.0	58	56.7
众安财险	37	60.5	30	78.7	16	79.1	51	69.9	51	71.2	13	94.6	9	52.9	19	74.8	44	48.8	19	100.0	37	72.2	4	40.0	3	100.0

于中下游水平，分别是综合赔付率（第57名，65分）、综合成本率的变化率（第43名，72.6分）、险种集中度系数（第50名，66.9分）、车险保费占比（第51名，91.8分）、再保险亏损率（第48名，61.9分）。另外，人保财险有5项经营能力二级指标的得分排名处于第11名至第30名。整体而言，人保财险的经营能力发展较为均衡，个别指标表现十分优秀。

平安财险的经营能力居第2名，主要是由于其保险业务收入指标（第2名，100分）表现优秀，这凸显了平安财险在经营能力方面的优势。另外，太保财险在3项经营能力二级指标（综合成本率的变化率、险种集中度系数、车险保费占比）的排名中都位于50名之后。其他7项经营能力二级指标的排名位于前30名。和人保财险类似，太保财险的经营能力排名领先是因为其各项二级指标的表现较为均衡，并且在个别指标上的表现十分亮眼。

太平财险的经营能力居第3名，在净资产周转率（第3名）、保险业务收入（第8名）、应收分保率（第10名）3项指标上的排名靠前。

净资产周转率和总资产周转率是考察企业资产运营效率的重要指标，能够反映企业对其全部资产的管理质量和利用效率。总体来看，在经营能力综合竞争力排名前十的财产险公司中，除阳光信用（净资产收益率第73名，40分；总资产收益率第71名，40.3分）外，其余9家公司在净资产收益率和总资产收益率2项二级指标上的表现均处于中上游水平，分别有4家公司和2家公司进入这两项指标的前十，在一定程度上说明这些公司具备较强的资产经营能力。

此外，这些经营能力排名前十的财产险公司在保险业务收入、应收分保率指标上的表现较为良好，除个别公司外，几乎都处于73家公司的中游以上水平，部分公司经营能力二级指标的排名进入前十，说明这10家公司在业务收入和分保方面的表现都较为不错，从而取得了经营能力总体评价的高分。

但也应该看到，在这10家公司中有超过半数的公司在综合赔付率、险种集中度系数、保险业务收入增长率、再保险亏损率和车险保费占比5项二级指标的得分与排名处于中下游水平。以上指标的表现在一定程度上说明这些公司的经营能力在某些方面（例如，成本控制、产品结构等）仍存在短板。财产险公司可以有针对性地加以改进，进一步提高自身的综合经营能力。

（二）经营能力下各项二级指标排名与得分前十的财产险公司

表4－12中列出了经营能力各项二级指标排名前十的财产险公司及其得分情况，反映了财产险公司经营能力的整体情况。

表 4-12　　经营能力指标下各项二级指标得分与排名前十的财产险公司

二级指标 / 排名	净资产周转率	总资产周转率	综合赔付率	综合费用率	综合成本率的变化率	险种集中度系数	保险业务收入	保险业务收入增长率	净利润赔付支出覆盖率	车险保费占比	保费收入费用增长比	应收分保率	再保险亏损率
	公司名称（得分）	公司名称（得分）	公司名称（得分）	公司名称（得分）	公司名称（得分）	公司名称（得分）	公司名称（得分）	公司名称（得分）	公司名称（得分）	公司名称（得分）	公司名称（得分）	公司名称（得分）	公司名称（得分）
1	都邦财险（100.0）	国泰财险（100.0）	阳光信用（100.0）	中远海自保（100.0）	长江财险（100.0）	中银财险（100.0）	人保财险（100.0）	阳光信用（100.0）	阳光信用（100.0）	安信农险（100.0）	阳光信用（100.0）	阳光信用（100.0）	众惠相互（100.0）
2	利宝互助（99.9）	利宝互助（99.6）	铁路自保（98.4）	国元农险（79.4）	广东能源（98.8）	亚太财险（99.2）	平安财险（100.0）	合众财险（99.3）	铁路自保（86.3）	中石油专属保险（100.0）	前海联合（99.2）	久隆财险（40.0）	华海财险（100.0）
3	太平财险（98.5）	华农财险（97.0）	苏黎世保险（90.9）	中石油专属保险（79.1）	中石油专属保险（96.9）	海峡金桥（97.2）	太保财险（98.4）	安信农险（97.1）	广东能源（81.8）	铁路自保（100.0）	泰康在线（97.5）	华海财险（40.0）	众安财险（100.0）
4	华农财险（98.4）	国元农险（96.5）	日本兴亚（88.6）	中原农险（79.0）	海峡金桥（94.8）	汇友互助（97.0）	国寿财险（86.9）	众惠相互（95.0）	中远海自保（70.6）	阳光信用（100.0）	国泰财险（97.2）	众安财险（40.0）	中石油专属保险（95.2）
5	华安财险（98.1）	中华联合（96.3）	汇友互助（88.4）	国泰财险（78.7）	中原农险（92.3）	长江财险（96.7）	中华联合（72.1）	长江财险（93.2）	中石油专属保险（64.5）	久隆财险（100.0）	中原农险（96.2）	诚泰财险（40.0）	利宝互助（92.4）
6	珠峰财险（95.5）	华安财险（95.5）	众惠相互（87.9）	安华农险（78.5）	合众财险（90.9）	前海联合（96.5）	大地财险（65.1）	中原农险（92.8）	苏黎世保险（63.2）	建信财险（100.0）	恒邦财险（93.8）	安华农险（40.0）	合众财险（87.8）
7	中华联合（94.6）	亚太财险（94.4）	久隆财险（85.3）	阳光农险（78.3）	黄河财险（90.0）	黄河财险（96.1）	阳光财险（62.0）	泰康在线（91.5）	汇友互助（60.1）	众惠相互（100.0）	渤海财险（90.3）	渤海财险（40.0）	三井住友（87.0）
8	安联财险（94.5）	都邦财险（94.1）	泰康在线（84.2）	三星财险（77.8）	渤海财险（88.6）	鼎和财险（96.0）	太平财险（55.6）	铁路自保（89.7）	久隆财险（59.8）	中远海自保（100.0）	广东能源（89.9）	众诚财险（40.0）	铁路自保（85.4）
9	渤海财险（93.7）	中航安盟（92.6）	华泰财险（83.5）	中航安盟（76.7）	苏黎世保险（88.4）	安联财险（95.5）	众安财险（52.9）	黄河财险（85.2）	美亚保险（54.7）	汇友互助（100.0）	合众财险（89.4）	国寿财险（40.0）	三星财险（84.9）
10	太保财险（93.6）	太保财险（91.7）	前海联合（82.3）	美亚保险（76.7）	阳光农险（87.9）	东京海上（95.4）	华安财险（49.0）	华农财险（83.0）	鼎和财险（54.4）	广东能源（100.0）	海峡金桥（86.2）	华泰财险（40.0）	苏黎世保险（82.9）

车险保费占比指标得分并列第一的财产险公司共 18 家，除了表 4－12 中列出的 10 家公司外，另外 7 家财产险公司分别是史带财产、美亚保险、三井住友、日本财险、苏黎世保险、爱和谊、日本兴亚。

由表 4－12 可以看出，保险业务收入指标排名前十的财产险公司分差十分明显。第 1 名（人保财险，100 分）比第 10 名（华安财险，49 分）得分高出 51 分，反映了财产险公司收入方面的巨大差异。此外，净利润赔付支出覆盖率第 1 名和第 10 名相差 45.6 分，同样差距巨大。在经营能力的其他二级指标中，第 1 名和第 10 名的分差均在 30 分以内，比较合理，能够较好地反映各家财产险公司的经营水平。

在净资产周转率和总资产周转率方面，净资产周转率排名前十的财产险公司中，有 2 家外资公司（利宝互助、安联财险）；总资产周转率排名前十的财产险公司中，有 3 家外资公司（国泰财险、利宝互助、中航安盟）。可见，在流动性安排上，中资财产险公司相比外资财产险公司略有优势。

险种集中度系数反映了保险公司保费收入来源的集中程度，也反映了公司的产品开发能力和业务拓展水平。从险种集中度系数指标来看，排名前十的财产险公司中只有 2 家外资财产险公司，表明个别中资公司在产品的多样化上更胜一筹。再保险亏损率指标得分越高，表明再保险的安排越合理。再保险亏损率指标排名前十的财产险公司中有 4 家为外资财产险公司，相较于 2021 年的 6 家入围公司数量有所减少，表明中资财产险公司在再保险安排上与外资财产险公司相比更加合理。

中资财产险公司在保险业务收入、保险业务收入增长率、车险保费占比、应收分保率 4 项指标上的表现优于外资财产险公司，前十均为中资财产险公司。可见，中资财产险公司在保费收入、分保安排等方面具有绝对优势。

在其他经营能力二级指标中，进入前十的外资财产险公司数量如下：综合赔付率进入前十的外资财产险公司数量为 2 家；综合费用率进入前十的外资财产险公司数量为 4 家；综合成本率的变化率进入前十的外资财产险公司数量为 1 家；净利润赔付支出覆盖率进入前十的外资财产险公司数量为 2 家；保费收入费用增长比进入前十的外资财产险公司数量为 1 家。

总体来看，外资公司在产品结构、赔付管控和再保安排等方面表现相对较好，但中资保险公司与其差距正在缩小，而中资公司在保险业务收入、资产管理效率和费用管理等方面更有优势。

（三）经营能力的模糊聚类等价分析

本部分试图根据财产险公司二级指标的得分，运用模糊聚类方法分析各家财产险公司的相似程度，为比较各家财产险公司之间的经营能力提供一个新的方法和视角（见表 4-13）。

表 4-13　　经营能力排名前十的公司的模糊聚类等价分析矩阵

	人保财险	平安财险	太平财险	国寿财险	阳光财险	珠峰财险	利宝互助	中华联合	阳光信用	众安财险
人保财险	1.00	0.65	0.64	0.63	0.62	0.61	0.59	0.58	0.17	0.17
平安财险	0.65	1.00	0.97	0.98	0.94	0.96	0.84	0.90	0.21	0.74
太平财险	0.64	0.97	1.00	0.98	0.94	0.97	0.84	0.90	0.21	0.74
国寿财险	0.63	0.98	0.98	1.00	0.94	0.97	0.84	0.90	0.21	0.74
阳光财险	0.62	0.94	0.94	0.94	1.00	0.95	0.87	0.93	0.21	0.77
珠峰财险	0.61	0.96	0.97	0.97	0.95	1.00	0.85	0.91	0.21	0.75
利宝互助	0.59	0.84	0.84	0.84	0.87	0.85	1.00	0.91	0.23	0.83
中华联合	0.58	0.90	0.90	0.90	0.93	0.91	0.91	1.00	0.21	0.78
阳光信用	0.17	0.21	0.21	0.21	0.21	0.21	0.23	0.21	1.00	0.25
众安财险	0.17	0.74	0.74	0.74	0.77	0.75	0.83	0.78	0.25	1.00

由表 4-13 可以看出，处于主对角线上的值均为 1。显然，各家财产险公司和自身的相似与贴近程度为 100%。经营能力排名前十的公司之间的相似度介于 17%—98%，表明各家财产险公司在经营能力方面的相似度差距同比减小，但是仍然存在非常大的差距。

阳光信用与其余 9 家财产险公司的相似度都比较低，介于 17%—25%，处于矩阵中较低的分值范围。

国寿财险、平安财险、太平财险 3 家公司之间的相似度是 98% 或 97%，为矩阵中的最高相似度，说明在经营能力、经营模式方面，这几家公司的相似性很高。经营能力最强的几家财产险公司在经营策略等方面有较高的相似性，值得其他财产险公司分析借鉴。

整体来看，中国的财产险行业还没有形成一个比较占主流地位的经营管理模式。

四、2022 年财产险公司风险管理能力排名与分析

风险管理能力共包含 11 个二级指标。经过数据预处理，我们得到一个 73×11 的数据矩阵。运用主成分分析法，我们共选取了 6 个主成分，其累计解释率为 90.36%，其中，每个主成分都是这 11 个二级指标的线性组合。将主成分分析得分

按照最低分40分、最高分100分进行标准化，得到各公司盈利能力的百分制得分（见表4－14）。

表4－14　　财产险公司风险管理能力排名与得分

公司名称	排名	得分（百分制）	公司名称	排名	得分（百分制）
中石油专属保险	1	100.0	中意财险	38	63.1
广东能源	2	96.5	众安财险	39	62.7
汇友互助	3	94.6	三井住友	40	62.7
中远海自保	4	94.0	中原农险	41	62.3
合众财险	5	93.8	恒邦财险	42	60.6
众诚财险	6	93.7	海峡金桥	43	60.4
日本兴亚	7	93.2	国泰财险	44	59.6
铁路自保	8	89.1	众惠相互	45	58.1
鼎和财险	9	87.2	国寿财险	46	58.0
三星财险	10	86.8	亚太财险	47	57.9
阳光信用	11	84.2	永安财险	48	57.7
华泰财险	12	80.2	国任财险	49	57.4
久隆财险	13	79.8	中航安盟	50	57.0
鑫安汽车	14	75.5	安盛天平	51	56.3
紫金财险	15	73.1	泰康在线	52	55.1
建信财险	16	72.3	人保财险	53	54.4
富德财险	17	71.6	大地财险	54	53.5
安信农险	18	71.3	华海财险	55	52.1
长江财险	19	70.4	中煤财险	56	50.4
燕赵财险	20	70.2	安联财险	57	48.2
安诚财险	21	69.3	锦泰财险	58	47.9
英大财险	22	69.2	中华联合	59	47.8
中路财险	23	68.7	太平财险	60	47.7
日本财险	24	68.6	安华农险	61	47.5
苏黎世保险	25	68.2	永诚财险	62	46.6
中银财险	26	67.7	平安财险	63	46.1
浙商财险	27	67.5	珠峰财险	64	46.0
诚泰财险	28	67.0	国元农险	65	45.8
华安财险	29	67.0	利宝互助	66	45.2
美亚保险	30	66.6	太保财险	67	44.3
阳光农险	31	65.9	北部湾财险	68	43.5
史带财产	32	65.7	阳光财险	69	41.7
爱和谊	33	65.4	渤海财险	70	41.6
华农财险	34	65.0	前海联合	71	41.0
泰山财险	35	64.1	都邦财险	72	40.0
东京海上	36	63.5	富邦财险	73	40.0
黄河财险	37	63.4			

由表 4 - 14 可以看出，2022 年中国财产险市场中风险管理能力排名前三的保险公司依次是中石油专属保险、广东能源、汇友互助，在百分制基准下，得分分别为 100 分、96.5 分和 94.6 分。

在参评的 73 家财产险公司中，风险管理能力得分最高的是中石油专属保险（100 分），得分最低的是富邦财险（40 分），平均得分为 64 分，得分高于平均分的保险公司有 35 家，占比约为 47.9%。得分在 90 分以上的财产险公司有 7 家，得分在 80—90 分的财产险公司有 5 家，得分在 70—80 分的财产险公司有 8 家，得分在 60—70 分的财产险公司有 23 家，得分在 60 分以下的财产险公司有 30 家。

图 4 - 5 显示了风险管理能力排名前十的财产险公司得分情况，依次是中石油专属保险、广东能源、汇友互助、中远海自保、合众财险、众诚财险、日本兴亚、铁路自保、鼎和财险、三星财险。

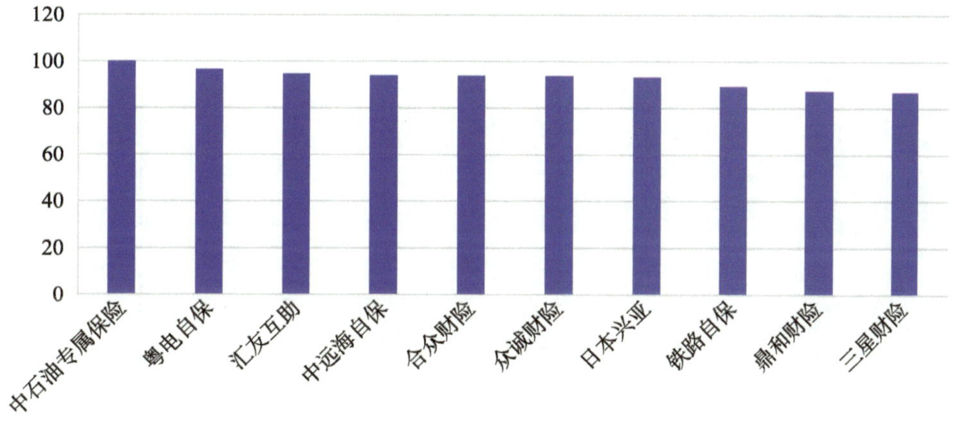

图 4 - 5　风险管理能力排名前十的财产险公司得分情况

由图 4 - 5 可以看出，风险管理能力排名前十的财产险公司中，得分 90 分以上的有 7 个，整体呈现均匀下降的趋势，分数差距并不大。

（一）风险管理能力排名前十的财产险公司各项二级指标排名与得分

表 4 - 15 列出了风险管理能力各项二级指标排名前十的财产险公司及其得分。

中石油专属保险的风险管理能力居第 1 名，主要得益于其流动性比率（第 1 名，100 分）、未决赔款准备金充足率（第 5 名，96.6 分）等指标上的优异表现。但是，其在付现比（第 59 名，64.9 分）、现金盈余保障倍数（第 52 名，68.2 分）等指标上表现不佳，还具有一定的成长空间。

表 4－15　　风险管理能力排名前十的财产险公司各项二级指标的排名与得分

公司名称	偿付能力充足率		流动性比率		自留比率		未决赔款准备金充足率		自留保费占净资产的比率		应收保费率		保险负债占总资产比		收现比		付现比		现金盈余保障倍数		负债权益比率	
	排名	得分	排名	得分	排名	得分	排名	得分	排名	得分	排名	得分	排名	得分	排名	得分	排名	得分	排名	得分	排名	得分
中石油专属保险	14	82.7	1	100.0	31	63.9	5	96.6	8	98.9	13	94.7	12	91.6	25	51.1	59	64.9	52	68.2	7	97.1
广东能源	6	96.6	15	82.5	1	100.0	1	100.0	1	100.0	34	83.7	22	75.5	11	70.8	68	47.5	58	65.3	15	93.0
汇友互助	3	99.5	5	99.5	4	98.1	13	57.9	5	99.1	11	95.8	5	97.6	3	100.0	73	40.0	61	65.0	8	96.0
中远海自保	7	94.6	3	99.8	2	100.0	3	99.3	2	99.9	29	87.0	19	80.6	8	84.1	1	100.0	47	69.4	11	93.8
合众财险	2	99.6	30	68.3	58	47.2	30	48.8	16	94.0	6	98.4	9	93.0	2	100.0	70	41.3	50	68.6	13	93.4
众诚财险	12	86.4	13	86.2	42	53.7	67	43.4	25	86.6	14	94.6	15	86.8	5	98.8	69	41.4	12	79.7	17	92.1
日本兴亚	9	91.4	69	48.8	8	96.6	7	84.7	6	99.1	19	90.9	11	92.5	22	53.9	50	72.2	14	78.1	6	97.2
铁路自保	5	98.9	4	99.7	16	74.5	6	85.9	10	98.0	68	42.3	8	93.7	21	55.3	62	63.2	40	71.1	9	94.7
鼎和财险	11	88.1	14	86.1	33	59.4	20	52.1	18	92.5	8	96.2	7	94.9	16	59.8	64	60.3	44	70.3	4	97.6
三星财险	10	91.3	2	99.9	7	97.4	16	56.4	9	98.1	33	83.9	10	92.7	17	59.2	44	74.8	46	70.0	5	97.3

广东能源的风险管理能力居第 2 名。在风险管理能力的 11 项二级指标中，广东能源有 4 个指标排名进入了前十，分别是偿付能力充足率（第 6 名，96.6 分）、自留比率（第 1 名，100 分）、未决赔款准备金充足率（第 1 名，100 分）、自留保费占净资产的比率（第 1 名，100 分）。广东能源在风险管理能力各项二级指标上的两极化较为严重。其中，付现比得分仅为 47.5 分，排在第 68 名。

汇友互助的风险管理能力居第 3 名，主要得益于其有 7 个指标排名进入了前十，分别是偿付能力充足率、流动性比率、自留比率、自留保费占净资产的比率、保险负债占总资产比、负债权益比率、收现比。因此，尽管其在付现比（第 73 名，40 分）、现金盈余保障倍数（第 61 名，65 分）等指标上表现不佳，但是总体风险管理能力仍能取得第 3 名。

总体来看，风险管理能力排名前十的财产险公司在负债权益比率指标上表现较好，均排在前 20 名。偿付能力充足率、流动性比率、自留保费占净资产的比率、保险负债占总资产比和收现比 5 项指标也表现良好。除个别公司外，排名前十的财产险公司在这两项指标上的得分普遍高于平均水平。而在付现比、现金保障倍数两项指标上，这 10 家公司的表现普遍较差，仅有少数公司进入中上游。可见，各家公司的风险管理能力都仍需进一步加强。

（二）风险管理能力下各项二级指标排名与得分前十的财产公司

表 4 - 16 列出了风险管理能力各项二级指标排名前十的财产险公司及其得分情况，反映出目前中国财产保险公司风险管理能力的整体状况。

由表 4 - 16 可以看出，自留比率、自留保费占净资产的比率、应收保费率、负债权益比率这 4 项指标排名前十的财产险公司得分都差距较小，平均分差小于 0.6 分，第 10 名的得分均在 94 分以上。相比之下，未决赔款准备金充足率、收现比、付现比、现金盈余保障倍数 4 项指标得分排名前十的财产险公司得分差距较明显，第 10 名的得分均在 80 分以下，介于 66.3—79.8 分。

在偿付能力充足率指标得分排名前十的财产险公司中，只有 2 家外资公司。2018—2021 年，该指标排名前十的财产险公司中，仅有 1 家外资公司。这说明，近年来中资保险公司在偿付能力方面一直优于外资保险公司。

流动性比率反映了公司偿还短期债务的能力。流动性比率指标居第 1 名的是铁路自保，并且前 10 名中有 9 家中资保险公司，表明中资保险公司在短期偿债能力方面的表现略优于外资保险公司。

自留比率是自留保费和保险业务收入的比例，反映了公司的风险管理意识，是

表4-16　风险管理能力下各项二级指标得分与排名前十的财产险公司

二级指标／排名	偿付能力充足率	流动性比率	自留比率	未决赔款准备金充足率	自留保费占净资产的比率	应收保费率	保险负债占总资产比	收现比	付现比	现金盈余保障倍数	负债权益比率
	公司名称（得分）	公司名称（得分）	公司名称（得分）	公司名称（得分）	公司名称（得分）	公司名称（得分）	公司名称（得分）	公司名称（得分）	公司名称（得分）	公司名称（得分）	公司名称（得分）
1	久隆财险（100.0）	中石油专属保险（100.0）	广东能源（100.0）	广东能源（100.0）	广东能源（100.0）	华泰财险（100.0）	国任财险（100.0）	长江财险（100.0）	中远海自保（100.0）	华农财险（100.0）	阳光信用（100.0）
2	合众财险（99.6）	三星财险（99.9）	中远海自保（100.0）	华泰财险（100.0）	中远海自保（99.9）	爱和谊（99.6）	阳光信用（100.0）	合众财险（100.0）	爱和谊（79.9）	建信财险（92.0）	诚泰财险（99.0）
3	汇友互助（99.5）	中远海自保（99.8）	史带财产（99.4）	中远海自保（99.3）	阳光信用（99.9）	华海财险（99.5）	久隆财险（99.8）	汇友互助（100.0）	众惠相互（79.7）	国寿财险（90.1）	久隆财险（98.9）
4	黄河财险（99.4）	铁路自保（99.7）	汇友互助（98.1）	苏黎世保险（99.2）	久隆财险（99.7）	富邦财险（99.0）	诚泰财险（99.1）	华安财险（99.7）	三井住友（78.8）	华安财险（89.4）	鼎和财险（97.6）
5	铁路自保（98.9）	汇友互助（99.5）	美亚保险（97.9）	中石油专属保险（96.6）	汇友互助（99.1）	都邦财险（98.7）	汇友互助（97.6）	众诚财险（98.8）	海峡金桥（78.8）	中路财险（85.7）	三星财险（97.3）
6	广东能源（96.6）	阳光信用（98.3）	苏黎世保险（97.7）	铁路自保（85.9）	日本兴亚（99.1）	合众财险（98.4）	众安财险（96.4）	华农财险（86.6）	永安财险（78.7）	国任财险（83.2）	日本兴亚（97.2）
7	中远海自保（94.6）	国任财险（93.3）	三星财险（97.4）	日本兴亚（84.7）	华泰财险（99.0）	安盛天平（96.8）	鼎和财险（94.9）	阳光信用（85.3）	国寿财险（78.6）	中煤财险（81.7）	中石油专属保险（97.1）
8	恒邦财险（93.5）	紫金财险（92.7）	日本兴亚（96.6）	中意财险（73.0）	中石油专属保险（98.9）	鼎和财险（96.2）	铁路自保（93.7）	中远海自保（84.1）	利宝互助（78.5）	泰康在线（80.2）	汇友互助（96.0）
9	日本兴亚（91.4）	中原农险（90.1）	前海联合（96.4）	史带财产（69.3）	三星财险（98.1）	渤海财险（96.1）	合众财险（93.0）	安诚财险（82.0）	阳光财险（78.3）	爱和谊（80.1）	铁路自保（94.7）
10	三星财险（91.3）	恒邦财险（88.1）	安华农险（94.1）	日本财险（66.3）	铁路自保（98.0）	珠峰财险（95.9）	三星财险（92.7）	紫金财险（70.8）	中路财险（78.2）	安联财险（79.8）	黄河财险（94.1）

一个逆向指标。2021 年，该指标下的前十的财产险公司中有 6 家外资保险公司；2022 年，前十有 5 家外资保险公司，说明目前中资财产险公司在保费自留与分出处理方面的风险管理能力正在不断进步。

未决赔款准备金充足率是考察公司风险能力的一个重要指标。在该指标排名前十的财产险公司中，2021 年有 6 家外资公司，2022 年有 5 家外资公司，表明外资财产险公司在未决赔款准备金的度量上更为保守、安全性更高，同时中资财产险公司在安全性上也在进一步加强。

收现比可以反映企业当期收入的变现能力。该指标排名前十的财产险公司均为中资公司，表明中资财产险公司的现金流量支持程度更高。

在其他风险管理能力二级指标中，排名进入前十的外资财产险公司数量如下：自留保费占净资产的比率进入前十的外资财产险公司有 2 家；应收保费率进入前十的外资财产险公司有 3 家；保险负债占总资产比进入前十的外资财产险公司有 1 家；付现比进入前十的外资财产险公司有 3 家；现金盈余保障倍数进入前十的外资财产险公司有 2 家；负债权益比率进入前十的外资财产险公司有 2 家。

（三）风险管理能力的模糊聚类等价分析

本文试图根据财产险公司在风险管理能力二级指标上的得分，运用模糊聚类方法分析各家财产险公司的相似程度，为比较各家财产险公司的风险管理能力提供一个新的方法和视角（见表 4－17）。

表 4－17　风险管理能力排名前十的公司的模糊聚类等价矩阵

	中石油专属保险	广东能源	汇友互助	中远海自保	合众财险	众诚财险	日本兴亚	铁路自保	鼎和财险	三星财险
中石油专属保险	1.00	0.60	0.58	0.57	0.54	0.52	0.49	0.47	0.46	0.46
广东能源	0.60	1.00	0.94	0.96	0.87	0.81	0.71	0.84	0.83	0.83
汇友互助	0.58	0.94	1.00	0.95	0.89	0.81	0.70	0.85	0.84	0.84
中远海自保	0.57	0.96	0.95	1.00	0.88	0.81	0.71	0.85	0.84	0.84
合众财险	0.54	0.87	0.89	0.88	1.00	0.87	0.73	0.85	0.85	0.85
众诚财险	0.52	0.81	0.81	0.81	0.87	1.00	0.78	0.81	0.83	0.81
日本兴亚	0.49	0.71	0.70	0.71	0.73	0.78	1.00	0.84	0.85	0.87
铁路自保	0.47	0.84	0.85	0.85	0.85	0.81	0.84	1.00	0.93	0.97
鼎和财险	0.46	0.83	0.84	0.84	0.85	0.83	0.85	0.93	1.00	0.93
三星财险	0.46	0.83	0.84	0.84	0.85	0.81	0.87	0.97	0.93	1.00

由表4-17可以看出，处于主对角线上的值均为1。显然，各家财产险公司和自身的相似与贴近程度为100%。风险管理能力排名前十的财产险公司之间的相似度介于46%—98%，表明各家财产险公司在风险管理能力方面有一定的差别。在风险控制方面，大多数财产公司都在不同程度上具有自己的独特性。

以往年度风险管理能力排名靠前的财产险公司中，外资保险公司较多。但2020—2022年进入风险管理能力排名前十的外资财产险公司仅有2家，2020年是现代财险和瑞再企商，2021年是日本兴亚和凯本财险，2022年是日本兴亚和三星财险。值得注意的是，中国共有4家自保公司（广东能源、中石油专属、中远海自保和铁路自保）进入了风险管理能力得分排名前十，这说明中资财产险公司在风险管理能力上有了较大的提升。

另外，风险管理能力排名进入前十的财产险公司中，中石油专属与其余9家保险公司之间的相似度介于46%—60%，表明中石油专属与其他财产险公司在风险管理能力上的对标性相对较低。

除中石油专属外，风险管理能力排名前十的财产险公司的相似度均在70%以上，说明目前风险管理能力较强的各家财产险公司基本找到了一个比较统一的、可行的方法对风险进行科学管理，行业内大致形成了一个权威的模式和方法。

五、2022年财产险公司发展潜力排名与分析

发展潜力共包含11个二级指标。经过数据预处理，我们得到一个73×11的数据矩阵。运用主成分分析法，我们共选取了7个主成分，其累计解释率为89.84%，其中，每个主成分都是这11个二级指标的线性组合。将主成分分析得分按照最低分40分、最高分100分进行标准化，得到各公司盈利能力的百分制得分（见表4-18）。

由表4-18可以看出，2022年中国财产险市场上发展潜力排名前三的保险公司依次是紫金财险、英大财险、华泰财险，在百分制基准下，得分分别为100分、95.4分和94.9分。

在参评的73家财产险公司中，发展潜力得分最高的是紫金财险（100分），得分最低的是富邦财险（40分），平均得分为70.7分，得分高于平均分的财产险公司有38家，占比约为52.1%。得分在90分以上的财产险公司有4家，得分在80—90分的财产险公司有14家，得分在70—80分的财产险公司有24家，得分在60—70分的财产险公司有14家，得分在60分以下的财产险公司有17家。

表 4 – 18　　财产险公司发展潜力排名与得分

公司名称	排名	得分（百分制）	公司名称	排名	得分（百分制）
紫金财险	1	100.0	阳光农险	38	70.9
英大财险	2	95.4	黄河财险	39	70.7
华泰财险	3	94.9	广东能源	40	70.6
平安财险	4	91.5	鑫安汽车	41	70.3
人保财险	5	89.0	众安财险	42	70.2
安诚财险	6	88.9	美亚保险	43	69.5
中航安盟	7	88.5	燕赵财险	44	68.7
爱和谊	8	88.3	日本兴亚	45	68.7
国寿财险	9	86.5	都邦财险	46	68.5
鼎和财险	10	86.1	三星财险	47	67.4
中银财险	11	85.8	长江财险	48	67.2
大地财险	12	85.2	国元农险	49	67.0
众诚财险	13	84.1	泰康在线	50	65.6
安信农险	14	83.9	华农财险	51	65.1
中华联合	15	83.8	东京海上	52	65.0
永安财险	16	82.4	锦泰财险	53	64.3
亚太财险	17	80.7	建信财险	54	62.3
太保财险	18	80.0	利宝互助	55	61.3
泰山财险	19	79.8	渤海财险	56	60.3
中远海自保	20	79.7	中意财险	57	58.6
铁路自保	21	78.9	海峡金桥	58	58.1
阳光财险	22	78.2	安盛天平	59	57.0
国任财险	23	77.9	中煤财险	60	56.8
中石油专属保险	24	77.6	久隆财险	61	55.3
中原农险	25	77.5	华海财险	62	55.2
华安财险	26	76.1	汇友互助	63	54.8
浙商财险	27	75.9	安华农险	64	54.5
合众财险	28	75.7	安联财险	65	52.8
日本财险	29	75.0	史带财产	66	52.7
恒邦财险	30	74.6	珠峰财险	67	50.0
三井住友	31	74.1	阳光信用	68	49.5
永诚财险	32	73.1	富德财险	69	47.9
太平财险	33	72.9	北部湾财险	70	44.4
苏黎世保险	34	72.7	众惠相互	71	44.0
国泰财险	35	72.2	前海联合	72	44.0
诚泰财险	36	72.0	富邦财险	73	40.0
中路财险	37	71.7			

图4－6显示了发展潜力排名前十的财产险公司得分情况，依次是紫金财险、英大财险、华泰财险、平安财险、人保财险、安诚财险、中航安盟、爱和谊、国寿财险、鼎和财险。

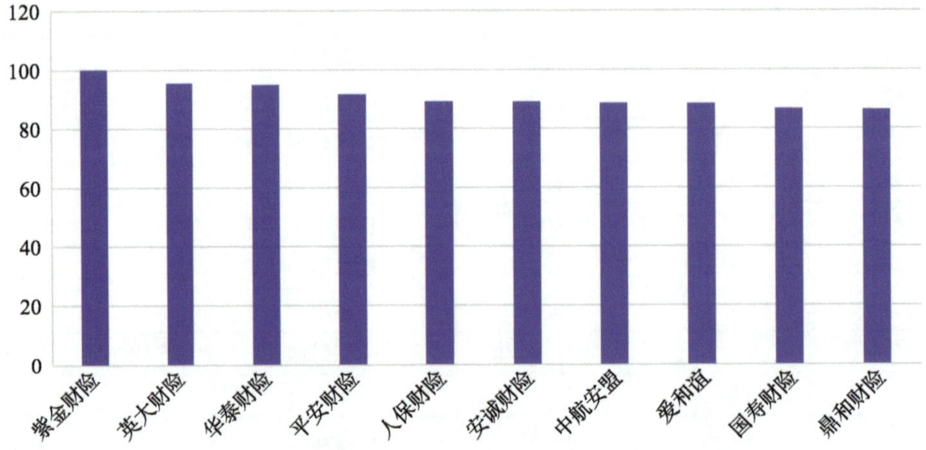

图4－6　发展潜力排名前十的财产险公司得分情况

由图4－6可以看出，发展潜力排名前十的财产险公司得分差距并不大，第10名的得分为86.1分。

（一）发展潜力排名前十的财产险公司各项二级指标的排名与得分

表4－19列出了发展潜力各项二级指标排名前十的财产险公司及其得分。

发展潜力排名前十的财产险公司中，有8家为中资保险公司。整体来看，目前中资财产险公司的发展潜力略高于外资财产险公司。

紫金财险的发展潜力居第1名，其在净资产增长率（第2名，97.4分）指标上表现优秀。紫金财险在发展潜力的11项二级指标中，有6项指标进入了前20名。虽然其在亿元保费投诉量（第49名，96.3分）指标上的表现不佳，但与第1名的差距比较小，因此，该指标对紫金财险发展潜力排名影响不大。

英大财险的发展潜力居第2名。在发展潜力的11项二级指标中，英大财险有7项指标进入了前30名，分别是营业收入增长率、净资产增长率、资产杠杆率、资本运营充分率、人均产能、分支机构数目、亿元保费投诉量，因此其发展潜力排名靠前。

华泰财险的发展潜力居第3名。在发展潜力的11项二级指标中，华泰财险的分支机构数目（第7名，98.5分）进入了前10名。但其在净资产增长率指标中列第73名，处于下游水平。

表 4－19 发展潜力排名前十的财产险公司各项二级指标排名与得分

公司名称	发展系数		营业收入增长率		总资产增长率		净资产增长率		资产杠杆率		资本运营充分率		人均产能		承保潜力		分支机构数目		亿元保费投诉量		单位最低资本利润增长率	
	排名	得分	排名	得分	排名	得分	排名	得分	排名	得分	排名	得分	排名	得分	排名	得分	排名	得分	排名	得分	排名	得分
紫金财险	14	79.7	14	84.7	15	78.4	2	97.4	14	93.1	35	51.8	27	59.8	40	79.4	17	90.6	49	96.3	37	78.3
英大财险	33	74.2	18	79.8	35	67.2	12	46.6	27	85.3	28	57.1	28	59.8	45	73.6	13	96.3	13	99.0	31	78.9
华泰财险	21	77.1	29	73.3	25	74.1	73	40.0	31	81.9	15	68.0	22	62.3	55	61.1	7	98.5	50	96.2	44	77.7
平安财险	27	74.9	34	72.0	24	74.2	21	43.1	54	57.9	1	100.0	6	96.2	69	41.2	11	97.2	12	99.2	62	76.5
人保财险	36	73.4	33	72.2	17	77.1	25	43.1	43	69.2	2	100.0	38	55.8	73	40.0	1	100.0	18	98.6	46	77.7
安诚财险	34	74.2	24	75.0	58	54.9	4	80.2	12	93.5	41	48.6	55	49.3	33	85.6	21	83.9	45	96.7	63	76.2
中航安盟	13	80.5	3	98.1	40	65.5	45	43.0	33	81.0	23	58.6	59	48.0	49	68.7	33	59.1	47	96.5	29	79.1
爱和谊	60	66.1	19	79.3	2	99.9	13	45.2	24	85.6	71	40.4	3	99.9	43	75.3	68	41.4	1	100.0	8	83.5
国寿财险	38	72.7	31	72.9	9	88.6	14	44.0	53	59.4	10	75.5	37	56.0	65	45.7	1	100.0	15	98.8	41	77.9
鼎和财险	19	78.6	16	81.6	48	61.9	8	61.7	4	97.6	52	46.0	56	48.7	21	91.8	22	71.0	23	98.3	49	77.4

总体来看，发展潜力排名前十的财产险公司在发展系数、营业收入增长率、总资产增长率、净资产增长率、资产杠杆率、资本运营充分率和分支机构数目等指标上的表现基本良好，大多数公司处于中上游水平。然而，在承保潜力指标上，这10家公司的排名均处于较后的位置，并且其中8家公司排名处于排名后半段。

（二）发展潜力下各项二级指标排名与得分前十的财产险公司

表4－20列出了发展潜力各项二级指标排名前十的财产险公司及其得分情况，反映了财产险公司发展潜力各项二级指标的整体表现和分布情况。

由表4－20可以看出，承保潜力、分支机构数目、亿元保费投诉量3项指标排名前十的财产险公司得分较高且差距极小，得分均在97分以上。值得注意的是，亿元保费投诉量指标得到满分的公司有7家，其中，3家为外资保险公司。净资产增长率指标排名第1名（阳光信用，100分）与第10名（黄河财险，49.5分）的分差超过了40分。其余几项指标排名前十的公司得分大多呈现均匀下降的趋势。

发展系数指标排名前十的财产险公司均为中资保险公司。在总资产增长率、净资产增长率、资产杠杆率、资本运营充分率和分支机构数目指标排名前十的财产险公司中，中资保险公司均在8家及以上。这说明，中资财产险公司在规模发展方面具有相对优势，体现出近年来中资财产险公司发展的强劲势头。

在其他发展潜力二级指标中，排名进入前十的外资财产险公司数量如下：营业收入增长率排名进入前十的外资财产险公司有3家；人均产能排名进入前十的外资财产险公司有3家；承保潜力排名进入前十的外资财产险公司有3家；亿元保费投诉量排名进入前十的外资财产险公司有6家；单位最低资本利润增长率排名进入前十的外资财产险公司有3家。

（三）发展潜力的模糊聚类等价分析

本部分试图根据财产险公司在发展潜力二级指标上的得分，运用模糊聚类方法分析各家财产险公司的相似程度，为比较各家财产险公司的发展潜力提供一个新的方法和视角（见表4－21）。

表 4 – 20　发展潜力下各项二级指标得分与排名前十的财产险公司

二级指标／排名	发展系数	保险业务收入增长率	总资产增长率	净资产增长率	认可资产增长率	资本运营充分率	人均产能	承保潜力	分支机构数目	亿元保费投诉量	单位最低资本利润增长率
	公司名称（得分）	公司名称（得分）	公司名称（得分）	公司名称（得分）	公司名称（得分）	公司名称（得分）	公司名称（得分）	公司名称（得分）	公司名称（得分）	公司名称（得分）	公司名称（得分）
1	阳光信用（100.0）	中原农险（100.0）	日本财险（100.0）	诚泰财险（100.0）	阳光信用（100.0）	平安财险（100.0）	中石油专属保险（100.0）	阳光信用（100.0）	人保财险（100.0）	中石油专属保险（100.0）	阳光农险（100.0）
2	合众财险（95.6）	长江财险（99.8）	爱和谊（99.9）	紫金财险（97.4）	诚泰财险（99.0）	人保财险（100.0）	安信农险（99.9）	广东能源（100.0）	大地财险（100.0）	中远海自保（100.0）	中原农险（91.8）
3	众惠相互（91.5）	中航安盟（98.1）	国任财险（99.8）	锦泰财险（81.7）	久隆财险（98.9）	太保财险（98.5）	爱和谊（99.9）	中远海自保（99.9）	太保财险（100.0）	广东能源（100.0）	泰康在线（91.0）
4	长江财险（90.4）	美亚保险（97.9）	安信农险（98.7）	安诚财险（80.2）	鼎和财险（97.6）	安华农险（90.3）	中远海自保（99.4）	久隆财险（99.6）	阳光财险（100.0）	三井住友（100.0）	太平财险（86.5）
5	中原农险（90.1）	合众财险（97.3）	国元农险（98.5）	泰山财险（77.2）	三星财险（97.3）	阳光财险（87.5）	众安财险（98.8）	日本兴亚（99.2）	国寿财险（100.0）	苏黎世保险（100.0）	阳光财险（85.1）
6	泰康在线（89.2）	黄河财险（94.4）	阳光农险（97.1）	众诚财险（69.2）	日本兴亚（97.2）	华安财险（85.9）	平安财险（96.2）	汇友互助（99.0）	永诚财险（99.1）	爱和谊（100.0）	华海财险（85.0）
7	华农财险（88.2）	安信农险（93.0）	太平财险（91.6）	国元农险（68.4）	中石油专属保险（97.1）	太平财险（84.5）	泰康在线（95.6）	中石油专属保险（98.5）	华泰财险（98.5）	日本兴亚（100.0）	华安财险（84.5）
8	铁路自保（87.9）	安联财险（90.6）	北部湾财险（90.9）	鼎和财险（61.7）	汇友互助（96.0）	阳光农险（81.0）	国泰财险（94.9）	三星财险（98.1）	太平财险（98.5）	东京海上（99.9）	爱和谊（83.5）
9	黄河财险（85.5）	国元农险（88.6）	国寿财险（88.6）	中煤财险（50.1）	铁路自保（94.7）	中华联合（80.8）	众惠相互（90.2）	史带财产（97.9）	都邦财险（98.5）	铁路自保（99.8）	中意财险（82.7）
10	恒邦财险（82.1）	中路财险（87.7）	中原农险（84.9）	三星财险（49.5）	黄河财险（94.2）	国寿财险（75.5）	安联财险（87.6）	诚泰财险（97.3）	中华联合（97.9）	日本财险（99.8）	利宝互助（82.6）

表4-21　　发展潜力排名前十的公司的模糊聚类等价分析矩阵

	紫金财险	英大财险	华泰财险	平安财险	人保财险	安诚财险	中航安盟	爱和谊	国寿财险	鼎和财险
紫金财险	1.00	0.57	0.55	0.50	0.48	0.46	0.43	0.41	0.40	0.39
英大财险	0.57	1.00	0.95	0.82	0.85	0.84	0.72	0.75	0.77	0.78
华泰财险	0.55	0.95	1.00	0.84	0.86	0.84	0.72	0.75	0.78	0.78
平安财险	0.50	0.82	0.84	1.00	0.88	0.83	0.73	0.78	0.87	0.79
人保财险	0.48	0.85	0.86	0.88	1.00	0.87	0.74	0.78	0.83	0.82
安诚财险	0.46	0.84	0.84	0.83	0.87	1.00	0.74	0.78	0.79	0.86
中航安盟	0.43	0.72	0.72	0.73	0.74	0.74	1.00	0.82	0.84	0.85
爱和谊	0.41	0.75	0.75	0.78	0.78	0.78	0.82	1.00	0.83	0.86
国寿财险	0.40	0.77	0.78	0.87	0.83	0.79	0.84	0.83	1.00	0.82
鼎和财险	0.39	0.78	0.78	0.79	0.82	0.86	0.85	0.86	0.82	1.00

由表4-21可以看出，处于主对角线上的值均为1。显然，各家财产险公司和自身的相似与贴近程度为100%。发展潜力排名前十的财产险公司之间的相似度介于39%—95%，表明各家财产险公司之间发展潜力的相似性差异较大，各家财产险公司在发展潜力方面既存在相似性，又具有自己的独特性。

发展潜力居第1名的紫金财险与其余9家财产险公司的相似度均不高，介于39%—57%，处于矩阵中较低的分值范围。紫金财险较高的发展潜力与其独特的业务安排是分不开的，与其他财产险公司的对标性不高。这也是一个值得深入探讨的地方。

这10家财产险公司之间相似度最高的是英大财险和华泰财险，发展潜力相似度为95%。相对于其他财产险公司来说，这两家公司在发展潜力方面表现比较突出，并且相互之间具有对标性和借鉴意义。

第四节　2022年中国财产险公司综合竞争力评价结果的稳健性检验

与人身险公司的稳健性检验类似，我们主要基于两种方法进行财产险公司的稳健性检验。一是利用聚类分析，将保险公司分为2类，在排除掉一类公司（公司数目较少的一类）后，对另一类公司运用主成分分析的方法，进行竞争力评价的排名与得分分析，将结果与这些公司在原来情况下的排名进行比较分析，从而得到保险公司竞争力排名主成分分析的稳健性检验。

二是利用聚类分析方法对评价指标进行分类，并剔除掉指标较少的类别后，用余下的指标对保险公司竞争力进行主成分分析，得到的排名与原来的排名进行对比，从而完成稳健性检验。

一、剔除部分公司后，保险公司竞争力评价结果的稳健性检验

为了便于剔除公司和提高稳健性分析结果的有效性，先运用聚类分析方法将73家财产险公司分为5类（见表4－22）。

表4－22　　财产险公司在聚类分析下的分类结果

公司名称	类别5	类别4	类别3	类别2	公司名称	类别5	类别4	类别3	类别2
人保财险	1	1	1	1	众安财险	1	1	1	1
大地财险	1	1	1	1	恒邦财险	1	1	1	1
中华联合	1	1	1	1	合众财险	1	1	1	1
太保财险	2	2	1	1	燕赵财险	1	1	1	1
平安财险	1	1	1	1	华海财险	1	1	1	1
华泰财险	1	1	1	1	中原农险	1	1	1	1
华安财险	1	1	1	1	中路财险	1	1	1	1
永安财险	1	1	1	1	铁路自保	1	1	1	1
太平财险	1	1	1	1	阳光信用	3	3	2	2
亚太财险	1	1	1	1	泰康在线	1	1	1	1
中银财险	1	1	1	1	久隆财险	1	1	1	1
安信农险	1	1	1	1	前海联合	1	1	1	1
永诚财险	1	1	1	1	珠峰财险	1	1	1	1
国任财险	1	1	1	1	海峡金桥	1	1	1	1
安华农险	1	1	1	1	建信财险	1	1	1	1
阳光财险	1	1	1	1	众惠相互	4	4	3	1
阳光农险	1	1	1	1	中远海自保	5	1	1	1
都邦财险	1	1	1	1	汇友互助	1	1	1	1
渤海财险	1	1	1	1	广东能源自保	1	1	1	1
华农财险	1	1	1	1	黄河财险	1	1	1	1
国寿财险	1	1	1	1	史带财产	1	1	1	1
安诚财险	1	1	1	1	美亚保险	1	1	1	1
国元农险	1	1	1	1	东京海上	1	1	1	1
鼎和财险	1	1	1	1	三井住友	1	1	1	1

续表

公司名称	类别5	类别4	类别3	类别2	公司名称	类别5	类别4	类别3	类别2
中煤财险	1	1	1	1	三星财险	1	1	1	1
英大财险	1	1	1	1	安联财险	1	1	1	1
浙商财险	1	1	1	1	日本财险	1	1	1	1
紫金财险	1	1	1	1	利宝互助	1	1	1	1
泰山财险	1	1	1	1	中航安盟	1	1	1	1
众诚财险	1	1	1	1	安盛天平	1	1	1	1
锦泰财险	1	1	1	1	苏黎世保险	1	1	1	1
诚泰财险	1	1	1	1	中意财险	1	1	1	1
长江财险	1	1	1	1	爱和谊	1	1	1	1
富德财险	1	1	1	1	国泰财险	1	1	1	1
鑫安汽车	1	1	1	1	日本兴亚	1	1	1	1
北部湾财险	1	1	1	1	富邦财险	1	1	1	1
中石油专属保险	1	1	1	1					

分别剔除属于类别2、3、4、5的公司太保财险、阳光信用、众惠相互、中远海自保，共4家，剩余的69家公司再重新进行综合竞争力评价。

对剩余的69家财产险公司重新进行主成分分析，选取16个主成分，解释率85.17%，评价结果如表4-23所示。

表4-23　　财产险公司综合竞争力评价结果前后排名对比（剔除4家公司后）

公司名称	新排名	原排名	原排名-新排名	公司名称	新排名	原排名	原排名-新排名
铁路自保	1	8	7	国泰财险	36	45	9
中石油专属保险	2	4	2	中华联合	37	38	1
人保财险	3	1	-2	东京海上	38	31	-7
广东能源自保	4	12	8	海峡金桥	39	54	15
平安财险	5	2	-3	日本财险	40	23	-17
阳光农险	6	10	4	大地财险	41	47	6
久隆财险	7	17	10	永安财险	42	42	0
鼎和财险	8	5	-3	中意财险	43	37	-6
安信农险	9	7	-2	国元农险	44	34	-10
黄河财险	10	24	14	亚太财险	45	51	6
中原农险	11	18	7	建信财险	46	40	-6

续表

公司名称	新排名	原排名	原排名－新排名	公司名称	新排名	原排名	原排名－新排名
华泰财险	12	13	1	太平财险	47	53	6
恒邦财险	13	29	16	国任财险	48	44	-4
苏黎世保险	14	15	1	长江财险	49	39	-10
三星财险	15	14	-1	泰山财险	50	49	-1
日本兴亚	16	16	0	永诚财险	51	56	5
英大财险	17	3	-14	浙商财险	52	52	0
紫金财险	18	6	-12	安盛天平	53	57	4
众安财险	19	28	9	华海财险	54	59	5
诚泰财险	20	21	1	锦泰财险	55	55	0
合众财险	21	30	9	安华农险	56	62	6
燕赵财险	22	35	13	史带财产	57	50	-7
泰康在线	23	43	20	利宝互助	58	61	3
众诚财险	24	9	-15	中煤财险	59	58	-1
中银财险	25	27	2	华安财险	60	46	-14
三井住友	26	26	0	华农财险	61	48	-13
国寿财险	27	33	6	富德财险	62	60	-2
中航安盟	28	32	4	渤海财险	63	67	4
美亚保险	29	20	-9	安联财险	64	66	2
鑫安汽车	30	25	-5	北部湾财险	65	64	-1
爱和谊	31	19	-12	都邦财险	66	68	2
安诚财险	32	22	-10	前海联合	67	63	-4
阳光财险	33	41	8	珠峰财险	68	65	-3
汇友互助	34	11	-23	富邦财险	69	69	0
中路财险	35	36	1				

表4－23中，“原排名”表示剔除上述4家公司后，剩余的69家公司的竞争力原始排名；“新排名”是剔除上述4家公司后，对剩余的69家公司重新运用主成分分析方法等得到的综合竞争力评价结果。可以看出，在剔除4家财产险公司后，重新运用主成分分析、因子分析方法对财产险公司综合竞争力进行评价，得到的排名变化并不是很大。

运用Wilcoxon符号秩检验，进行稳健性分析。对表4－23的原排名、新排名的结果进行对比分析，情况如表4－24、表4－25和表4－26所示。

表 4－24　　保险公司原排名、新排名的基本情况

描述性统计资料					
	N	平均数	标准偏差	最小值	最大值
新排名	69	35.0000	20.06240	1.00	69.00
原排名	69	35.0000	20.06240	1.00	69.00

表 4－25　　威尔科克森（Wilcoxon）符号秩检验

等级				
		N	平均等级	等级总和
原排名－新排名	负等级	29①	33.57	973.50
	正等级	34②	30.66	1,042.50
	等值结	6③		
	总计	69		

注：①原排名 < 新排名。②原排名 > 新排名。③原排名 = 新排名。

表 4－26　　威尔科克森（Wilcoxon）符号秩检验结果

检定统计资料①	
	原排名－新排名
Z	-.236②
渐进显著性（双尾）	.813

注：①Wilcoxon 符号等级检定。②根据负等级。

表 4－26 的结果显示：使用“精确”方法计算的渐进显著性（双尾）显著性水平为 0.813，远大于 0.05。因此，我们认为剔除 4 家公司后，再对剩余公司进行主成分分析方法排名与没有剔除公司进行排名的结果差异不显著，也就是说，两个样本来自同一总体，具有相同的总体分布。主成分分析法在 0.05 的显著性水平下具有稳健性。即我们根据聚类分析的结果，剔除部分公司后，根据我们建立的指标体系，运用主成分分析方法对其余公司竞争力的评价结果的影响不显著，通过了稳健性检验。

二、剔除部分指标后，保险公司竞争力评价的稳健性检验

指标体系应该尽可能反映保险公司竞争力各方面的信息，显然部分指标的缺失或波动对保险公司竞争力的评价结果有影响。我们先通过聚类分析，剔除部分表现“特殊”的指标后，再对保险公司竞争力进行评价。通过剔除部分指标对评价结果

的影响来进行稳健性检验。

先利用聚类分析将所有指标进行分类，分类结果如表 4－27 所示。

表 4－27　　财产险公司综合竞争力评价各项二级指标的聚类分析结果

指标名称	类别 5	类别 4	类别 3	类别 2	指标名称	类别 5	类别 4	类别 3	类别 2
总资产收益率	1	1	1	1	保险业务收入增长率	1	1	1	1
净资产收益率	1	1	1	1	净利润赔付支出覆盖率	1	1	1	1
投资收益率	1	1	1	1	车险保费占比	1	1	1	1
净投资收益率	1	1	1	1	保费收入费用增长比	1	1	1	1
承保利润率	1	1	1	1	应收分保率	1	1	1	1
投资资产占总资产比率	2	2	1	1	再保险亏损率	1	1	1	1
净利润增长率	1	1	1	1	偿付能力充足率	1	1	1	1
人均利润	1	1	1	1	流动性比率	1	1	1	1
净利润	1	1	1	1	自留比率	1	1	1	1
综合收益率	1	1	1	1	未决赔款准备金充足率	1	1	1	1
资本管理系数	3	3	2	2	自留保费占净资产的比率	1	1	1	1
认可资产负债率	3	3	2	2	应收保费率	4	1	1	1
资产认可率	1	1	1	1	保险负债占总资产比	1	1	1	1
认可资产增长率	1	1	1	1	收现比	1	1	1	1
资本利用率	3	3	2	2	付现比	1	1	1	1
准备金保费比率	1	1	1	1	现金盈余保障倍数	1	1	1	1
资产保费比	1	1	1	1	负债权益比率	1	1	1	1
所有者权益	1	1	1	1	发展系数	1	1	1	1
资产报酬率	1	1	1	1	营业收入增长率	1	1	1	1
风险调整资本回报率	1	1	1	1	总资产增长率	1	1	1	1
资本管理绩效增长率	1	1	1	1	净资产增长率	1	1	1	1
净资产周转率	3	3	2	2	资产杠杆率	1	1	1	1
总资产周转率	3	3	2	2	资本运营充分率	1	1	1	1
综合赔付率	1	1	1	1	人均产能	1	1	1	1
综合费用率	1	1	1	1	承保潜力	1	1	1	1
综合成本率的变化率	1	1	1	1	分支机构数目	5	4	3	2
险种集中度系数	1	1	1	1	亿元保费投诉量	1	1	1	1
保险业务收入	1	1	1	1	单位最低资本利润增长率	1	1	1	1

根据表 4－27，分别属于类别 2、3、4、5 的特殊指标为投资资产占总资产比

率、资本管理系数、认可资产负债率、资本利用率、净资产周转率、总资产周转率、应收保费率、分支机构数目，共8个。

剔除上述8个指标后，重新运用主成分分析、因子分析方法，得到保险公司竞争力的排名结果，如表4-28所示。

表4-28　财产险公司综合竞争力评价结果前后排名对比（剔除8个指标后）

公司名称	新排名	原排名	原排名-新排名	公司名称	新排名	原排名	原排名-新排名
人保财险	1	1	0	中华联合	38	41	3
中远海自保	2	7	5	中路财险	39	39	0
铁路自保	3	10	7	中意财险	40	40	0
鼎和财险	4	5	1	国泰财险	41	48	7
中石油专属保险	5	4	-1	燕赵财险	42	38	-4
平安财险	6	2	-4	泰康在线	43	46	3
安信农险	7	8	1	华农财险	44	51	7
紫金财险	8	6	-2	阳光财险	45	44	-1
阳光农险	9	13	4	华安财险	46	49	3
英大财险	10	3	-7	建信财险	47	43	-4
中原农险	11	21	10	永安财险	48	45	-3
三星财险	12	17	5	国任财险	49	47	-2
众诚财险	13	12	-1	长江财险	50	42	-8
美亚保险	14	23	9	史带财产	51	53	2
汇友互助	15	14	-1	锦泰财险	52	58	6
苏黎世保险	16	18	2	太平财险	53	56	3
久隆财险	17	20	3	泰山财险	54	52	-2
广东能源自保	18	15	-3	亚太财险	55	54	-1
阳光信用	19	9	-10	大地财险	56	50	-6
太保财险	20	11	-9	中煤财险	57	61	4
爱和谊	21	22	1	华海财险	58	62	4
华泰财险	22	16	-6	安华农险	59	66	7
日本财险	23	26	3	永诚财险	60	59	-1
日本兴亚	24	19	-5	利宝互助	61	65	4
安诚财险	25	25	0	安盛天平	62	60	-2

续表

公司名称	新排名	原排名	原排名 - 新排名	公司名称	新排名	原排名	原排名 - 新排名
诚泰财险	26	24	-2	安联财险	63	70	7
三井住友	27	29	2	浙商财险	64	55	-9
东京海上	28	34	6	海峡金桥	65	57	-8
黄河财险	29	27	-2	前海联合	66	67	1
众安财险	30	31	1	富德财险	67	63	-4
鑫安汽车	31	28	-3	北部湾财险	68	68	0
国元农险	32	37	5	珠峰财险	69	69	0
中银财险	33	30	-3	众惠相互	70	64	-6
恒邦财险	34	32	-2	渤海财险	71	71	0
中航安盟	35	35	0	富邦财险	72	73	1
国寿财险	36	36	0	都邦财险	73	72	-1
合众财险	37	33	-4				

由表4-28可以看出，剔除8个规模性指标后，运用主成分分析、因子分析方法，重新计算得到财产险公司的综合竞争力。运用威尔科克森（Wilcoxon）符号秩检验，对剔除部分指标后的综合竞争力评价结果进行稳健性检验，主要结论如表4-29—表4-31所示。

表4-29　　保险公司综合竞争力新旧排名的基本情况

描述性统计资料					
	N	平均数	标准偏差	最小值	最大值
新排名	73	37.0000	21.21713	1.00	73.00
原排名	73	37.0000	21.21713	1.00	73.00

表4-30　　威尔科克森（Wilcoxon）符号秩检验

等级				
		N	平均等级	等级总和
原排名 - 新排名	负等级	33①	31.24	1,031.00
	正等级	31②	33.84	1,049.00
	等值结	9③		
	总计	73		

注：①原排名 < 新排名。②原排名 > 新排名。③原排名 = 新排名。

表 4－31　　威尔科克森（Wilcoxon）符号秩检验结果

检定统计资料①	
	原排名－新排名
Z	－.060②
渐进显著性（双尾）	.952

注：①Wilcoxon 符号等级检定。②根据负等级。

表 4－31 列出了统计检验结果。结果显示：使用“渐进”方法计算的双侧显著性水平为 0.952，远大于 0.05，所以认为剔除指标前的综合竞争力排名与剔除几个指标后的综合竞争力排名差异不显著。也就是说，两个样本来自同一总体，具有相同的总体分布。综合运用主成分分析法、因子分析法对财产险公司的竞争力进行排名时，指标在特定的范围和程度内变化所引起的排名的变化在统计上并不显著，即认为我们所采用的方法对于指标的变化有一定的稳健性，此方法抓住了财产险公司竞争力的稳定的特征，并表现出来。

由本节所述内容可知，综合运用主成分分析、因子分析方法对保险公司的竞争力进行排名时，保险市场的公司参与度和指标的选择在统计上有其稳健性。即从总体市场来看，稳健性是存在的，无论是部分公司参与评价与否还是指标的增删，所引起的竞争力排名的变动在统计意义上是不显著的、可接受的、稳健的。

第五章
中国保险公司投资价值评价分析

在整个国家经济持续向好的背景之下，保险公司凭借着优良的企业资产、平稳而充足的现金流和优秀的未来预期而在资本市场上引起了越来越多的关注。

为了维护广大消费者利益，营造良好的投资环境，科学、合理地评估保险公司的投资价值，促进中国保险投资市场的健康、稳定发展，课题组进行中国保险公司的投资价值研究。

本章主要采用现代统计学、模糊数学等理论，构建保险公司投资价值的估值模型。本章在考虑保险公司盈利能力、资本管理能力、经营创新能力、风险管理能力、发展潜力等方面的同时，将企业规模、经济形势、市场等因素纳入考量，构建了一个较为全面、可以合理反映当前市场对未上市保险公司估值的模型，为未上市保险公司的投资交易和完善保险业投资市场提供参考和借鉴。

基于第三章、第四章的评价结果，选取保险公司的财务数据，主要涉及规模指标、盈利能力、资本管理能力、经营能力、发展潜力五个方面的内容，利用模糊数学中的贴近度计算方法，确定待评价公司与其他公司的相似程度，并以此作为对标公司及相应估值权重的衡量标准。

第一节　保险公司投资价值概念与评价方法

一、保险公司投资价值的概念

“价值”这个名词自出现伊始，就被赋予了多种意义和理解。在哲学概念中，价值被认为是作用物对于承受者所施加的积极意义和效用。在经济学中，价值被用来反映可以用来买卖的商品或服务在有效期内对于主体所能增加的效益的评判。马克思政治经济学还将价值按照作用和承受者的不同，分为使用价值和交换价值，用以对不同交易双方进行区分：使用价值用以衡量商品的购买者所能带来的效用，而交换价值用以针对商品的输出者。可见，价值作为一个估计值，对于不同的主体，其意义和体现（价格）有所不同。

实际上，即使是同一位输出者的同一件商品（服务），因为商品（服务）的接受者不同，其对于商品的需求、偏好和评价方式的不同，也使商品（服务）对于接受者的价值不尽相同。对于一家公司而言，其价值因为理解主体、计算方法的不同，也分为会计层面的账面价值、以市价来计算的公允价值、破产时计算的清算价值等，这些都可以理解为市场价值。

一般地，市场价值往往表示一家上市公司的发行股份依据某一评估日股价得到的公司价值，公司的市值一般由股票的收盘价与发行的股份量相乘得到。股票的市场交易价格中，收市价是最能代表当日的股票价格。

国际资产评估标准委员会对市场价值的定义是：在评估基准日由心甘情愿的买方和卖方在交易中经过理性的、非强迫的讨价还价后评定的资产交换价值。该价值是能在实际交易过程中完成的交易价值，能够用货币量来表示。

随着时代的进步，市场对于公司价值的理解不断加深，人们对公司的投资需求也日益高涨。随着日益增加的企业并购和公司上市行为，投资者对价值的认识日益加深，投资价值应运而生。

投资价值是指用以投资的某项资产针对该项资产具有买入意愿和买入目标的投资者所具有的价值。

投资价值与市场价值有关，但并不一定相等。投资价值往往取决于投资者的买入意愿、买入目的，以及宏观经济环境、投资环境等多方面。

保险公司的投资价值，既与宏观经济环境、经济政策有关，又与国内金融市场的发展和保险产业政策有关，更与保险公司的经营业绩直接相关。

二、国外关于保险公司投资价值的相关研究

投资价值评估的概念由来已久，早在1903年，美国的帕拉特（Pratt）在《华尔街动态》中即提出“价值和价格相分离”的概念，其认为公司的盈利能力也影响着公司的价值，公司股票的价格其实就是公司未来股息的体现。费雪（1930）最先提出了公司的价值评估模型，创新性地了探析资本和收入两者存在的联系，同时，通过公式，建立模型来证明，投资会渐渐地增加资本，收入扣除支出就是投资，如果不存在人的主观性，得到资本应和收入的贴现相当这一结论。莫迪和米勒（1959）提出了被广泛使用的经典MM理论，对公司估值体系有着现实与深远的意义。随后，企业价值评估模型进一步发展，夏普主要对企业评估时所使用的折现率

做了创新性的研究，通过一系列具体的数学公式得到折现率，这就是 CAPM 模型，进一步提升了评估公司价值的准确性，为后来相关理论的发展奠定了基础。罗斯（1976）构建了套利定价模型，该模型研究得出市场所能达到的均衡价格是不存在无风险套利机会，而独特风险却不产生任何影响，这是对经典 CAPM 模型的改进。针对不同评估模型的缺点，达兰（2005）综合分析大量估计企业价值模型，包括市场法、流量贴现法等，进一步地用数学方法说明各个估值模型，在不同的情形下应选用不同的模型。塔里（1993）则指出，EVA 方法在实际的估值时有较强的应用性，同时 EVA 的实质为公司自身价值的增加。姆拉（1996）将该方法用于研究上市商业银行所披露的财务信息，进行目标对象股价的估计，将得出来的结果和实际中的价格相比较，得到该方法对上市银行所做的估计较其他的模型更为精准的结论。彼得等（2004）则用实证研究证明了 EVA 法比传统方法更准确地衡量了经营业绩，与公司价值相关性较高。

三、国内关于保险公司投资价值的相关研究

我国学者对于保险公司的投资价值也进行了一些研究。陈兵（2006）提出，寿险公司总体的情况能够从公允价值中得出来，他的研究主要有四个阶段，分别是不同保单的分组、相关精算假设的建立、预估将来的利润并用风险贴现率进行折现，以及敏感性分析，最后得到一系列的结论。蔡春勇（2010）从商业银行的角度分析了投资保险公司股权的利弊，他从经济金融发展形势、综合经营需要、完善银行服务功能和收益结构优化几个角度认为投资保险公司具有一定的现实意义。迟晓英从客户信息网络平台方面对投资保险行业给予了肯定。但遗憾的是，对于怎样进行对保险公司的股权投资，该选择怎样的保险公司进行投资，他们没有进行说明。吴明东（2010）采用了内含价值法，对当时保险上市公司（中国人寿、中国平安、中国太保）的股票投资意义进行了分析。秦阳（2016）采用内含价值法研究了平安人寿的内含价值，并考虑了投资收益变动对内含价值的影响，认为现金流折现模型可以在一定程度上弥补剩余收益模型以利润作为估值依据的欠缺。贾媛媛（2015）采用内含价值去预测未来净资产收益率和净利润，从而对未来一年人身险公司的投资价值进行预测。代静玉（2016）在采用内含价值法评估寿险公司价值的时候，对于新业务乘数除了未来现金流外，融入了品牌效用、公司的经营管理能力等其他影响公司价值的因素进行修正，认为其更能近似反映市场对公司股票的理论价格预期。

除采用内含价值法外，我国学者对于不同估值方法对企业投资价值评估的效果

进行了许多研究。程凤朝（2011）采用模拟计算，认为不同时间段的折现现金流对公司价值的贡献不尽相同，他认为应改变目前只详细预测前5年现金流的做法，至少延长至前10年，且资金成本越低越应详细预测前几年的折现现金流。刘任重（2013）根据当时我国市场数据，分析了现金流量折现模型和剩余收益定价模型在估值方面的表现，认为剩余收益定价模型在企业定价中效果更优。刘海欧（2015）提出，如果保险公司能够实现稳定收益，相对于内含价值法，市盈率法更能作用于市场评估。李颖（2017）分别将内含价值模型和奥尔森剩余收益模型运用于人身险公司的评估中，发现用奥尔森剩余收益模型对于人身险公司的股权估值同样具备合理性与可行性。

事实上，从目前大部分学者的研究来看，目前对保险公司估值主要还是从财务指标进行整体估值。姚颖（2013）对企业管理团队的素质这一因素进行讨论，认为可以通过调整折现率进行估值，通过衡量管理团队的人员结构、从业经验、以往业绩、社会认可度等维度来衡量团队素质。除此之外，融资能力也是影响寿险公司估值的重要因素，融资能力越强的公司，其财务流动性越好，其非流动性折扣也就越低。同时，企业融资结构也影响其偿债能力。张淙豪（2014）经分析得出，融资能力主要受盈利能力、流动性、企业规模、保障能力的影响。张颖（2016）通过分析寿险公司财务指标，揭示了投资假设和投资绩效对公司估值的影响，认为投资绩效越好的寿险公司，其内含价值与公司市值应该更为相近。其研究认为，人身险公司的投资收益率受监管规则、可用投资规模、会计原则、资产结构等因素的影响。秦阳（2016）以上市公司平安人寿作为实证研究对象，来计算它的内含价值，与此同时，将投资收益对保险公司内含价值的作用包含在内，有效地克服了剩余收益法的不足。周静宜（2017）从财务分析的角度对保险公司的获取利润能力、债务偿付能力和发展潜能进行分析，通过因子分析法证明了营业收入、营业净利率和净资产收益率是影响保险公司盈利能力的重要因素。

现阶段，国内学者对财产险公司的投资价值进行评价分析的文献数量较少。李林子（2003）提出建立保险企业相关财务指标系统，使用因子分析法对国内外的财产险公司进行评判研究，得到不同经营范围与性质的财产险公司在盈利、资产管理能力等多个方面的不同。他研究讨论了我国财产险公司偿付能力的不足，并进一步对提升绩效的方法给出了相关的建议。马国东（2010）以我国的上市险企中公司股权评估作为分析对象，指出账面价值法、PE法、PB法在具体的实际运用中均有出色的效果。因为不同的保险公司存在不同的经营特点和不同的投资并购行为，杨柳勇等（2014）认为主要存在投资带来的收入（起到正向作用）、保险展业带来的保费（起到正向作用）、之前年度同比保险业务和相关的费用（起到正向作用）、当前的市场无风险利率（起到反向作用）和国内生产总值（起到反向作用）这几个条件决定评估的保险公司投资价值。王艳等（2015）认为，保险公司的盈利能力、相关会计信息质量、保险公司的经济增加、国家的经济环境和整个保险行业的质量这几个方面影响保险公司价值的成长与壮大。因为各个方面都涵盖不同的特征指标，所以使用多个特征指标可以科学、合理地建立保险公司投资价值评估系统。刘海欧（2015）认为，若保险公司每年的财务状况是稳健的，那么市盈率法在计算保险公司价值时往往具有比较好的效果。吴奇（2020）将 2018 年上市的人保集团当成案例分析目标，通过 EVA 方法预测其投资价值，并对估值结论进行准确性分析。

此外，有许多学者通过模糊数学贴近度模型和熵值法对非上市公司的投资价值进行研究。张灵莹（1994）通过模糊数学对定性指标进行量化，使用熵值法确定指标的权重，利用多个不同的指标对目标对象完成评价。刘洪久等（2005）主要运用模糊贴近度模型，将对标企业和待评价公司做贴近度分析，认为模糊理论的实际使用能在总体上科学地体现对标公司价值评估法的总体原理，这种方法在实际的并购、增资商业活动中具备很好的价值评估效果。张鼎祖（2006）使用模糊数学贴近度法对公司的价值进行估计，可以使用的原因是，该模型能够克服传统的评估模型容易受到主观思想影响的缺点。熊兴华（2008）将模糊数学贴近度模型应用于企业投资价值评估实践，但对对标公司的选取仅仅局限于之前的交易实例，并未将同行业的上市公司纳入考虑范围。胡晓明（2013）则通过选取相同性质的已上市企业的多元特征指标，运用熵值法和贴近度模型来分析对标及待评价公司两者的关系，评估待评价公司的价值。朴艺兰（2015）认为，用市场法评估投资价值时，需先研究待评价公司的行业，再来选取相近的对标公司。为了最大限度避免选择对标公司过程中存在研究人员主观性强的问题，可通过数学模糊中的贴近度模型，将对标公司的相似度进行排序与赋权。李海玉（2016）通过使用模糊数学中的贴近度模型，将对标企业的相似度进行排序，最终筛选得到一些与待评价公司具备对标性的公司。张宇（2017）通过对上市公司投资价值的研究，提出根据公司业务与财务两个方面的对标性确定对标公司，同时，通过反映股价的财务数据修正价值乘数，以达到评估待评价公司投资价值的目的。寇业富等（2011—2020）构建了中国保险公司综合竞争力的评价体系，对中国人身险公司与财产险公司的竞争力评价进行研究。

四、中国保险公司投资价值的评价方法

决定保险公司内在价值的因素有很多，既包含国家的经济因素、国家的政治因素、保险行业的发展状况、保险公司的经营表现，又包括公司的财务状况、公司将来的成长前景等，投资者需要综合考量，最终得出保险公司的投资价值。

本研究拟综合考虑EVA模型中的变量选择，运用熵值法、模糊数学、现代统计分析方法等对我国保险公司进行价值评估。

吴奇（2020）论证了EVA模型在保险领域的显著性和评估实践中应用其方法论的可行性①。

1. EVA模型的具体形式：

$$EVA = NOPAT - TC \times WACC \quad （式5-1）$$

*NOPAT*表示评估年度的税后净营业利润；*TC*表示评估年度的资本总额；*WACC*表示评估年度的加权平均资本成本。

该模型中的各个参数是：

NOPAT=（净利润+所得税费用+利息支出）×（1-*T*）+年度商誉减值+递延所得税贷方增加额+少数股东损益-递延所得税借方增加额+资本化研发费用+营业外收支×（1-*T*） （式5-2）

TC（资本总额）=权益资本+债务资本+投资资本调整=普通股权益+少数股东权益+长期借款+一年内到期长期借款+短期借款+商誉减值+本年各项准备金+应付债券+资本化研发费用+递延所得税贷方余额-递延所得税借方余额-营业外收支×（1-*T*）+社会责任得分；*T*（中国保险企业所得税税率）=25% （式5-3）

用目标公司的所有者权益与负债在资产中的比例分别与对应的权益资本和负债资本相乘，得到的结果相加便是*WACC*。

$$WACC = K_e \times \frac{S}{S+D} + K_d \times \frac{D}{S+D} \times (1-T) \quad （式5-4）$$

*S*表示所有者权益资本；*D*表示债务资本；K_e表示权所有者益资本成本；K_d表示债务资本成本；*T*表示公司的所得税率。

---

① 吴奇：《基于EVA模型的我国保险上市公司价值评估研究——以中国人保为例》，硕士学位论文，重庆理工大学，2020。

2. 熵值法

熵值法即对各个指标的差异程度进行计算，以各个指标所提供的差异系数大小来确定各个指标在评估体系中所占据的权重。Claude · E · Shannon 在其《通信数学理论》中，将 Hartley 关于信息度的模型扩展到指标中概率不同的情况，提出了计算信息熵的公式。其具体实现方法如下：

首先，在熵值法中对数据进行标准化处理，以消除量纲和求对数对数据造成的影响，其取值范围已经落在［0，1］，消除了量纲和反向指标取值对其所产生的影响，从而得到关于各个指标的数据矩阵 $\overline{A}$。

$$\overline{A} = \begin{bmatrix} X_{11} & \cdots & X_{m1} \\ X_{12} & \cdots & X_{m2} \\ \vdots & \ddots & \vdots \\ X_{1n} & \cdots & X_{mn} \end{bmatrix}, i = 0,1,2,\cdots,m;\ j = 1,2,\cdots,n \qquad (式 5-5)$$

其次，计算第 j 项指标中各方案占该指标的权重。

$$P_{ij} = \frac{X_{ij}}{\sum_{i=0}^{m} X_{ij}}, j = 1,2,\cdots,n \qquad (式 5-6)$$

由此，可得数据的比重矩阵。以此矩阵求各项指标的熵。

再次，计算各指标的熵：

$$e_j = -K\sum_{i=0}^{m} P_{ij}\ln(P_{ij}), j = 1,2,\cdots,n \qquad (式 5-7)$$

其中 $K = \frac{1}{\ln(m)}$，其目的是使 e_j 的取值落在 0 和 1 之间。

根据求得的熵值，可得其差异系数：

$$d_j = 1 - e_j \qquad (式 5-8)$$

求特征指标的权系数 w_j：

$$w_j = \frac{d_j}{\sum_{j=1}^{n} d_j}, j = 1,2,\cdots,n \qquad (式 5-9)$$

最后，特征指标与权系数的乘积就是公司在该指标下的评估得分，各指标评估得分相加得到公司的评估得分。

在一些相关研究中发现，在用 EVA 模型进行价值评估时，采用变量的增量检验结果更为明显。

3. 模糊数学中的格贴近度计算方法

采用 M 表示所有候选的可对比公司，C 表示本次特征体系的特征，其相关特征 C 的量值为 x，构成描述事物的物元 $R=(M, C, x)$，若模糊贴近度关系分析中选取 m 家公司，n 项可比指标，则可比公司指标 x_{ij}（$i=1, 2, \cdots, m$；$j=1, 2, \cdots, n$）。

采用最大最小相似系数法计算两个公司之间的格贴近度：

$$x_{ij}=\frac{\sum_{k=1}^{n}(x_{ik}\wedge x_{jk})}{\sum_{k=1}^{n}(x_{ik}\vee x_{jk})} \quad \text{（式 5-10）}$$

可构建关于保险公司之间的 $m\times m$ 相似关系特征矩阵：

$$X=[x_{ij}]_{m\times m} \quad \text{（式 5-11）}$$

通过模糊相似关系矩阵，建立待评价公司与对标公司之间的贴近度关系，用于对待评价公司的投资价值计算结果的校对，是待评价公司投资价值的修复系数，可以更精确地评估待评价公司的投资价值。

第二节　保险公司投资价值评价体系构建

截止到 2022 年 12 月，中国共有上市财产险公司 7 家，其中平安财险以中国平安集团、太保财险以中国太保集团、大地财险以中国再保险集团、太平财险以中国太平集团、天安财险以西水股份集团的形式上市，另外两家上市财产险公司中国人保财险、众安在线分别独立上市。

我们通过分析我国保险公司现行估值方法的现状，发现目前的估值方法大多具有主观性过强的特点，不同的评估人员采用迥异的价值评估方法或有很大出入的估值假设，使市场中的交易价格往往偏离其真实价值。

一、保险公司投资价值的影响因素分析

保险公司作为金融行业类公司，其公司价值除自身内部经营情况外，还受整个金融宏观形势及行业预期的影响。因此，从投资者角度衡量保险公司的价值，应从公司的内部因素和外部因素进行分析。

（一）内部因素

1. 资产、收入等规模因素

无论是人身险公司还是财产险公司，都没有脱离金融公司的范畴，衡量其投资价值的最直观体现就是其已有资产、收入的评估。例如，净资产等于公司的总资产减去负债，它反映了保险公司在开办及以后接受的资本和公司通过经营活动创造的资产。

2. 盈利能力

保险公司的盈利能力是指其通过业务及一系列投资活动获得利润的能力，也被称为公司的资本增值能力。通常来说，一家保险公司的盈利能力可以采用净资产收益率、总资产收益率等几项指标进行测算和衡量。其中，对于公司最重要的是总资产收益率，如果总资产收益率高于债务成本，那么该公司应该举债经营；反之，债务则会成为公司的负担。同时，总资产收益率也是一家公司综合实力的体现。而对于投资者而言，净资产收益率是衡量一家公司是否应该进行股权投资最直观的条件。净资产收益率等于一家公司该年度所获得的净利润除以净资产，其比值越高象征着这家公司的资本增值能力越强，投资者能够获得相对于债权投资更多的超额收益。

3. 资本管理能力

资本管理能力不仅表现为对资本规模、质量、安全的把握，还影响着企业对外融资的渠道和成本。一家对于资本管理要求严格的公司往往对于资产的风险和成本把控较好，降低了投资者投资的风险，但随着公司资本管理能力的提高，其流动性也会相应增强，其融资风险和融资成本相应降低，投资者所能得到的超额回报也会降低。人身险的资本管理能力体现在偿付能力充足率、资本利用率等方面。其中，偿付能力充足率并非越高越好，过低的数值意味着公司对可能发生的赔付准备不足，会将公司带入风险之中，而过高的数值可能意味着资本的浪费或业务开展得不够全面。

4. 经营能力

在公司价值评估中，经营能力被认为是企业对统合内外资源进行运营的管理能力，以及结合条件制定符合公司经营的战略、计划的统筹能力和决策能力之和。在保险公司的投资价值评判中，企业的经营能力由净资产周转率等指标体现。

5. 发展潜力

在目前的公司价值评价体系中，资产规模往往只能代表公司的过去，而决定一家保险公司在投资者眼中的价值的，更多的是未来所取得的收益，即公司未来持续的获利能力。一家高成长性的保险公司，哪怕目前资产、销售规模都较小，但因为其高保费增速、高收益增长率，在投资者眼中同样也可能具备较高的价值。能够评价一家人身险公司发展潜力的指标有发展系数、净资产增长率等。其中，发展系数的定义为公司保费收入增量份额与原保费收入的比值，其能够反映人身险公司在整个市场下的发展前景而最常被使用到。

（二）外部因素

作为所有公司赖以生存的大环境，宏观经济的好坏会影响每一家公司的盈利和发展。作为金融市场的重要参与者，保险公司极其容易受经济环境的影响。在我国国内生产总值增长率保持较高水平的时候，人民生活水平的提高会对保险收入规模和保险公司的资产等起到促进作用，同时良好的投资氛围也有助于保险公司利用保费收入进行投资而取得较高收益。而当国内生产总值增长率持续下滑时，恶劣的经济形势会对投保人的投保意愿和公司的投资收益造成打击，影响保险公司的投资价值。同时，宏观政策的变动也会直接影响保险公司的盈利状况和公司价值，任何宏观政策或者保险监管规则的变动都可能会让保险公司的发展前景和获利能力发生巨大变化。

因此，评估保险公司的投资价值也必须考虑宏观经济形势、宏观政策与证券市场的变化等各方面的因素。我们先通过对标公司的市场价值得到其投资价值，再由待评价公司与对标公司之间的贴近程度，得到待评价公司的投资价值。

二、保险公司的投资价值评价指标体系

在待评价的保险公司中，既有已经上市的保险公司，也有作为子公司部分上市的保险公司，还有完全没有上市的保险公司。

首先，我们由上市保险公司（集团）的市场价值计算得到上市的保险公司或者作为子公司部分上市的保险公司的投资价值。在此步骤计算中，我们选择规模性指标，采用熵值法进行计算。

其次，以上面计算出投资价值的保险公司作为对标公司，分别计算未上市人身险公司、财产险公司的初始投资价值。在此步骤计算中，我们选择与上面步骤相同的规模性指标，采用熵值法进行计算。

最后，根据待评价公司与对标公司的贴近度关系，对待评价公司的投资价值进行修正，从而得到保险公司的投资价值。在此步骤中，我们采用模糊数学中的格贴

近度方法进行计算。将待评价公司与各对标公司的投资价值等价关系的值进行归一化处理，以对标公司的投资价值为参考，通过待评价公司与对标公司的相似程度，计算待评价公司的投资价值。

三、对标公司的选择

截至2022年12月，中国共有上市保险公司（集团）8家，包括中国平安保险集团（601318）、中国人保（601319）、中国人寿（601628）、新华保险（601336）、中国太平洋保险集团（601601）、中国再保险（01508. HK）、中国太平（00966. HK）、众安在线（06060. HK）。

此外，天安财险以西水股份集团的形式上市（*ST西水，600291），天茂集团（000627）的主要收入来自国华人寿。

基于投资价值评估的宏观经济背景、保险经营规律和相关数据的科学性，我们选择在沪深上市的5家中国保险公司（集团）作为我们研究的主要背景和对标对象，即中国平安集团（601318）、中国人保（601319）、中国人寿（601628）、新华保险（601336）、中国太保集团（601601）。

相应地，人身险公司的对标公司分别是中国人寿、新华寿险、平安人寿、太保寿险；财产险公司的对标公司分别是人保财险、平安财险、太保财险。

四、对标公司的投资价值评价

在由上市的5家中国保险公司（集团）计算得到对标公司的投资价值时，我们选择的规模指标为：净资产、净利润、已赚保费、营业总收入，以2022年12月31日的数据资料为基点。

其中，上市保险公司（集团）的数据来自按照上市公司的有关规定，公司披露的财务数据；未上市保险公司的数据来自公司的年度披露信息报告。得到数据资料如表5－1所示。

表5－1　上市保险公司（集团）与对标公司的规模指标数据　单位：千元

序号	公司名称	净资产	净利润	已赚保费	营业总收入
1	中国人寿（601628）	445, 100, 000	33, 500, 000	607, 800, 000	826, 100, 000
2	新华保险（601336）	98, 000, 000	9, 826, 000	160, 900, 000	214, 300, 000
3	中国人保（601319）	303, 000, 000	34, 300, 000	559, 700, 000	620, 900, 000

续表

序号	公司名称	净资产	净利润	已赚保费	营业总收入
4	中国平安集团（601318）	1,175,298,000	107,432,000	742,418,000	1,110,568,000
5	中国太保集团（601601）	201,700,000	25,200,000	368,878,000	455,372,000
6	中国人寿	441,818,000	39,315,000	607,825,000	825,817,000
7	新华寿险	100,936,000	11,139,000	160,904,000	215,655,000
8	人保财险	209,913,430	26,551,954	425,313,775	448,408,503
9	平安人寿	277,706,617	73,500,389	434,072,757	584,108,072
10	平安财险	119,080,853	11,180,504	277,620,213	291,422,906
11	太保寿险	103,331,568	16,478,885	217,807,939	293,510,140
12	太保财险	50,344,105	8,283,294	143,863,110	152,244,549

依据式5－5至式5－9，计算得到结果如表5－2所示。

表5－2　上市保险公司（集团）与对标公司的熵值评价得分与市场价值（总资产）

单位：千元

公司名称	熵值评价得分	市场价值（总资产）
中国人寿（601628）	398,020,094	5,251,984,000
新华保险（601336）	97,286,824	1,255,044,000
中国人保（601319）	303,511,006	1,508,702,000
中国平安集团（601318）	768,093,216	11,137,168,000
中国太保集团（601601）	209,150,834	2,176,299,000
中国人寿	398,555,167	5,145,794,000
新华寿险	99,060,538	1,221,727,000
人保财险	219,114,294	748,729,243
平安人寿	283,510,679	3,947,363,769
平安财险	133,926,926	508,375,837
太保寿险	121,919,070	1,822,906,590
太保财险	65,997,456	232,667,140

根据熵值评价得分与上市公司（集团）的市场价值（或总资产），得到对标公司的投资价值如表5－3所示。

表 5－3　对标公司的总资产与投资价值　单位：千元，%

对标公司	总资产	投资价值	投资价值/总资产
中国人寿	5,145,794,000	5,259,044,438	102.20
新华寿险	1,221,727,000	1,277,925,701	104.60
人保财险	748,729,243	1,089,180,189	145.47
平安人寿	3,947,363,769	4,110,837,061	104.14
平安财险	508,375,836.8	1,941,908,404	381.98
太保寿险	1,822,906,590	1,268,617,225	69.59
太保财险	232,667,140	686,730,215	295.16

通过表 5－3 可以知道，中国人寿计算得出的投资价值解释了中国人寿总资产的 102.20%；新华寿险计算得出的投资价值解释了新华寿险总资产的 104.60%；人保财险计算得出的投资价值解释了其总资产的 145.47%；平安人寿计算得出的投资价值解释了其总资产的 104.14%；平安财险计算得出的投资价值解释了其总资产的 381.98%；太保寿险计算得出的投资价值解释了其总资产的 69.59%；太保财险计算得出的投资价值解释了其总资产的 295.16%。

表 5－4 给出了各对标公司的投资价值与对应上市公司市场价值的比较情况。从表 5－4 可以看出，对标公司中国人寿计算得出的投资价值反映了上市公司中国人寿（601628）市场价值的 100.13%；对标公司新华寿险计算得出的投资价值反映了上市公司新华保险（601336）市场价值的 101.82%；对标公司人保财险计算得出的投资价值反映了上市公司中国人保（601319）市场价值的 72.19%；对标公司平安人寿计算得出的投资价值反映了上市公司中国平安集团（601318）市场价值的 36.91%；对标公司平安财险计算得出的投资价值反映了上市公司中国平安集团（601318）市场价值的 17.44%；对标公司太保寿险计算得出的投资价值反映了上市公司中国太保集团（601601）市场价值的 58.29%；对标公司太保财险计算得出的投资价值反映了上市公司中国太保集团（601601）市场价值的 31.55%。

表 5－4　对标公司的投资价值与对应上市公司市场价值的比较　单位：千元，%

对标公司	投资价值	上市公司名称	市场价值	对标公司投资价值/对应上市公司市场价值
中国人寿	5,259,044,438	中国人寿（601628）	5,251,984,000	100.13
新华寿险	1,277,925,701	新华保险（601336）	1,255,044,000	101.82
人保财险	1,089,180,189	中国人保（601319）	1,508,702,000	72.19

续表

对标公司	投资价值	上市公司名称	市场价值	对标公司投资价值/对应上市公司市场价值
平安人寿	4,110,837,061	中国平安集团（601318）	11,137,168,000	36.91
平安财险	1,941,908,404			17.44
太保寿险	1,268,617,225	中国太保集团（601601）	2,176,299,000	58.29
太保财险	686,730,215			31.55

表 5－5 给出了净资产、净利润、已赚保费、营业总收入这 4 项规模指标中，对标公司中国人寿、新华寿险、人保财险，以及平安人寿与平安财险的和、太保寿险与太保财险的和占各自对应的上市公司中国人寿（601628）、新华保险（601336）、中国人保（601319）、中国平安集团（601318）、中国太保集团（601601）的比例情况，有助于理解对标公司的投资价值与上市公司（集团）的市场价值之间的对应关系。

中国人寿、新华寿险、平安人寿、太保寿险将是中国人身险公司投资价值评价的对标公司；人保财险、平安财险、太保财险将是中国财产保险公司投资价值评价的对标公司。

表 5－5　对标公司与对应的上市保险公司（集团）4 项规模指标的比例情况　单位：%

公司名称	净资产	净利润	已赚保费	营业总收入
中国人寿/中国人寿（601628）	99.26	117.36	100.00	99.97
新华寿险/新华保险（601336）	103.00	113.36	100.00	100.63
人保财险/中国人保（601319）	69.28	77.41	75.99	72.22
平安人寿与平安财险的和/中国平安集团（601318）	33.76	78.82	95.86	78.84
太保寿险与太保财险的和/中国太保集团（601601）	76.19	98.26	98.05	97.89

第三节　中国人身险公司投资价值评价分析

一、评价对象的选择

根据国家金融监督管理总局网站，截止到 2022 年 12 月 31 日，中国人身险公司共有 93 家，其中中资公司 64 家，外资公司 29 家。

其中，国寿养老、长江养老、人保养老仅经营养老保障管理、企业年金、职业年金等业务，暂不经营负债型的人寿保险业务，不适用偿付能力的监管要求；国民养老、恒安标准养老距离2022年年底，成立营业不到2年。这5家养老保险公司不进行评价。

截止到2023年5月31日，没有披露2022年年度信息披露报告或者披露内容不完整，或者部分指标数据异常的，共有17家公司，它们是：国寿存续、恒大人寿（中新大东方）、富德生命人寿、中融人寿、天安人寿、合众人寿、华夏人寿、君康人寿、昆仑健康、和谐健康、大家人寿、前海人寿、华汇人寿、珠江人寿、大家养老、上海人寿、新华养老。

公司的部分指标数据异常，并不意味着公司经营绩效的“优”或“劣”。由于采用主成分分析、因子分析方法进行竞争力运算，为了避免少数公司的部分指标异常对其他公司的评价结果产生重大、异常的影响，从而导致评价结果不合常理的情况，我们剔除部分公司，这是必要的前期数据处理。

上述22家公司，如果有任何问题、建议或者意见，请与中国保险公司竞争力与投资价值评价研究课题组联系。最后，我们共对71家人身险公司进行了综合竞争力评价。

依据第三章得到的中国人身险公司综合竞争力评价结果，我们拟对中国人身险公司综合竞争力排名前40的公司进行投资价值评价。

由于在熵值计算中，需要用到取对数计算，所以公司的指标不能取负值。我们剔除了综合竞争力排名前40的公司中，部分指标出现负值情况的公司（共有11家公司），最后共对29家人身险公司进行投资价值评估。

二、评价指标的选择

对保险公司的投资价值进行评价主要分两个步骤：一是依据规模指标，运用熵值法，由对标公司的投资价值得到待评价公司的投资价值的初始结果；二是建立盈利能力、资本管理能力、经营创新能力、发展能力等方面的二级指标，再采用模糊格贴近度方法，计算待评价公司与对标公司的相似关系，并通过迭代计算，得到待评价公司与对标公司贴近度的等价关系，把此等价关系作为修正系数，根据对标公司与待评价公司的投资价值结果，得到待评价公司的投资价值。最后，得到人身险公司综合竞争力排名前37的公司的投资价值。指标体系如表5－6所示。

表5-6 人身险公司投资价值评价的指标选取

指标组成部分	特征指标选取
规模指标	净资产、净利润、已赚保费、营业总收入
盈利能力	投资收益率、净资产收益率、承保利润率、净利润增长率
经营创新能力	净资产周转率、综合赔付率、综合费用率、退保率、产品集中度系数、万张保单投诉量
资本管理能力	偿付能力充足率、保险负债占总资产比、资本利用率、认可资产负债率、资产认可率、认可资产增长率
发展潜力	发展系数、总资产增长率、净资产增长率、市场拓展能力

三、保险公司的初始投资价值评价

各人身险公司规模指标数据如表5-7所示。

表5-7 各人身险公司规模指标数据 单位：千元

公司名称	净资产	净利润	已赚保费	营业总收入
中国人寿	441,818,000	39,315,000	607,825,000	825,817,000
平安人寿	277,706,617	73,500,389	434,072,757	584,108,072
太保寿险	103,331,568	16,478,885	217,807,939	293,510,140
阳光人寿	35,328,575	6,261,223	66,719,597	90,650,137
新华人寿	100,936,000	11,139,000	160,904,000	215,655,000
泰康人寿	69,406,000	11,893,000	167,330,000	203,082,000
人保寿险	38,856,480	1,151,176	90,840,735	40,277
太平人寿	54,584,654	7,105,286	151,651,737	186,804,502
友邦人寿	20,979,335	5,734,521	48,640,258	56,774,690
幸福人寿	5,450,293	148,584	19,814,799	23,858,499
中意人寿	8,428,946	1,075,749	18,417,071	23,274,975
财信吉祥人寿	3,487,915	83,160	6,365,605	7,713,356
中邮人寿	21,858,000	397,000	91,325,000	112,988,000
东吴人寿	5,155,831	41,159	7,944,908	9,813,782
民生人寿	13,555,046	184,594	11,669,670	15,340,339
中英人寿	7,792,212	925,100	10,684,651	13,925,241
泰康养老	6,276,409	1,028,254	18,858,586	23,659,168
陆家嘴国泰	3,046,690	88,075	3,862,304	4,725,329

续表

公司名称	净资产	净利润	已赚保费	营业总收入
平安健康	6,711,718	663,077	13,438,164	13,888,845
中荷人寿	3,484,760	9,857	8,829,806	10,653,578
太平养老	3,218,881	113	7,165,408	152
太保安联健康	3,305,112	65,838	4,910,082	5,310,438
中宏人寿	8,368,949	457,969	13,643,247	16,911,011
大都会人寿	6,846,153	794,680	15,711,527	18,882,542
同方全球人寿	2,868,148	38,185	6,458,377	7,668,022
人保健康	6,883,092	875,023	35,185,179	11,518
中德安联	4,101,255	419,060	6,063,717	7,563,838
恒安标准	4,187,567	151,462	7,036,959	8,191,945
复星联合健康	1,001,637	62,825	3,216,564	3,535,136

采用熵值法进行计算，得到各公司熵值评价得分如表5-8所示。

表5-8　各人身险公司熵值评价得分

序号	公司名称	熵值评价得分	序号	公司名称	熵值评价得分
1	中国人寿	443,086,636	16	中英人寿	7,725,759
2	平安人寿	319,718,628	17	泰康养老	11,370,792
3	太保寿险	145,270,915	18	陆家嘴国泰	2,699,789
4	阳光人寿	45,966,043	19	平安健康	7,925,517
5	新华人寿	112,830,105	20	中荷人寿	5,212,239
6	泰康人寿	103,515,968	21	太平养老	2,252,040
7	人保寿险	28,430,289	22	太保安联健康	3,109,726
8	太平人寿	91,273,558	23	中宏人寿	9,039,977
9	友邦人寿	30,453,010	24	大都会人寿	9,657,383
10	幸福人寿	11,135,125	25	同方全球人寿	3,871,505
11	中意人寿	11,738,826	26	人保健康	9,113,941
12	财信吉祥人寿	4,031,492	27	中德安联	4,190,728
13	中邮人寿	51,146,752	28	恒安标准	4,477,250
14	东吴人寿	5,256,552	29	复星联合健康	1,767,603
15	民生人寿	9,467,794			

依据表 5 -6 中的各项指标和这 29 家公司的各项指标取值，对这些指标进行标准化后，运用模糊聚类分析方法计算待评价公司与对标公司之间的相似关系，结果如表 5 -9 所示。

表 5 -9　待评价公司与对标公司之间的相似关系　单位：%

	中国人寿	平安人寿	太保寿险	新华人寿
阳光人寿	7.66	33.87	33.74	24.74
泰康人寿	7.43	33.93	33.82	24.82
人保寿险	10.70	27.68	27.77	33.85
太平人寿	7.04	33.88	33.83	25.25
友邦人寿	7.04	33.85	33.78	25.33
幸福人寿	7.00	33.83	33.77	25.40
中意人寿	6.84	33.68	33.72	25.77
财信吉祥人寿	6.93	33.81	33.77	25.49
中邮人寿	6.96	33.82	33.77	25.45
东吴人寿	6.99	33.83	33.76	25.42
民生人寿	6.98	33.82	33.77	25.43
中英人寿	7.11	33.50	33.45	25.95
泰康养老	5.62	34.20	34.16	26.01
陆家嘴国泰	5.74	34.28	34.21	25.76
平安健康	5.69	34.23	34.19	25.90
中荷人寿	5.75	34.27	34.22	25.76
太平养老	5.76	34.27	34.21	25.76
太保安联健康	6.49	29.51	29.58	34.42
中宏人寿	6.06	29.09	29.19	35.66
大都会人寿	5.76	34.26	34.21	25.76
同方全球人寿	5.78	34.18	34.13	25.90
人保健康	5.80	34.03	33.98	26.19
中德安联	5.80	34.06	34.00	26.14
恒安标准	5.86	34.05	33.99	26.10
复星联合健康	5.78	33.22	33.33	27.68

以表 5 -9 作为修复乘数，可以求得待评价公司的投资价值，结果如表 5 -10 所示。

表 5 - 10　　人身险公司的投资价值　　单位：千元

序号	公司名称	投资价值	序号	公司名称	投资价值
1	中国人寿	5, 259, 220, 025	16	中英人寿	111, 935, 895
2	平安人寿	4, 304, 621, 647	17	泰康养老	71, 917, 390
3	太保寿险	1, 279, 570, 899	18	陆家嘴国泰	117, 582, 274
4	新华人寿	1, 275, 556, 720	19	平安健康	37, 653, 934
5	阳光人寿	677, 451, 375	20	中荷人寿	72, 425, 482
6	泰康人寿	1, 030, 845, 231	21	太平养老	52, 376, 952
7	人保寿险	1, 119, 746, 610	22	太保安联健康	51, 724, 557
8	太平人寿	325, 091, 785	23	中宏人寿	61, 345, 586
9	友邦人寿	795, 724, 970	24	大都会人寿	86, 402, 672
10	幸福人寿	288, 300, 956	25	同方全球人寿	106, 797, 324
11	中意人寿	104, 341, 642	26	人保健康	44, 399, 480
12	财信吉祥人寿	245, 416, 755	27	中德安联	88, 596, 104
13	中邮人寿	48, 803, 208	28	恒安标准	39, 889, 036
14	东吴人寿	454, 668, 527	29	复星联合健康	36, 237, 734
15	民生人寿	66, 137, 817			

通过表 5 - 10 和图 5 - 1 可以看出，人身险公司中，中国人寿、平安人寿的投资价值绝对额位列人身险公司前两名，且占有绝对优势地位。

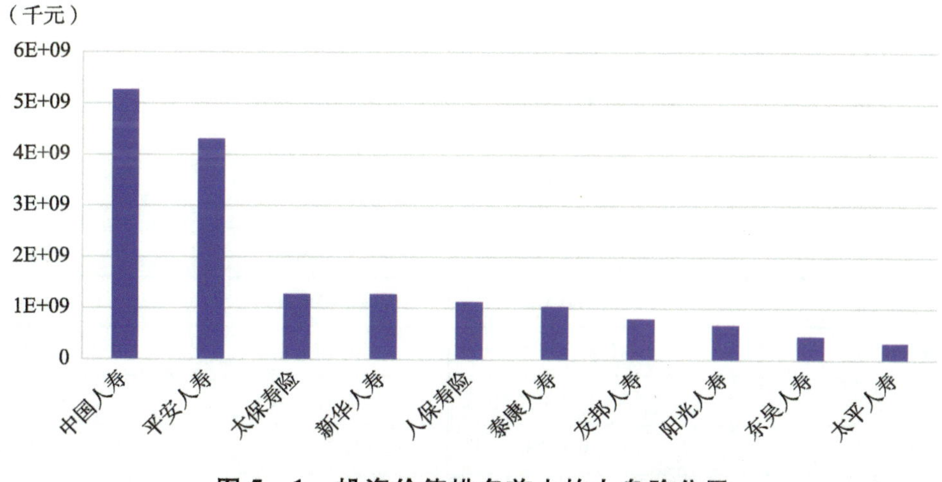

图 5 - 1　投资价值排名前十的人身险公司

由于各公司的所有者权益不一样，如果单独考虑公司的投资价值绝对额，对于潜在投资者的参考借鉴意义并不大。为了更好地反映各公司的投资效能①，在不考

① 投资效能比 = 投资价值 ÷ 所有者权益

虑公司股权质押、公司成立年限的情况下，我们引入了指标“投资效能比”，具体结果如表5－11所示。

表5－11　人身险公司的投资效能比（按照投资效能比大小排序）　单位：千元，%

公司名称	投资价值	净资产	投资效能比
东吴人寿	454,668,527	5,155,831	8,818.53
财信吉祥人寿	245,416,755	3,487,915	7,036.20
幸福人寿	288,300,956	5,450,293	5,289.64
陆家嘴国泰	117,582,274	3,046,690	3,859.34
友邦人寿	795,724,970	20,979,335	3,792.90
同方全球人寿	106,797,324	2,868,148	3,723.56
复星联合健康	36,237,734	1,001,637	3,617.85
人保寿险	1,119,746,610	38,856,480	2,881.75
中德安联	88,596,104	4,101,255	2,160.22
中荷人寿	72,425,482	3,484,760	2,078.35
阳光人寿	677,451,375	35,328,575	1,917.57
太平养老	52,376,952	3,218,881	1,627.18
太保安联健康	51,724,557	3,305,112	1,564.99
平安人寿	4,304,621,647	277,706,617	1,550.06
泰康人寿	1,030,845,231	69,406,000	1,485.24
中英人寿	111,935,895	7,792,212	1,436.51
新华人寿	1,275,556,720	100,936,000	1,263.73
大都会人寿	86,402,672	6,846,153	1,262.06
太保寿险	1,279,570,899	103,331,568	1,238.32
中意人寿	104,341,642	8,428,946	1,237.90
中国人寿	5,259,220,025	441,818,000	1,190.36
泰康养老	71,917,390	6,276,409	1,145.84
恒安标准	39,889,036	4,187,567	952.56
中宏人寿	61,345,586	8,368,949	733.01
人保健康	44,399,480	6,883,092	645.05
太平人寿	325,091,785	54,584,654	595.57
平安健康	37,653,934	6,711,718	561.02
民生人寿	66,137,817	13,555,046	487.92
中邮人寿	48,803,208	21,858,000	223.27

通过表 5 - 11 和图 5 - 2 可以看出，投资效能比排名前三的分别是东吴人寿（8818.53%）、财信吉祥人寿（7036.20%）和幸福人寿（5289.64%）。同时，这三家公司的投资效能比占有比较明显的优势，并且取值均比去年有很大幅度的提升。

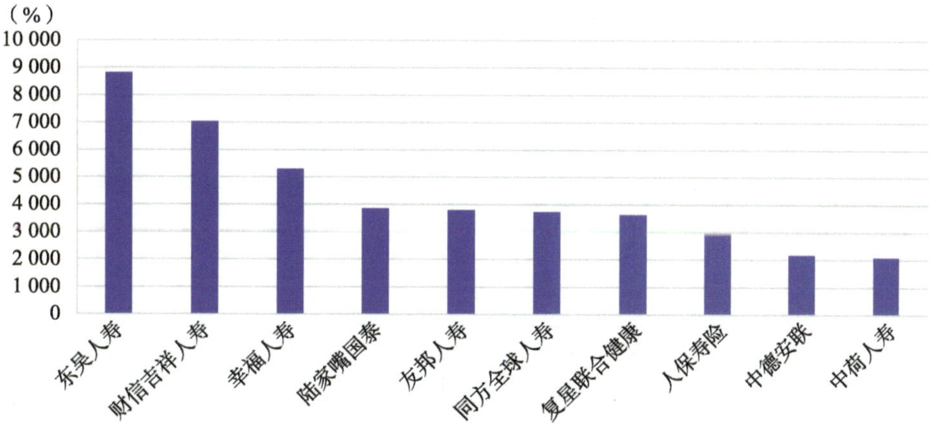

图 5 - 2　投资效能比排名前十的人身险公司

为了对公司的投资价值有更深入的了解，我们对各公司的投资价值与公司的总资产进行比较，具体结果如表 5 - 12 所示。

表 5 - 12　　人身险公司的投资价值与总资产比较　　单位：万元，%

公司名称	投资价值	总资产	投资价值/总资产
中国人寿	5,259,220,025	5,145,794,000	102.20
平安人寿	4,304,621,647	3,947,363,769	109.05
太保寿险	1,279,570,899	1,822,906,590	70.19
新华人寿	1,275,556,720	1,221,727,000	104.41
阳光人寿	677,451,375	397,077,997	170.61
泰康人寿	1,030,845,231	1,191,357,000	86.53
人保寿险	1,119,746,610	578,076,489	193.70
太平人寿	325,091,785	939,126,892	34.62
友邦人寿	795,724,970	266,458,140	298.63
幸福人寿	288,300,956	84,855,685	339.75
中意人寿	104,341,642	116,284,744	89.73
财信吉祥人寿	245,416,755	31,233,763	785.74
中邮人寿	48,803,208	446,039,000	10.94
东吴人寿	454,668,527	30,319,566	1,499.59

续表

公司名称	投资价值	总资产	投资价值/总资产
民生人寿	66, 137, 817	119, 930, 563	55. 15
中英人寿	111, 935, 895	71, 808, 016	155. 88
泰康养老	71, 917, 390	86, 765, 042	82. 89
陆家嘴国泰	117, 582, 274	20, 200, 914	582. 06
平安健康	37, 653, 934	25, 207, 334	149. 38
中荷人寿	72, 425, 482	42, 532, 849	170. 28
太平养老	52, 376, 952	22, 467, 793	233. 12
太保安联健康	51, 724, 557	10, 038, 746	515. 25
中宏人寿	61, 345, 586	74, 598, 945	82. 23
大都会人寿	86, 402, 672	88, 045, 741	98. 13
同方全球人寿	106, 797, 324	26, 766, 524	399. 00
人保健康	44, 399, 480	94, 135, 089	47. 17
中德安联	88, 596, 104	43, 657, 308	202. 94
恒安标准	39, 889, 036	30, 975, 753	128. 78
复星联合健康	36, 237, 734	9, 365, 111	386. 94

通过表 5 – 12 可以看出，大部分公司的投资价值大于总资产，投资价值小于总资产的公司有：太平洋寿险、泰康人寿、太平人寿、中意人寿、中邮人寿、民生人寿、泰康养老、中宏人寿、大都会人寿、人保健康。

第四节　中国财产险公司投资价值评价分析

一、评价对象的选择

根据国家金融监督管理总局网站，截止到 2022 年 12 月 31 日，中国财产险公司共有 88 家，其中中资公司 67 家，外资公司 21 家。

截止到 2023 年 5 月 31 日，在这 88 家公司中，未披露 2022 年年度信息披露报告或者年度信息披露报告不完整的有 6 家公司，分别是：天安财险、出口信用、大家财险、易安财险、安达保险、安心财险；融通财险成立时间距离 2022 年年底不到 2 年，不进行评价。

此外，公司披露的部分数据不能满足我们进行保险公司投资价值评价的需要或者部分指标数据异常的，主要有劳合社、长安责任保险、太平科技、融盛财险、现代财险、东海航运、瑞再企商、凯本财险。最后，课题组共对73家财产险公司进行相关评价。

依据第四章的有关结果，我们对综合竞争力排名前40的财产险公司进行投资价值评价。

由于在熵值计算中，需要用到对数计算，所以公司的指标不能取负值。在这40家财产保险公司中，合众财险、阳光信用、日本兴亚这3家公司的部分指标取负值，因此我们共对37家公司进行投资价值评估，其中，人保财险、平安财险、太保财险是对标公司。

二、评价指标的选择

对保险公司的投资价值进行评价主要分两个步骤：一是依据规模指标，运用熵值法，由对标公司的投资价值得到待评价公司投资价值的初始评价结果；二是建立盈利能力、资本管理能力、经营创新能力、发展能力等方面的二级指标，再采用模糊格贴近度方法，计算待评价公司与对标公司的相似关系，并通过迭代计算，得到待评价公司与对标公司贴近度的等价关系，把此等价关系作为修正系数，根据对标公司与待评价公司的投资价值结果，得到待评价公司的投资价值。最后，得到财产保险公司综合竞争力排名前40的公司的投资价值。指标体系如表5－13所示。

表5－13　财产险公司投资价值评价的指标选取

指标组成部分	特征指标选取
规模指标	净资产、净利润、已赚保费、营业总收入
盈利能力	投资收益率、净资产收益率、承保利润率、净利润增长率
经营创新能力	净资产周转率、综合赔付率、综合费用率、应收保费率、产品集中度系数、亿元保费投诉量、营业收入增长率、人均产能
资本管理能力	偿付能力充足率、保险负债占总资产比、资本利用率、认可资产负债率、资产认可率、认可资产增长率
发展潜力	发展系数、总资产增长率、净资产增长率、人均产能增长率，市场拓展能力，应收分保率

三、保险公司的初始投资价值评价

各财产险公司规模指标数据如表5－14所示。

表5－14　各财产险公司规模指标数据　单位：千元

公司名称	净资产	净利润	已赚保费	营业总收入	总资产
人保财险	209, 913, 430	26, 551, 954	425, 313, 775	448, 408, 503	748, 729, 243
太保财险	50, 344, 105	8, 283, 294	143, 863, 110	152, 244, 549	232, 667, 140
平安财险	119, 080, 853	11, 180, 504	277, 620, 213	291, 422, 906	508, 375, 837
华泰财险	5, 709, 397	578, 407	6, 663, 989	7, 117, 741	16, 043, 595
中银财险	5, 069, 315	302, 079	5, 010, 188	5, 417, 874	14, 413, 203
安信农险	2, 860, 279	213, 456	1, 715, 927	1, 930, 843	6, 673, 546
阳光农险	3, 377, 281	543, 906	3, 451, 120	3, 529, 019	6, 771, 091
国寿财险	33, 255, 627	668, 536	84, 637, 675	87, 445, 039	138, 687, 976
安诚财险	4, 332, 573	30, 645	4, 354, 994	4, 587, 472	8, 427, 460
国元农险	3, 582, 908	312, 789	8, 956, 447	9, 415, 672	13, 228, 540
鼎和财险	12, 697, 822	1, 081, 935	5, 196, 964	5, 841, 444	18, 784, 660
英大财险	8, 789, 795	1, 406, 824	9, 257, 383	10, 042, 351	22, 779, 036
紫金财险	9, 247, 151	545, 082	8, 971, 922	9, 649, 233	18, 287, 128
众诚财险	2, 736, 670	65, 326	2, 432, 219	2, 945, 442	5, 655, 395
诚泰财险	7, 799, 876	33, 216	1, 748, 992	1, 958, 510	9, 971, 154
鑫安汽车	1, 148, 692	34, 542	693, 827	645, 740	2, 905, 456
中石油专属保险	7, 233, 502	449, 178	856, 570	1, 150, 092	11, 208, 023
众安财险	16, 819, 561	228, 554	21, 925, 949	22, 407, 287	42, 659, 860
恒邦财险	2, 031, 125	4, 438	1, 306, 820	1, 442, 186	4, 321, 335
燕赵财险	1, 214, 075	7, 327	1, 287, 215	1, 353, 755	2, 764, 670
中原农险	2, 534, 595	261, 045	3, 652, 762	3, 652, 298	6, 166, 379
中路财险	982, 287	6, 125	1, 398, 676	1, 407, 803	2, 601, 139
铁路自保	3, 095, 788	131, 919	370, 035	493, 732	5, 643, 483
久隆财险	1, 049, 819	32, 332	98, 687	127, 727	1, 352, 033
中远海自保	2, 447, 360	120, 090	49, 640	123, 830	4, 673, 610
汇友互助	571, 075	19, 154	63, 736	112, 674	960, 139
广东能源自保	556, 793	16, 354	3, 193	40, 067	1, 107, 876
黄河财险	2, 264, 664	1, 645	745, 748	846, 378	4, 254, 552
美亚保险	1, 509, 811	177, 867	872, 445	915, 504	4, 138, 625
东京海上	706, 883	85, 793	909, 810	950, 474	2, 157, 786
三井住友	909, 796	93, 777	1, 137, 087	1, 196, 703	2, 928, 821

续表

公司名称	净资产	净利润	已赚保费	营业总收入	总资产
三星财险	3,034,823	87,453	396,271	454,707	4,629,970
日本财险	737,099	84,246	427,593	472,717	2,931,237
中航安盟	1,278,199	18,170	2,470,763	2,528,501	3,665,836
苏黎世保险	1,139,570	119,568	350,302	415,038	3,852,969
中意财险	919,747	28,163	831,455	918,917	3,582,927
爱和谊	1,034,932	53,675	1,290,084	1,341,569	2,656,073

采用熵值法进行计算，得到各公司熵值评价得分如表5-15所示。

表5-15　　各财产险公司熵值评价得分

序号	公司名称	熵值评价得分	序号	公司名称	熵值评价得分
1	人保财险	280,114,033	20	燕赵财险	945,069
2	太保财险	90,503,942	21	中原农险	2,511,326
3	平安财险	177,197,718	22	中路财险	941,179
4	华泰财险	4,949,732	23	铁路自保	893,496
5	中银财险	3,861,284	24	久隆财险	282,137
6	安信农险	1,600,785	25	中远海自保	576,394
7	阳光农险	2,673,472	26	汇友互助	167,914
8	国寿财险	52,294,662	27	广东能源自保	129,172
9	安诚财险	3,246,758	28	黄河财险	881,091
10	国元农险	5,654,720	29	美亚保险	826,467
11	鼎和财险	5,785,507	30	东京海上	657,223
12	英大财险	7,254,015	31	三井住友	825,455
13	紫金财险	6,936,260	32	三星财险	865,760
14	众诚财险	1,991,685	33	日本财险	410,005
15	诚泰财险	2,574,110	34	中航安盟	1,582,460
16	鑫安汽车	596,211	35	苏黎世保险	465,904
17	中石油专属保险	2,122,620	36	中意财险	656,066
18	众安财险	15,168,195	37	爱和谊	918,625
19	恒邦财险	1,139,110			

通过式 5 - 10 可以得到待评价公司与对标公司之间的相似关系，结果如表 5 - 16 所示。

表 5 - 16　待评价公司与对标公司之间的相似关系　单位：%

	人保财险	平安财险	太保财险
华泰财险	6.07	46.36	47.56
中银财险	5.71	46.61	47.68
安信农险	6.09	46.23	47.68
阳光农险	6.07	46.22	47.71
国寿财险	5.73	46.48	47.79
安诚财险	8.04	46.37	45.60
国元农险	5.76	46.45	47.79
鼎和财险	9.13	45.93	44.94
英大财险	6.64	47.11	46.26
紫金财险	6.40	47.06	46.54
众诚财险	6.16	47.25	46.59
诚泰财险	7.98	46.22	45.79
鑫安汽车	5.70	46.65	47.66
中石油专属保险	6.74	47.28	45.97
众安财险	5.69	46.43	47.87
恒邦财险	5.72	46.62	47.66
燕赵财险	5.82	46.59	47.60
中原农险	5.72	46.44	47.85
中路财险	5.83	46.57	47.60
铁路自保	6.09	46.53	47.38
久隆财险	7.49	46.65	45.86
中远海自保	12.93	43.82	43.25
汇友互助	6.12	47.39	46.48
广东能源自保	6.36	47.25	46.40
黄河财险	5.70	46.49	47.81
美亚保险	5.75	46.62	47.63
东京海上	5.74	46.62	47.64
三井住友	5.71	46.78	47.51
三星财险	6.14	46.27	47.59
日本财险	5.69	46.45	47.86

续表

	人保财险	平安财险	太保财险
中航安盟	5.74	46.55	47.71
苏黎世保险	5.76	46.53	47.71
中意财险	5.84	46.54	47.62
爱和谊	5.71	46.53	47.75

以表 5－16 作为修复乘数，可以求得待评价公司的投资价值，结果如表 5－17 所示。

表 5－17　　财产险公司的投资价值　　单位：千元

排名	公司名称	投资价值	排名	公司名称	投资价值
1	人保财险	1,093,591,546	20	燕赵财险	8,795,387
2	平安财险	2,080,269,280	21	中原农险	23,365,387
3	太保财险	686,730,215	22	中路财险	8,758,275
4	华泰财险	45,972,276	23	铁路自保	8,304,129
5	中银财险	35,953,725	24	久隆财险	2,608,982
6	安信农险	14,857,671	25	中远海自保	5,147,233
7	阳光农险	24,815,037	26	汇友互助	1,566,452
8	国寿财险	486,616,145	27	广东能源自保	1,203,132
9	安诚财险	29,921,213	28	黄河财险	8,200,388
10	国元农险	52,604,571	29	美亚保险	7,694,737
11	鼎和财险	52,980,398	30	东京海上	6,119,128
12	英大财险	67,446,776	31	三井住友	7,692,049
13	紫金财险	64,540,022	32	三星财险	8,035,440
14	众诚财险	18,565,042	33	日本财险	3,815,375
15	诚泰财险	23,711,607	34	中航安盟	14,729,239
16	鑫安汽车	5,552,858	35	苏黎世保险	4,335,977
17	中石油专属保险	19,743,449	36	中意财险	6,104,009
18	众安财险	141,138,570	37	爱和谊	8,550,711
19	恒邦财险	10,607,103			

通过表 5－17 和图 5－3 可以看出，财产险公司中，投资价值绝对额最高的是平安财险，第二名是人保财险，第三名是太保财险，平安财险的投资价值优势比较明显。

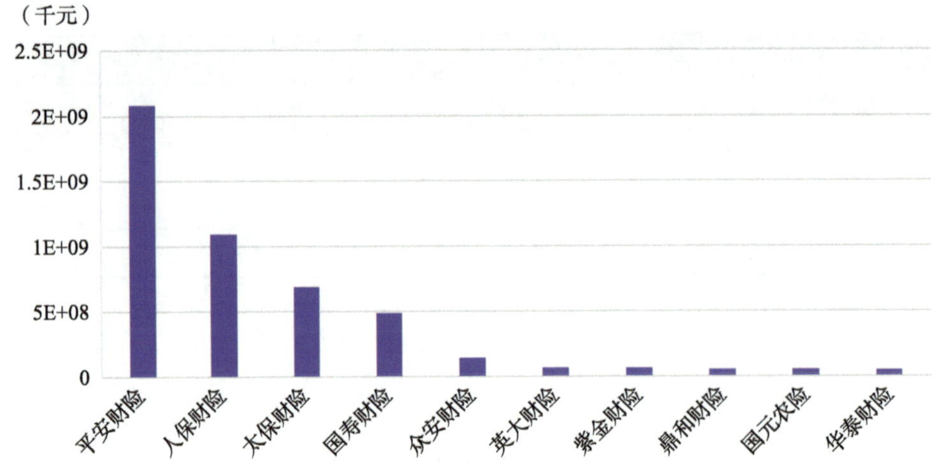

图5－3　投资价值排名前十的财产险公司

由于各公司的所有者权益不一样，如果单独考虑公司的投资价值绝对额，对于潜在投资者的参考借鉴意义并不大。为了更好地反映各公司的投资效能，在不考虑公司股权质押、公司成立年限的情况下，我们引入了指标“投资效能比”，具体结果如表5－18所示。

表5－18　财产险公司的投资效能比[①]（按投资效能大小排序）　单位：千元,%

公司名称	投资价值	净资产	投资效能比
平安财险	2,080,269,281	119,080,853	1,746.94
人保财险	1,093,591,546	209,913,430	520.97
太保财险	686,730,215	50,344,105	1,364.07
国寿财险	48,661,615	33,255,627	146.33
众安财险	14,113,857	16,819,561	83.91
英大财险	6,744,678	8,789,795	76.73
紫金财险	6,454,002	9,247,151	69.79
鼎和财险	5,298,040	12,697,822	41.72
国元农险	5,260,457	3,582,908	146.82
华泰财险	4,597,228	5,709,398	80.52
中银财险	3,595,372	5,069,315	70.92
安诚财险	2,992,121	4,332,573	69.06

① 投资效能比＝投资价值÷所有者权益

续表

公司名称	投资价值	净资产	投资效能比
阳光农险	2, 481, 504	3, 377, 281	73. 48
诚泰财险	2, 371, 161	7, 799, 876	30. 40
中原农险	2, 336, 539	2, 534, 595	92. 19
中石油专属保险	1, 974, 345	7, 233, 502	27. 29
众诚财险	1, 856, 504	2, 736, 670	67. 84
安信农险	1, 485, 767	2, 860, 279	51. 94
中航安盟	1, 472, 924	1, 278, 199	115. 23
恒邦财险	1, 060, 710	2, 031, 125	52. 22
燕赵财险	879, 539	1, 214, 075	72. 45
中路财险	875, 828	982, 287	89. 16
爱和谊	855, 071	1, 034, 932	82. 62
铁路自保	830, 413	3, 095, 788	26. 82
黄河财险	820, 039	2, 264, 664	36. 21
三星财险	803, 544	3, 034, 823	26. 48
美亚保险	769, 474	1, 509, 811	50. 96
三井住友	769, 205	909, 796	84. 55
东京海上	611, 913	706, 883	86. 56
中意财险	610, 401	919, 747	66. 37
鑫安汽车	555, 286	1, 148, 692	48. 34
中远海自保	514, 723	2, 447, 360	21. 03
苏黎世保险	433, 598	1, 139, 570	38. 05
日本财险	381, 538	737, 099	51. 76
久隆财险	260, 898	1, 049, 819	24. 85
汇友互助	156, 645	571, 075	27. 43
广东能源自保	120, 313	556, 793	21. 61

通过表 5 – 18 和图 5 – 4 可以看出，投资效能比排名前十的公司分别是：平安财险、太保财险、人保财险、国元农险、国寿财险、中航安盟、中原农险、中路财险、东京海上、三井住友，其中，平安财险的优势比较明显。

在不考虑公司成立年限、公司股权质押的情况下，表 5 – 18 和图 5 – 4 反映了财产险公司的投资效能。

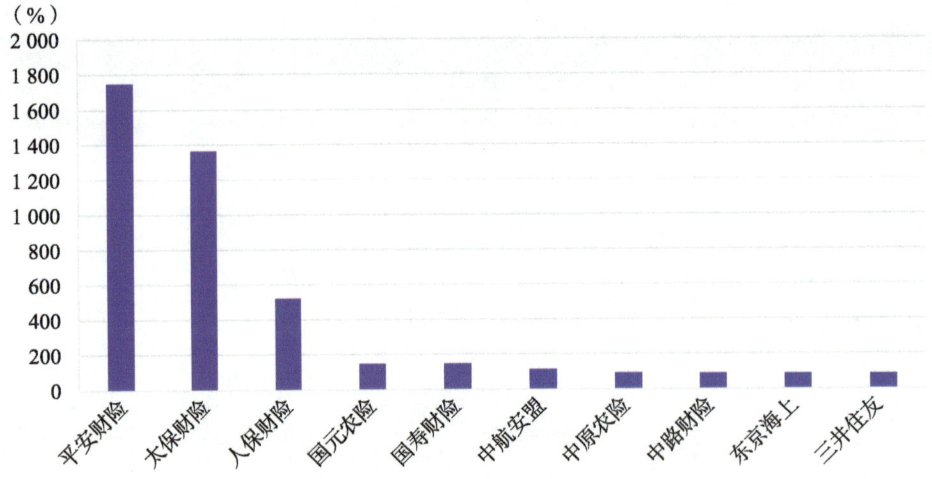

图 5-4 投资效能比排名前十的财产险公司

为了对公司的投资价值有更深入的了解，我们对各公司的投资价值与公司的总资产进行比较，具体结果如表 5-19 所示。

表 5-19 财产险公司的投资价值与总资产比较 单位：千元，%

公司名称	投资价值	总资产	投资价值/总资产
人保财险	1,093,591,546	748,729,243	146.06
平安财险	2,080,269,281	508,375,837	409.20
太保财险	686,730,215	232,667,140	295.16
华泰财险	4,597,228	16,043,595	28.65
中银财险	3,595,372	14,413,203	24.94
安信农险	1,485,767	6,673,546	22.26
阳光农险	2,481,504	6,771,091	36.65
国寿财险	48,661,615	138,687,976	35.09
安诚财险	2,992,121	8,427,460	35.50
国元农险	5,260,457	13,228,540	39.77
鼎和财险	5,298,040	18,784,660	28.20
英大财险	6,744,678	22,779,036	29.61
紫金财险	6,454,002	18,287,128	35.29
众诚财险	1,856,504	5,655,395	32.83
诚泰财险	2,371,161	9,971,154	23.78
鑫安汽车	555,286	2,905,456	19.11
中石油专属保险	1,974,345	11,208,023	17.62
众安财险	14,113,857	42,659,860	33.08

续表

公司名称	投资价值	总资产	投资价值/总资产
恒邦财险	1,060,710	4,321,335	24.55
燕赵财险	879,539	2,764,670	31.81
中原农险	2,336,539	6,166,379	37.89
中路财险	875,828	2,601,139	33.67
铁路自保	830,413	5,643,483	14.71
久隆财险	260,898	1,352,033	19.30
中远海自保	514,723	4,673,610	11.01
汇友互助	156,645	960,139	16.31
粤电自保	120,313	1,107,876	10.86
黄河财险	820,039	4,254,552	19.27
美亚保险	769,474	4,138,625	18.59
东京海上	611,913	2,157,786	28.36
三井住友	769,205	2,928,821	26.26
三星财险	803,544	4,629,970	17.36
日本财险	381,538	2,931,237	13.02
中航安盟	1,472,924	3,665,836	40.18
苏黎世保险	433,598	3,852,969	11.25
中意财险	610,401	3,582,927	17.04
爱和谊	855,071	2,656,073	32.19

通过表5-19可以看出，财产险公司的投资价值与总资产比大部分低于100%，这与人身险公司的投资价值与总资产比的评价结果有较大的差异。

图5-5列示了投资价值与总资产的比值排名前十的财产险公司的表现情况。

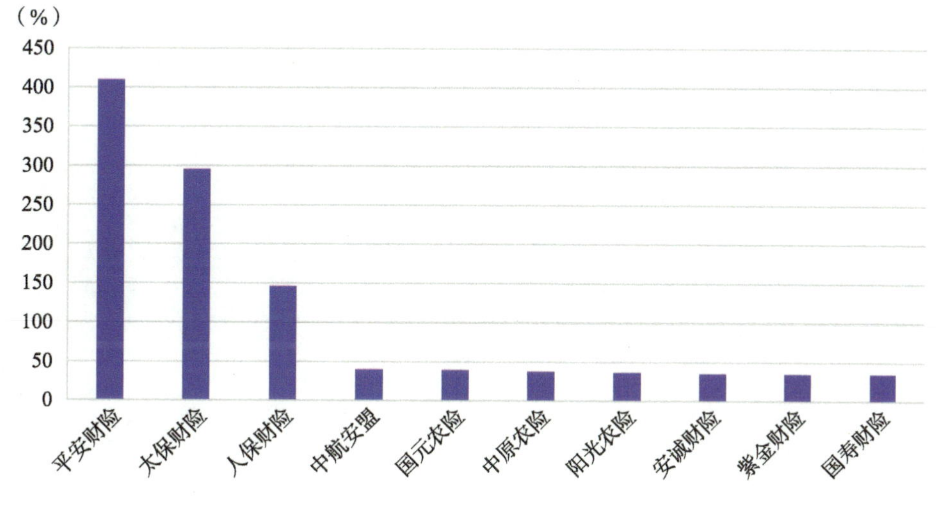

图5-5 投资价值与总资产比排名前十的财产险公司的表现情况

从图5－5可以看出，投资价值与总资产比排名前十的财险公司分别是平安财险、太保财险、人保财险、中航安盟、国元农险、中原农险、阳光农险、安诚财险、紫金财险、国寿财险，其中，平安财险的优势明显。

附　录

附录 1　　**2022 年中国人身险公司竞争力综合评价排名与得分**

公司名称	排名	得分（百分制）	公司名称	排名	得分（百分制）
中国人寿	1	100.0	中华人寿	37	60.4
平安人寿	2	99.0	复星联合健康	38	60.3
太保寿险	3	98.5	长城人寿	39	59.3
阳光人寿	4	82.6	华泰人寿	40	58.6
新华人寿	5	82.1	光大永明	41	57.8
泰康人寿	6	80.0	信泰人寿	42	56.8
人保寿险	7	77.2	瑞泰人寿	43	56.4
太平人寿	8	75.8	渤海人寿	44	56.3
友邦人寿	9	73.4	国联人寿	45	55.0
国华人寿	10	72.7	国富人寿	46	54.7
幸福人寿	11	72.2	英大人寿	47	54.4
中意人寿	12	71.3	复星保德信	48	54.3
财信吉祥人寿	13	69.6	中信保诚人寿	49	54.1
中邮人寿	14	67.7	信美人寿	50	53.6
东吴人寿	15	67.3	北京人寿	51	53.4
民生人寿	16	66.6	横琴人寿	52	53.1
中英人寿	17	66.5	中银三星	53	53.0
小康人寿	18	66.1	中韩人寿	54	53.0
交银康联	19	65.9	海保人寿	55	52.0
平安养老	20	65.5	爱心人寿	56	51.9
泰康养老	21	65.3	和泰人寿	57	51.8
陆家嘴国泰	22	65.2	招商仁和	58	51.0
平安健康	23	65.0	北大方正人寿	59	49.9
中荷人寿	24	64.5	招商信诺	60	49.7
太平养老	25	63.7	百年人寿	61	49.6
太保安联健康	26	63.7	利安人寿	62	49.6
中宏人寿	27	62.7	君龙人寿	63	48.1
大都会人寿	28	62.6	三峡人寿	64	48.0
长生人寿	29	62.5	汇丰人寿	65	47.1
农银人寿	30	62.3	瑞华健康	66	45.9
工银安盛	31	62.2	华贵人寿	67	45.4
同方全球人寿	32	61.9	鼎诚人寿	68	44.4
人保健康	33	61.7	国宝人寿	69	44.2
建信人寿	34	61.7	弘康人寿	70	42.1
中德安联	35	61.2	德华安顾	71	40.0
恒安标准	36	60.8			

附录2　　2022年中国人身险公司盈利能力综合评价排名与得分

公司名称	排名	得分（百分制）	公司名称	排名	得分（百分制）
平安人寿	1	100.0	中信保诚人寿	37	69.8
阳光人寿	2	94.5	太平养老	38	69.6
中国人寿	3	87.9	中邮人寿	39	69.6
太保寿险	4	87.0	长生人寿	40	69.3
友邦人寿	5	86.3	人保健康	41	68.1
新华人寿	6	84.2	工银安盛	42	68.0
泰康人寿	7	83.9	信美人寿	43	66.3
中英人寿	8	82.0	建信人寿	44	65.6
人保寿险	9	81.4	华泰人寿	45	65.0
太平人寿	10	81.2	英大人寿	46	64.7
幸福人寿	11	80.3	德华安顾	47	63.3
大都会人寿	12	80.2	和泰人寿	48	63.3
财信吉祥人寿	13	80.1	国联人寿	49	61.9
国华人寿	14	79.5	中华人寿	50	61.1
泰康养老	15	78.9	横琴人寿	51	60.3
中意人寿	16	78.3	北京人寿	52	58.1
中德安联	17	77.5	百年人寿	53	57.2
复星联合健康	18	76.0	光大永明	54	56.7
东吴人寿	19	75.1	小康人寿	55	56.6
瑞华健康	20	75.1	平安养老	56	53.8
招商信诺	21	74.6	招商仁和	57	53.7
陆家嘴国泰	22	74.6	国富人寿	58	51.6
同方全球人寿	23	74.3	北大方正人寿	59	50.5
信泰人寿	24	73.4	复星保德信	60	49.9
中宏人寿	25	73.3	三峡人寿	61	48.9
弘康人寿	26	72.6	渤海人寿	62	48.0
中荷人寿	27	72.6	中韩人寿	63	47.4
农银人寿	28	72.5	鼎诚人寿	64	47.1
太保安联健康	29	72.5	海保人寿	65	46.7
民生人寿	30	71.5	爱心人寿	66	44.1
平安健康	31	71.4	利安人寿	67	43.2
交银康联	32	71.2	汇丰人寿	68	42.4
长城人寿	33	71.0	君龙人寿	69	42.1
恒安标准	34	70.2	华贵人寿	70	40.3
瑞泰人寿	35	69.9	国宝人寿	71	40.0
中银三星	36	69.9			

附录 3　　2022 年中国人身险公司资本管理能力综合评价排名与得分

公司名称	排名	得分（百分制）	公司名称	排名	得分（百分制）
鼎诚人寿	1	100.0	大都会人寿	37	73.9
财信吉祥人寿	2	95.9	复星联合健康	38	73.6
幸福人寿	3	92.0	太平人寿	39	73.1
华贵人寿	4	90.5	太保寿险	40	72.7
中华人寿	5	89.8	招商仁和	41	72.5
东吴人寿	6	89.7	恒安标准	42	71.3
信泰人寿	7	88.8	君龙人寿	43	71.3
百年人寿	8	87.9	中国人寿	44	71.3
渤海人寿	9	87.0	长生人寿	45	71.1
爱心人寿	10	86.8	信美人寿	46	71.0
中银三星	11	85.6	中德安联	47	70.6
太保安联健康	12	84.4	友邦人寿	48	70.2
国宝人寿	13	84.0	平安人寿	49	70.0
平安健康	14	82.9	中韩人寿	50	69.6
复星保德信	15	82.7	光大永明	51	69.5
北京人寿	16	81.7	汇丰人寿	52	69.5
和泰人寿	17	81.3	利安人寿	53	69.3
国联人寿	18	80.9	新华人寿	54	67.6
中邮人寿	19	80.0	招商信诺	55	67.4
长城人寿	20	79.1	建信人寿	56	66.3
平安养老	21	79.0	国富人寿	57	64.7
三峡人寿	22	78.9	人保健康	58	62.5
国华人寿	23	78.8	太平养老	59	61.4
中荷人寿	24	78.1	泰康养老	60	58.9
陆家嘴国泰	25	77.9	小康人寿	61	57.7
同方全球人寿	26	77.5	华泰人寿	62	56.1
瑞泰人寿	27	77.2	民生人寿	63	52.0
北大方正人寿	28	76.5	横琴人寿	64	51.0
海保人寿	29	76.5	弘康人寿	65	50.5
阳光人寿	30	76.2	农银人寿	66	50.0
德华安顾	31	76.1	中意人寿	67	49.8
英大人寿	32	75.7	中英人寿	68	49.5
中信保诚人寿	33	75.2	人保寿险	69	48.3
中宏人寿	34	75.0	交银康联	70	45.4
工银安盛	35	75.0	瑞华健康	71	40.0
泰康人寿	36	74.4			

附录 4　　2022 年中国人身险公司经营能力综合评价排名与得分

公司名称	排名	得分（百分制）	公司名称	排名	得分（百分制）
鼎诚人寿	1	100.0	大都会人寿	37	73.9
财信吉祥人寿	2	95.9	复星联合健康	38	73.6
幸福人寿	3	92.0	太平人寿	39	73.1
华贵人寿	4	90.5	太保寿险	40	72.7
中华人寿	5	89.8	招商仁和	41	72.5
东吴人寿	6	89.7	恒安标准	42	71.3
信泰人寿	7	88.8	君龙人寿	43	71.3
百年人寿	8	87.9	中国人寿	44	71.3
渤海人寿	9	87.0	长生人寿	45	71.1
爱心人寿	10	86.8	信美人寿	46	71.0
中银三星	11	85.6	中德安联	47	70.6
太保安联健康	12	84.4	友邦人寿	48	70.2
国宝人寿	13	84.0	平安人寿	49	70.0
平安健康	14	82.9	中韩人寿	50	69.6
复星保德信	15	82.7	光大永明	51	69.5
北京人寿	16	81.7	汇丰人寿	52	69.5
和泰人寿	17	81.3	利安人寿	53	69.3
国联人寿	18	80.9	新华人寿	54	67.6
中邮人寿	19	80.0	招商信诺	55	67.4
长城人寿	20	79.1	建信人寿	56	66.3
平安养老	21	79.0	国富人寿	57	64.7
三峡人寿	22	78.9	人保健康	58	62.5
国华人寿	23	78.8	太平养老	59	61.4
中荷人寿	24	78.1	泰康养老	60	58.9
陆家嘴国泰	25	77.9	小康人寿	61	57.7
同方全球人寿	26	77.5	华泰人寿	62	56.1
瑞泰人寿	27	77.2	民生人寿	63	52.0
北大方正人寿	28	76.5	横琴人寿	64	51.0
海保人寿	29	76.5	弘康人寿	65	50.5
阳光人寿	30	76.2	农银人寿	66	50.0
德华安顾	31	76.1	中意人寿	67	49.8
英大人寿	32	75.7	中英人寿	68	49.5
中信保诚人寿	33	75.2	人保寿险	69	48.3
中宏人寿	34	75.0	交银康联	70	45.4
工银安盛	35	75.0	瑞华健康	71	40.0
泰康人寿	36	74.4			

附录 5　　2022 年中国人身险公司风险管理能力综合评价排名与得分

公司名称	排名	得分（百分制）	公司名称	排名	得分（百分制）
小康人寿	1	100.0	渤海人寿	37	70.4
平安健康	2	94.9	阳光人寿	38	70.2
太平养老	3	90.9	长生人寿	39	69.8
信美人寿	4	89.1	中邮人寿	40	69.7
太保安联健康	5	88.6	华泰人寿	41	69.3
东吴人寿	6	88.3	中银三星	42	68.1
平安养老	7	88.2	英大人寿	43	67.8
中荷人寿	8	86.7	长城人寿	44	67.6
国富人寿	9	86.4	新华人寿	45	67.5
复星联合健康	10	84.4	国宝人寿	46	67.0
泰康养老	11	84.2	光大永明	47	66.9
中华人寿	12	83.5	泰康人寿	48	66.4
瑞泰人寿	13	83.3	德华安顾	49	65.7
海保人寿	14	82.8	招商仁和	50	65.4
中英人寿	15	82.5	太保寿险	51	65.4
中宏人寿	16	82.3	太平人寿	52	64.4
友邦人寿	17	81.8	汇丰人寿	53	64.1
君龙人寿	18	79.0	北大方正人寿	54	63.6
爱心人寿	19	79.0	国联人寿	55	63.2
恒安标准	20	78.6	瑞华健康	56	62.9
大都会人寿	21	78.3	工银安盛	57	62.3
陆家嘴国泰	22	77.4	利安人寿	58	61.8
同方全球人寿	23	77.2	华贵人寿	59	61.7
北京人寿	24	76.2	三峡人寿	60	61.6
民生人寿	25	76.0	平安人寿	61	61.5
国华人寿	26	75.3	中国人寿	62	61.0
人保健康	27	74.9	中德安联	63	58.6
农银人寿	28	72.9	鼎诚人寿	64	56.5
建信人寿	29	72.7	中意人寿	65	55.0
幸福人寿	30	72.3	和泰人寿	66	53.8
中韩人寿	31	72.0	信泰人寿	67	50.4
财信吉祥人寿	32	71.4	中信保诚人寿	68	48.4
复星保德信	33	71.3	横琴人寿	69	46.5
交银康联	34	70.8	弘康人寿	70	43.4
招商信诺	35	70.7	百年人寿	71	40.0
人保寿险	36	70.6			

附录6　2022年中国人身险公司发展潜力综合评价排名与得分

公司名称	排名	得分（百分制）	公司名称	排名	得分（百分制）
太保寿险	1	100.0	中英人寿	37	73.5
中国人寿	2	99.7	中意人寿	38	73.4
泰康人寿	3	97.0	信美人寿	39	73.3
新华人寿	4	96.5	中韩人寿	40	73.2
小康人寿	5	96.0	中华人寿	41	72.6
阳光人寿	6	94.8	华泰人寿	42	72.6
平安人寿	7	93.6	中荷人寿	43	71.5
太平人寿	8	91.3	英大人寿	44	70.4
中信保诚人寿	9	85.5	同方全球人寿	45	69.6
泰康养老	10	85.0	民生人寿	46	69.3
人保健康	11	84.4	陆家嘴国泰	47	67.7
友邦人寿	12	83.7	恒安标准	48	67.1
太平养老	13	83.6	太保安联健康	49	67.1
国华人寿	14	83.6	招商仁和	50	66.1
农银人寿	15	83.3	长城人寿	51	65.7
平安养老	16	81.9	财信吉祥人寿	52	64.7
招商信诺	17	81.0	利安人寿	53	63.7
交银康联	18	80.8	国富人寿	54	63.3
人保寿险	19	79.8	北京人寿	55	62.8
平安健康	20	79.7	百年人寿	56	61.2
建信人寿	21	79.1	华贵人寿	57	60.7
中邮人寿	22	78.8	瑞泰人寿	58	60.2
幸福人寿	23	78.2	北大方正人寿	59	59.7
中银三星	24	78.0	和泰人寿	60	59.6
工银安盛	25	77.9	渤海人寿	61	59.6
国联人寿	26	77.8	君龙人寿	62	58.2
大都会人寿	27	77.6	弘康人寿	63	57.4
横琴人寿	28	75.7	东吴人寿	64	55.2
信泰人寿	29	75.7	复星保德信	65	54.9
瑞华健康	30	75.6	长生人寿	66	54.3
中宏人寿	31	75.5	鼎诚人寿	67	51.8
光大永明	32	75.4	国宝人寿	68	48.6
爱心人寿	33	74.8	海保人寿	69	48.5
汇丰人寿	34	74.8	三峡人寿	70	46.8
中德安联	35	74.5	德华安顾	71	40.0
复星联合健康	36	74.1			

附录 7　　2022 年中国财产险公司竞争力综合评价排名与得分

公司名称	排名	得分（百分制）	公司名称	排名	得分（百分制）
人保财险	1	100.0	燕赵财险	38	65.5
平安财险	2	96.7	中路财险	39	65.3
英大财险	3	95.2	中意财险	40	65.1
中石油专属保险	4	93.1	中华联合	41	63.9
鼎和财险	5	90.2	长江财险	42	63.4
紫金财险	6	88.4	建信财险	43	63.2
中远海自保	7	87.8	阳光财险	44	63.1
安信农险	8	87.8	永安财险	45	62.7
阳光信用	9	84.7	泰康在线	46	62.2
铁路自保	10	84.1	国任财险	47	61.0
太保财险	11	83.7	国泰财险	48	61.0
众诚财险	12	81.3	华安财险	49	60.1
阳光农险	13	80.8	大地财险	50	59.8
汇友互助	14	80.6	华农财险	51	59.4
广东能源自保	15	80.5	泰山财险	52	59.3
华泰财险	16	80.3	史带财产	53	59.2
三星财险	17	79.5	亚太财险	54	58.2
苏黎世保险	18	79.3	浙商财险	55	57.9
日本兴亚	19	79.2	太平财险	56	56.7
久隆财险	20	78.7	海峡金桥	57	56.2
中原农险	21	78.2	锦泰财险	58	55.2
爱和谊	22	77.9	永诚财险	59	53.2
美亚保险	23	76.5	安盛天平	60	52.6
诚泰财险	24	75.1	中煤财险	61	52.5
安诚财险	25	75.0	华海财险	62	52.0
日本财险	26	74.5	富德财险	63	51.8
黄河财险	27	73.7	众惠相互	64	51.0
鑫安汽车	28	72.0	利宝互助	65	50.6
三井住友	29	72.0	安华农险	66	50.6
中银财险	30	71.8	前海联合	67	48.4
众安财险	31	71.3	北部湾财险	68	47.0
恒邦财险	32	71.0	珠峰财险	69	46.9
合众财险	33	70.8	安联财险	70	46.0
东京海上	34	68.9	渤海财险	71	43.2
中航安盟	35	66.8	都邦财险	72	42.7
国寿财险	36	66.1	富邦财险	73	40.0
国元农险	37	65.9			

附录 8　　2022 年中国财产险公司盈利能力综合评价排名与得分

公司名称	排名	得分（百分制）	公司名称	排名	得分（百分制）
人保财险	1	100.0	众诚财险	38	67.4
平安财险	2	94.0	建信财险	39	66.8
中石油专属保险	3	91.5	亚太财险	40	66.8
安信农险	4	86.6	华安财险	41	66.6
久隆财险	5	85.5	华农财险	42	66.6
英大财险	6	85.3	史带财产	43	66.5
中远海自保	7	83.4	泰康在线	44	66.3
鼎和财险	8	81.8	国任财险	45	66.3
紫金财险	9	80.9	渤海财险	46	66.2
爱和谊	10	80.7	永诚财险	47	65.7
广东能源自保	11	80.5	海峡金桥	48	65.2
阳光农险	12	80.1	安诚财险	49	65.2
国元农险	13	80.0	安华农险	50	65.2
苏黎世保险	14	79.9	合众财险	51	64.0
铁路自保	15	79.3	华海财险	52	63.9
三井住友	16	77.9	中航安盟	53	63.8
利宝互助	17	77.7	前海联合	54	63.2
太保财险	18	77.7	众安财险	55	62.8
东京海上	19	76.9	富德财险	56	62.8
日本财险	20	75.8	诚泰财险	57	62.2
华泰财险	21	75.6	中原农险	58	61.3
中意财险	22	74.2	安联财险	59	61.1
阳光财险	23	74.1	都邦财险	60	60.0
三星财险	24	74.0	中煤财险	61	58.8
中银财险	25	72.8	鑫安汽车	62	58.5
美亚保险	26	72.5	阳光信用	63	58.2
中华联合	27	72.4	珠峰财险	64	57.7
日本兴亚	28	71.8	锦泰财险	65	55.9
汇友互助	29	71.3	长江财险	66	53.7
太平财险	30	71.1	富邦财险	67	53.1
燕赵财险	31	71.1	中路财险	68	53.0
黄河财险	32	70.5	北部湾财险	69	52.7
永安财险	33	69.9	大地财险	70	50.1
恒邦财险	34	69.7	浙商财险	71	48.7
安盛天平	35	69.6	泰山财险	72	45.3
国寿财险	36	68.2	众惠相互	73	40.0
国泰财险	37	67.6			

附录 9　　2022 年中国财产险公司资本管理能力综合评价排名与得分

公司名称	排名	得分（百分制）	公司名称	排名	得分（百分制）
人保财险	1	100.0	长江财险	38	68.8
太保财险	2	94.1	中原农险	39	68.6
平安财险	3	93.9	中航安盟	40	68.4
珠峰财险	4	87.7	海峡金桥	41	67.9
前海联合	5	87.1	亚太财险	42	67.4
爱和谊	6	85.0	众安财险	43	67.3
华泰财险	7	83.2	英大财险	44	67.0
国寿财险	8	82.3	浙商财险	45	66.9
中华联合	9	81.0	建信财险	46	66.9
安联财险	10	80.8	中路财险	47	66.2
阳光财险	11	80.2	泰山财险	48	65.9
华安财险	12	78.3	阳光农险	49	65.9
富邦财险	13	77.6	国泰财险	50	65.0
华海财险	14	76.3	中银财险	51	64.9
都邦财险	15	75.4	美亚保险	52	64.6
泰康在线	16	75.3	紫金财险	53	62.0
安华农险	17	75.3	中石油专属保险	54	61.8
渤海财险	18	74.9	安信农险	55	61.4
中意财险	19	74.5	安诚财险	56	60.7
北部湾财险	20	74.4	鑫安汽车	57	57.9
中煤财险	21	74.3	阳光信用	58	56.9
太平财险	22	74.3	诚泰财险	59	56.6
华农财险	23	74.1	三星财险	60	54.7
史带财产	24	74.0	燕赵财险	61	53.2
永诚财险	25	73.4	鼎和财险	62	52.0
大地财险	26	72.7	众惠相互	63	51.9
国元农险	27	72.4	众诚财险	64	51.5
国任财险	28	72.2	恒邦财险	65	48.3
三井住友	29	71.8	中远海自保	66	46.2
富德财险	30	71.6	日本兴亚	67	46.2
利宝互助	31	71.3	铁路自保	68	44.9
苏黎世保险	32	71.0	合众财险	69	44.0
锦泰财险	33	70.6	黄河财险	70	42.8
东京海上	34	70.3	广东能源自保	71	42.3
安盛天平	35	70.1	久隆财险	72	42.2
日本财险	36	69.3	汇友互助	73	40.0
永安财险	37	69.1			

附录10 2022年中国财产险公司经营能力综合评价排名与得分

公司名称	排名	得分（百分制）	公司名称	排名	得分（百分制）
人保财险	1	100.0	北部湾财险	38	76.5
平安财险	2	98.4	广东能源自保	39	76.3
太平财险	3	95.5	苏黎世保险	40	76.1
国寿财险	4	94.7	紫金财险	41	75.8
阳光财险	5	91.7	长江财险	42	75.7
珠峰财险	6	91.4	建信财险	43	75.6
利宝互助	7	91.1	中航安盟	44	74.7
中华联合	8	91.1	永诚财险	45	74.3
阳光信用	9	90.8	中银财险	46	74.0
众安财险	10	90.7	阳光农险	47	73.9
亚太财险	11	90.5	海峡金桥	48	73.4
中煤财险	12	90.2	安诚财险	49	73.3
华农财险	13	88.0	三井住友	50	73.1
泰康在线	14	87.2	中意财险	51	72.8
太保财险	15	86.3	鼎和财险	52	72.5
中石油专属保险	16	84.8	燕赵财险	53	71.9
中原农险	17	84.5	安华农险	54	71.6
铁路自保	18	83.6	众诚财险	55	71.6
国任财险	19	83.0	恒邦财险	56	71.3
华安财险	20	82.7	东京海上	57	69.3
众惠相互	21	82.5	华泰财险	58	69.1
黄河财险	22	81.6	泰山财险	59	68.9
大地财险	23	81.1	国元农险	60	68.0
锦泰财险	24	80.0	浙商财险	61	67.1
都邦财险	25	79.9	汇友互助	62	66.8
安盛天平	26	79.8	爱和谊	63	66.7
前海联合	27	79.8	富邦财险	64	66.0
日本兴亚	28	79.1	三星财险	65	65.7
英大财险	29	78.9	诚泰财险	66	62.1
中远海自保	30	78.9	安信农险	67	61.9
华海财险	31	78.8	鑫安汽车	68	59.8
国泰财险	32	78.7	日本财险	69	57.3
永安财险	33	78.4	美亚保险	70	54.2
中路财险	34	78.3	久隆财险	71	52.9
安联财险	35	78.2	史带财产	72	49.2
合众财险	36	77.9	富德财险	73	40.0
渤海财险	37	76.8			

附录 11　　　　2022 年中国财产险公司风险管理能力综合评价排名与得分

公司名称	排名	得分（百分制）	公司名称	排名	得分（百分制）
中石油专属保险	1	100.0	中意财险	38	63.1
广东能源自保	2	96.5	众安财险	39	62.7
汇友互助	3	94.6	三井住友	40	62.7
中远海自保	4	94.0	中原农险	41	62.3
合众财险	5	93.8	恒邦财险	42	60.6
众诚财险	6	93.7	海峡金桥	43	60.4
日本兴亚	7	93.2	国泰财险	44	59.6
铁路自保	8	89.1	众惠相互	45	58.1
鼎和财险	9	87.2	国寿财险	46	58.0
三星财险	10	86.8	亚太财险	47	57.9
阳光信用	11	84.2	永安财险	48	57.7
华泰财险	12	80.2	国任财险	49	57.4
久隆财险	13	79.8	中航安盟	50	57.0
鑫安汽车	14	75.5	安盛天平	51	56.3
紫金财险	15	73.1	泰康在线	52	55.1
建信财险	16	72.3	人保财险	53	54.4
富德财险	17	71.6	大地财险	54	53.5
安信农险	18	71.3	华海财险	55	52.1
长江财险	19	70.4	中煤财险	56	50.4
燕赵财险	20	70.2	安联财险	57	48.2
安诚财险	21	69.3	锦泰财险	58	47.9
英大财险	22	69.2	中华联合	59	47.8
中路财险	23	68.7	太平财险	60	47.7
日本财险	24	68.6	安华农险	61	47.5
苏黎世保险	25	68.2	永诚财险	62	46.6
中银财险	26	67.7	平安财险	63	46.1
浙商财险	27	67.5	珠峰财险	64	46.0
诚泰财险	28	67.0	国元农险	65	45.8
华安财险	29	67.0	利宝互助	66	45.2
美亚保险	30	66.6	太保财险	67	44.3
阳光农险	31	65.9	北部湾财险	68	43.5
史带财产	32	65.7	阳光财险	69	41.7
爱和谊	33	65.4	渤海财险	70	41.6
华农财险	34	65.0	前海联合	71	41.0
泰山财险	35	64.1	都邦财险	72	40.0
东京海上	36	63.5	富邦财险	73	40.0
黄河财险	37	63.4			

附录12　　2022年中国财产险公司发展潜力综合评价排名与得分

公司名称	排名	得分（百分制）	公司名称	排名	得分（百分制）
紫金财险	1	100.0	阳光农险	38	70.9
英大财险	2	95.4	黄河财险	39	70.7
华泰财险	3	94.9	广东能源自保	40	70.6
平安财险	4	91.5	鑫安汽车	41	70.3
人保财险	5	89.0	众安财险	42	70.2
安诚财险	6	88.9	美亚保险	43	69.5
中航安盟	7	88.5	燕赵财险	44	68.7
爱和谊	8	88.3	日本兴亚	45	68.7
国寿财险	9	86.5	都邦财险	46	68.5
鼎和财险	10	86.1	三星财险	47	67.4
中银财险	11	85.8	长江财险	48	67.2
大地财险	12	85.2	国元农险	49	67.0
众诚财险	13	84.1	泰康在线	50	65.6
安信农险	14	83.9	华农财险	51	65.1
中华联合	15	83.8	东京海上	52	65.0
永安财险	16	82.4	锦泰财险	53	64.3
亚太财险	17	80.7	建信财险	54	62.3
太保财险	18	80.0	利宝互助	55	61.3
泰山财险	19	79.8	渤海财险	56	60.3
中远海自保	20	79.7	中意财险	57	58.6
铁路自保	21	78.9	海峡金桥	58	58.1
阳光财险	22	78.2	安盛天平	59	57.0
国任财险	23	77.9	中煤财险	60	56.8
中石油专属保险	24	77.6	久隆财险	61	55.3
中原农险	25	77.5	华海财险	62	55.2
华安财险	26	76.1	汇友互助	63	54.8
浙商财险	27	75.9	安华农险	64	54.5
合众财险	28	75.7	安联财险	65	52.8
日本财险	29	75.0	史带财产	66	52.7
恒邦财险	30	74.6	珠峰财险	67	50.0
三井住友	31	74.1	阳光信用	68	49.5
永诚财险	32	73.1	富德财险	69	47.9
太平财险	33	72.9	北部湾财险	70	44.4
苏黎世保险	34	72.7	众惠相互	71	44.0
国泰财险	35	72.2	前海联合	72	44.0
诚泰财险	36	72.0	富邦财险	73	40.0
中路财险	37	71.7			

附录 13　　**2022 年中国部分人身险公司投资价值与总资产**　　单位：千元，%

公司名称	投资价值	总资产	投资价值/总资产
中国人寿	5, 259, 220, 025	5, 145, 794, 000	102. 20
平安人寿	4, 304, 621, 647	3, 947, 363, 769	109. 05
太保寿险	1, 279, 570, 899	1, 822, 906, 590	70. 19
新华人寿	1, 275, 556, 720	1, 221, 727, 000	104. 41
阳光人寿	677, 451, 375	397, 077, 997	170. 61
泰康人寿	1, 030, 845, 231	1, 191, 357, 000	86. 53
人保寿险	1, 119, 746, 610	578, 076, 489	193. 70
太平人寿	325, 091, 785	939, 126, 892	34. 62
友邦人寿	795, 724, 970	266, 458, 140	298. 63
幸福人寿	288, 300, 956	84, 855, 685	339. 75
中意人寿	104, 341, 642	116, 284, 744	89. 73
财信吉祥人寿	245, 416, 755	31, 233, 763	785. 74
中邮人寿	48, 803, 208	446, 039, 000	10. 94
东吴人寿	454, 668, 527	30, 319, 566	1, 499. 59
民生人寿	66, 137, 817	119, 930, 563	55. 15
中英人寿	111, 935, 895	71, 808, 016	155. 88
泰康养老	71, 917, 390	86, 765, 042	82. 89
陆家嘴国泰	117, 582, 274	20, 200, 914	582. 06
平安健康	37, 653, 934	25, 207, 334	149. 38
中荷人寿	72, 425, 482	42, 532, 849	170. 28
太平养老	52, 376, 952	22, 467, 793	233. 12
太保安联健康	51, 724, 557	10, 038, 746	515. 25
中宏人寿	61, 345, 586	74, 598, 945	82. 23
大都会人寿	86, 402, 672	88, 045, 741	98. 13
同方全球人寿	106, 797, 324	26, 766, 524	399. 00
人保健康	44, 399, 480	94, 135, 089	47. 17
中德安联	88, 596, 104	43, 657, 308	202. 94
恒安标准	39, 889, 036	30, 975, 753	128. 78
复星联合健康	36, 237, 734	9, 365, 111	386. 94

附录 14　　2022 年中国部分财产险公司投资价值与总资产　　单位：千元，%

公司名称	投资价值	总资产	投资价值/总资产
人保财险	1,093,591,546	748,729,243	146.06
平安财险	2,080,269,281	508,375,837	409.20
太保财险	686,730,215	232,667,140	295.16
华泰财险	4,597,228	16,043,595	28.65
中银财险	3,595,372	14,413,203	24.94
安信农险	1,485,767	6,673,546	22.26
阳光农险	2,481,504	6,771,091	36.65
国寿财险	48,661,615	138,687,976	35.09
安诚财险	2,992,121	8,427,460	35.50
国元农险	5,260,457	13,228,540	39.77
鼎和财险	5,298,040	18,784,660	28.20
英大财险	6,744,678	22,779,036	29.61
紫金财险	6,454,002	18,287,128	35.29
众诚财险	1,856,504	5,655,395	32.83
诚泰财险	2,371,161	9,971,154	23.78
鑫安汽车	555,286	2,905,456	19.11
中石油专属保险	1,974,345	11,208,023	17.62
众安财险	14,113,857	42,659,860	33.08
恒邦财险	1,060,710	4,321,335	24.55
燕赵财险	879,539	2,764,670	31.81
中原农险	2,336,539	6,166,379	37.89
中路财险	875,828	2,601,139	33.67
铁路自保	830,413	5,643,483	14.71
久隆财险	260,898	1,352,033	19.30
中远海自保	514,723	4,673,610	11.01
汇友互助	156,645	960,139	16.31
广东能源自保	120,313	1,107,876	10.86
黄河财险	820,039	4,254,552	19.27
美亚保险	769,474	4,138,625	18.59
东京海上	611,913	2,157,786	28.36
三井住友	769,205	2,928,821	26.26
三星财险	803,544	4,629,970	17.36
日本财险	381,538	2,931,237	13.02
中航安盟	1,472,924	3,665,836	40.18
苏黎世保险	433,598	3,852,969	11.25
中意财险	610,401	3,582,927	17.04
爱和谊	855,071	2,656,073	32.19

参考文献

［1］方开泰．实用多元统计分析［M］．上海：华东师范大学出版社，1986.

［2］寇业富主编，褚福灵，周桦，高洪忠，陈辉副主编．保险蓝皮书——中国保险市场发展分析（2022）［M］．北京：中国财政经济出版社，2022.

［3］寇业富主编．2022中国保险公司竞争力与投资价值评价研究报告［M］．北京：中国财政经济出版社，2022.

［4］施建祥，赵正堂．保险企业核心竞争力及其评价指标体系研究［J］．现代财经，2003（8）．

［5］石新武．开放条件下的保险业竞争力［M］．北京：中国财政经济出版社，2004.

［6］肖芸茹．构建优良的评价保险企业的指标体系［J］．南开经济研究，1999（2）．

［7］姚壬元．保险公司竞争力评价指标体系的构建［J］．石家庄经济学院学报，2004（4）．

［8］于秀林，任雪松．多元统计分析［M］．北京：中国统计出版社，1999.

［9］王成辉，江生忠．我国保险业竞争力诊断指标体系及其应用［J］．南开经济研究，2006（5）．

［10］黄兰，蔡则洋．国有商业银行核心竞争力探讨［J］．哈尔滨金融高等专科学校学报，2002.

［11］鲁志勇，于良春．中国银行竞争力分析与实证研究［J］．改革，2002.

［12］裴光．中国保险业竞争力研究［M］．北京：中国金融出版社，2002.

［13］吕宙．论中国保险业国际竞争力［J］．金融研究，2003.

［14］孙林、李光金．基于DEA方法的我国保险公司竞争力分析［J］．西华大学学报，2005（6）．

［15］胡永红．基于因子分析的我国人寿保险公司竞争力研究［D］．北京：首都经贸大学，2007.

［16］叶欣，薛伟贤．上海中外资保险公司竞争力排名研究［J］．商业研究，

2007 (4).

[17] 王小平．论人寿保险公司的核心竞争力 [J]. 金融理论与实践，2006 (1).

[18] 寇业富，李晓林．寿险公司业务结构的相似性分析及其聚类研究 [J]. 中央财经大学学报，2009 (2).

[19] 江生忠．入世后提高中国保险业竞争力研究 [M]. 北京：中国财政经济出版社，2007.

[20] 冯占军，李秀芳．中国保险企业竞争力研究 [M]. 北京：中国财政经济出版社，2012.

[21] 王保进．多变量分析：统计软件与数据分析 [M]. 北京：北京大学出版社，2007.

[22] 方芳．中国保险业的对外开放与竞争力分析 [M]. 北京：中国金融出版社，2005：140 - 154.

[23] 吴研．跨国公司进入中国市场模式的演变及影响因素分析 [J]. 黑龙江对外经贸，2008 (7).

[24] 孙敬延．跨国公司在中国市场面临的新挑战及营销策略分析 [J]. 中国市场，2007 (27).

[25] 熊正德．外资公司对我国保险业的影响以及对策 [J]. 经济理论与实践，1997 (2).

[26] 曾五一主编，朱平辉副主编．统计学 [M]. 北京：北京大学出版社，2006.

[27] 许海洋，汪国安，王万森．模糊聚类分析在数据挖掘中的应用研究 [J]. 计算机工程与应用，2005 (17).

[28] 陈晶晶．基于财务报告的我国企业社会责任评价模型研究——以我国钢铁行业上市公司为例 [D]. 上海：华东师范大学，2010.

[29] 成敏．保险公司企业文化、企业社会责任及其关系研究 [D]. 大连：东北财经大学，2012.

[30] 邓启稳．基于平衡计分卡制度的保险企业社会责任评价 [J]. 财会月刊，2010，32：28 - 30.

[31] 郝臣等．我国保险公司社会责任状况研究——基于保险公司社会责任报告的分析 [J]. 保险研究，2015 (5)：92 - 100.

[32] 洪旭，杨锡怀．中国企业社会责任评价体系的构建——以沪深两市上市

公司为例 [J]. 东北大学学报（自然科学版），2011，11：1668 - 1672.

[33] 黄群慧等. 中国企业社会责任研究报告：十年回顾暨十年展望. 2015 [M]. 北京：社会科学文献出版社，2015：20 - 21.

[34] 李勇杰. 保险企业社会责任研究 [D]. 武汉：武汉大学，2009.

[35] 刘淑华. 企业社会责任绩效评价 [M]. 北京：中国经济出版社，2015.

[36] 谭中明，陈渊. 保险公司社会责任信度评价体系研究 [J]. 保险研究，2009 (5)：24 - 28.

[37] 王蕾. 保险企业社会责任绩效评价体系的构建 [J]. 南方金融，2010 (1)：66 - 70.

[38] 魏华林，林宝清主编. 保险学 [M]. 北京：高等教育出版社，2011.

[39] 武晨凤. 保险公司企业社会责任标准 [J]. 现代商业，2010，21：62 - 63.

[40] 吴定富. 充分发挥保险社会管理功能 [J]. 中国保险. 2004 (5)：8 - 11.

[41] 吴金娜. 食品类企业社会责任评价体系的构建与应用 [D]. 杭州：浙江工业大学，2013.

[42] 肖红军等. 企业社会责任评价研究：反思、重构与实证 [M]. 北京：经济管理出版社，2014：16 - 31.

[43] 谢彩玲. 我国保险企业社会责任绩效评价体系研究 [D]. 长沙：湖南大学，2011.

[44] 阳秋林，代金云. "两型社会"背景下的企业社会责任评价指标体系及其运用研究——以湖南企业为例 [J]. 湖南社会科学，2012 (3)：114 - 117.

[45] 赵天燕，张雪. 我国企业社会责任评价指标体系的构建及其应用研究 [J]. 财贸研究，2012 (6)：139 - 145.

[46] 卓志，王寒. 保险企业社会责任探析 [J]. 保险研究，2009 (2)：3 - 8.

[47] 蔡春勇. 我国商业银行投资保险公司股权研究 [J]. 黑龙江对外经贸，2010 (5)：141 - 142.

[48] 秦阳. 保险集团估值研究 [D]. 天津：天津大学，2016.

[49] 常振辉，高岩. FCFE 模型与蒙特卡洛模拟相结合在公司估值中的应用 [J]. 中国林业经济，2018 (1)：94 - 97.

[50] 程凤朝，刘家鹏. 上市公司并购重组定价问题研究 [J]. 会计研究，2011 (11)：40 - 46 + 93.

[51] 程凤朝，刘旭，温馨. 上市公司并购重组标的资产价值评估与交易定价

关系研究［J］．会计研究，2013（8）：40－46＋96.

［52］代静玉．寿险公司价值评估研究［D］．重庆：重庆理工大学，2016.

［53］杜璨．我国保险公司价值评估方法研究［D］．北京：首都经济贸易大学，2016.

［54］高琳玮．上市公司“中国人寿”的估值研究［D］．上海：上海交通大学，2013.

［55］胡晓明，赵东阳，孔玉生，赵弘．企业异质与可比公司赋权——基于并购的非上市公司估值模型构建与应用［J］．会计研究，2013（11）：53－59＋96.

［56］胡晓明，张祖遥．我国上市公司控制权溢价及其影响——2012—2016年相关数据的分析［J］．中国资产评估，2018（11）：23－27.

［57］贾媛媛．基于内含价值的保险上市公司投资价值分析［D］．济南：山东财经大学，2015.

［58］康纳尔，张志强，王春香．公司价值评估——有效评估与决策的工具［M］．北京：华夏出版社，2001.

［59］李光明．企业价值评估理论与方法研究［D］．北京：中国农业大学，2005.

［60］李颖．保险公司估值模型探讨［D］．上海：上海国家会计学院，2017.

［61］刘海欧．保险公司价值评估体系演变进程简析［J］．时代金融，2015（9）：128－129.

［62］刘建容，潘和平．基于财务指标体系的中国上市公司投资价值分析［J］．管理学家（学术版），2010（5）：16－25.

［63］刘任重．基于企业价值评估的DCF与RIV定价模型的比较［J］．统计与决策，2013（2）：59－61.

［64］吴宇航．期权定价对未上市企业估值的方法研究［D］．北京：北京外国语大学，2018.

［65］姚颖．私募股权投资中的企业估值方法研究［D］．南京：南京大学，2013.

［66］于辉，王宇．成长型企业股权融资估值问题的模型研究［J］．系统科学与数学，2018，38（3）：318－333.

［67］张鼎祖，彭莉．企业价值评估市场法的改进［J］．统计与决策，2006（10）：160－162.

［68］张灵莹．定性指标评价的定量化研究［J］．系统工程理论与实践，1998

(7)：99－102.

［69］张颖．寿险公司投资绩效比较研究［D］．北京：对外经济贸易大学，2015.

［70］张淙豪．我国创业板上市公司融资能力的影响因素研究［D］．济南：山东大学，2014.

［71］周静宜．保险公司投资价值研究——以中国平安保险（集团）股份有限公司为例［J］．时代金融，2017（24）：251－252＋254.

［72］Andrew，M. Yuengert. The measurement of efficiency in life insurance：Estimates of a mixed normal 2 gamma error model［J］．Journal of Banking and Finance，1993（17）：483－496.

［73］Aupperle K E，Carroll A B，Hatfield J D. An empirical examination of the relationship between corporate social responsibility and profitability［J］．Academy of Management Journal，1985，28（2）：446－463.

［74］Carroll A B. A three－dimensional conceptual model of corporate performance［J］．Academy of Management Review，1979，4（4）：497－505.

［75］Carroll A B. Corporate social responsibility：Will industry respond to cutbacks in social program funding［J］．Vital Speeches of the Day，1983，49（19）：604－608.

［76］Carroll A B. The pyramid of corporate social responsibility：Toward the moral management of organizational stakeholders［J］．Business Horizons，1991，34：39－48.

［77］Carroll A B. Corporate social responsibility evolution of a definitional construct［J］．Business & Society，1999，38（3）：268－295.

［78］Cummins，D. &Weiss. Measuring cost efficiency in the property 2 liability insurance industry［J］．Journal of Banking and Finance，1993，（17）：463－481.

［79］Cummins，D，MA Weiss，and H. Zi. Organizational form and efficiency：An analysis of stock and mutual property－liability insurers［J］．Management Science，1999（45）：1254－1269.

［80］Cummins，DJ，S. Tennyson，MA Weiss. Consolidation and efficiency in the US life insurance industry［J］．Journal of Banking and Finance，1999（23）：325－357.

［81］Elkington J. Partnerships from cannibals with forks：The triple bottom line of 21st-century business［J］．Environmental Quality Management，1998，8（1）：37－51.

［82］Harrison J S，Wicks A C. Stakeholder theory，value，and firm performance

[J]. Business Ethics Quarterly, 2013, 23 (1): 97 –124.

[83] Maignan I, Ferrell O C. Measuring corporate citizenship in two countries: The case of the United States and France [J]. Journal of Business Ethics, 2000, 23 (3): 283 –297.

[84] Marín L, Rubio A, Maya S R. Competitiveness as a strategic outcome of corporate social responsibility [J]. Corporate Social Responsibility and Environmental Management, 2012, 19 (6): 364 –376.

[85] Mustafa S A, Othman A R, Perumal S. Corporate social responsibility and company performance in the Malaysian context [J]. Procedia – Social and Behavioral Sciences, 2012, 65: 897 –905.

[86] Reed L, Getz K, Collins D, et al. Theoretical models and empirical results: A review and synthesis of JAI volumes 1 – 10 [J]. Corporation and society research: Studies in theory and measurement, 1990, 27: 62.

后　记

本篇报告的写作得到学校的大力支持和帮助，在此对中央财经大学保险学院、中国精算研究院的院领导，以及保险学院、中国精算研究院的其他领导和老师表示衷心的感谢！

报告得到教育部①、中央财经大学保险学院、中国精算研究院②等单位的课题资助和支持，在此表示衷心的感谢！

在大量数据的搜集、整理等工作中，有许多保险、精算专业的研究生和本科生参加了这项工作，他们为报告的完成付出了很多艰辛繁杂的劳动。主要人员有：王雯、范浩、孙雅欣、戚越、闫思琪、叶挺秀、魏猛、孟新宇、张森淼、吴晓静、王一陶、霍凌云、何昱樟等，在此对他们的付出表示感谢！感谢中国精算研究院办公室的王庆焕、薛丽娜、许丽文等为本书的出版付出的劳动！

课题组在指标的设立、信息的搜集整理、模型的探索完善等方面付出了很大的努力，但是《2023 中国保险公司竞争力与投资价值评价研究报告》中的不足和疏漏之处在所难免，欢迎各位读者不吝赐教，以便我们做进一步的修改和完善。

联系方式：kouyefu@ cufe. edu. cn。

寇业富

2023 年 8 月 20 日

① 高等学校学科创新引智计划——“保险风险分析与决策”学科创新引智基地（NO. B17050）；教育部人文社会科学重点研究基地重大项目“数据时代商业保险服务健康保障体系的机制与智能路径研究”（项目批准号：16JJD790062）和“大数据背景下的风险量化与保险业发展指数体系研究”（项目批准号：16JJD790060）的资助。

② 2021 年度学科建设专项经费（中国精算研究院）提升自主创新和社会服务能力（项目号：022859320006）。